公安危机决策心理研究

王志红　著

东南大学出版社
SOUTHEAST UNIVERSITY PRESS
·南京·

图书在版编目(CIP)数据

公安危机决策心理研究 / 王志红著. —南京：东南大学出版社，2019.12

ISBN 978-7-5641-8678-4

Ⅰ. 公… Ⅱ. ①王… Ⅲ. ①突发事件-决策(心理学)-研究 Ⅳ. ①D035.3

中国版本图书馆 CIP 数据核字(2019)第 278061 号

公安危机决策心理研究 Gongan Weiji Jüece Xinli Yanjiu

著　　者	王志红
出版发行	东南大学出版社
出 版 人	江建中
社　　址	南京市四牌楼 2 号
邮　　编	210096
网　　址	http://www.seupress.com
经　　销	全国各地新华书店
印　　刷	江苏凤凰数码印务有限公司
开　　本	787 mm×1092 mm 1/16
印　　张	13.75
字　　数	308 千字
版　　次	2019 年 12 月第 1 版
印　　次	2019 年 12 月第 1 次印刷
书　　号	ISBN 978-7-5641-8678-4
定　　价	38.00 元

(本社图书若有印装质量问题，请直接与营销部联系。电话：025-83791830)

前言

PREFACE

本书是南京森林警察学院2018年度中央高校基本科研业务费专项资金研究项目“公安危机决策过程中警察心理现象研究”的主要成果。该研究是基于公安管理学二级学科建设的需要，重在探讨公安民警在危机情境下的决策心理。当前世界正处于新旧秩序“新陈代谢”的关键时刻，世界的发展呈现出全球化和信息化的状态，使本已复杂的社会环境处于动态性和不确定性变化之中。我国在全面建成小康社会、全面深化改革、全面依法治国、全面从严治党的重要时期，面临着各种复杂多变的传统和非传统安全因素的威胁，当前非传统安全形势变得尤为严峻，各种难以预见的与公安工作有关的风险因素明显增多，各种各样的突发性危机事件越来越呈现出频繁发生、程度加剧、事态复杂、情势多变的局面。

公安机关作为掌握国家公权力的重要执法部门，担负着维护国家政治安全、确保社会大局稳定、促进社会公平正义、保障人民安居乐业的重任。公安工作的高风险、高负荷和高应激性的特点，使民警除了要常常面对复杂案情和形形色色的犯罪嫌疑人外，还要经常应对和处置各种危机事件。公安警务工作的最大特点就是不知道下一秒会发生什么，突发性的危机事件和警察的职业牢牢捆绑在了一起。公安工作中的突发性对抗冲突性危机主要表现为群体性事件、暴力袭警事件、暴力恐怖事件、涉警舆情危机等。一旦这种危机事件爆发，就需要民警个体或团队在危机时刻作出应对、处置危机事件的科学决策，以化解危机，控制局面，防止事态的扩大。

公安危机从性质上划分属于对抗冲突性危机，公安危机决策就是要求警察个体、团体或公安机关在面临具有突发性、聚焦性、破坏性、紧迫性的危机事件时，要在时间压力下和不确定性因素极高的前提下围绕决策目标做出关键性的决策方案。公安危机事件频发，既会对公安机关维护国家安全、社会稳定的任务带来极大挑战，也会对社会治安环境带来冲击，还会给遭受危机事件侵害的公民、处置危机事件的民警带来巨大心理危机。从公安危机决策主体的角度出发，研究危机决策过程中的民警心理现象，帮助民警正确认知危机、提升危机应激应对能力及决策团队的效能和决策水平，进而提升公安机关民警应对和处置危机事件的决策能力应该成为公安机关应对和处置危机的重点研究课题。

本书采用定量分析和定性分析相结合的方法，根据课题研究的目的和需要分别从5个维度生成民警（或民警团队）危机决策心理调查的5套电子问卷，涉及46个题项，向在职民警发放并收回485份问卷，经检验5套问卷的信度良好，均可采用。全书分为八章，前三章是结合课题研究的需要对危机决策心理的有关理论进行分析研究，第四章是运用SPSS Statistics 23对调查结果量化并进行统计分研究，第五到第八章是根据问卷分析结果中存在的较为明显的问题，分别对危机决策中的民警心理应激应对、勇敢自信心理、团队合作、心理挫折应对等方面进行了分析研究。以期通过该研究帮助民警提高危机决策心理素质和团队合作能力，最大限度地克服时间压力和诸多不确定因素的影响，面对突发性的危机事件快速决策，有效应对。

在此，感谢在问卷制作和调查中给予帮助的同学们，感谢485名基层民警的认真填答。由于本人水平有限，书中不免有疏漏不当之处，敬请专家和读者斧正。

目录
CONTENT

第一章

危机及危机决策研究

第一节　危机概述

一、对危机的界定

在现代汉语中，“危机”一词由两层含义组成，即危险与机遇。在英文中，也将危机理解为“有可能变好或变坏的转折点或关键时刻”。危机的发生对组织、对社会的存在与发展具有重大的影响，如果决策不力或处置不当则会带来灾难性的危害后果，甚至会导致次生危机的出现。查阅各类文献中对“危机”的记载可知，国内外不同领域的学者从不同的学科角度对于危机一词有不同的界定。

（一）国外学者对危机的界定

1. 松下幸之助对危机的界定

日本著名跨国公司松下电器产业株式会社的创始人松下幸之助认为：危机就是转机，但不能警觉，才会造成危机①。根据松下幸之助的界定，危机包含以下两层含义：其一，危机是客观存在的，危机出现后，如果决策者能够有效应对、处置得当，就可以为企业带来良性转机；其二，危机是不能够被警觉的，由于无法预知预觉，危机出现后，如果决策者束手无策，无以应对，它就会为企业带来厄运。

2. 乌里尔·罗森塔尔对危机的界定

荷兰莱顿大学危机研究专家乌里尔·罗森塔尔（Rosenthal）在其著作《应对危机：灾难、暴乱和恐怖行为管理》一书中把危机界定为一种严重威胁社会系统基本构成或者基本价值规范的形势，在这种形势中，决策集团必须在很短的时间内，在极不确定的情况下作出关键性的决策②。根据乌里尔·罗森塔尔对危机的界定，危机包含以下几层含义：其一，危机是一种导致原来稳定的社会系统解组或者社会的主流价值规范解体的形势；其二，危机具有很大的不确定性，如危机的发展变化形势、危机的可能的走向、决策者作出的决策、决策方案的执行是否有效，等等；其三，危机的应对和处置决策具有时间的限制。乌里尔·罗森塔尔的定义更为强调危机的本质，他没有把危机看作是一种好的转机，而把它看作是对社会造成严重威胁的一种情形，也给决策者提出了决策的要求，以有效应对和处置危机。

---

① 张兆瑞，何长清. 说成语话管理：权变管理·危机管理[M]. 北京：群众出版社，2016：103.

② 闫绪娴. 社会公共组织系统研究[M]. 北京：中国财政经济出版社，2008：4.

3. 劳伦斯·巴顿对危机的界定

美国的危机管理权威劳伦斯·巴顿(Laurence Barton)毕生致力于职场危机的产生原因及解决方案的研究。他在著作《组织危机管理》中把危机界定为一个会引起潜在负面影响的具有不确定性的大事件,这种事件及其后果可能对组织及其人员、产品、服务、资产和声誉造成巨大危害[①]。劳伦斯·巴顿对危机的界定与乌里尔·罗森塔尔对危机的界定具有同一性,他们都认为危机具有不确定性,会给社会带来负面的影响和作用。根据劳伦斯·巴顿对危机的界定,危机包含以下几层含义:其一,危机是带来负面影响的大事件;其二,危机带来的负面影响是潜在的、不确定的;其三,危机侵害的对象广泛,危机的爆发不仅会对企业组织、人员、产品、服务、资本带来直接危害破坏,而且会对企业声誉带来间接的破坏,而这种间接危害的后果是潜在的、不可预料的、深远的。

(二)国内学者对危机的界定

我国学者对于危机的研究起步很晚,"9·11"事件触动了国人对危机研究的神经,SARS危机事件开启了我国学者危机事件研究的大门,危机才真正为人们所重视。目前,我国学者对危机事件的研究处于待发展完善的阶段。我们对下列国内学者对危机的界定进行了解和分析。

1. 张成福对危机的界定

中国人民大学公共管理学院教授张成福把危机界定为一种紧急事件或紧急状况,它的出现和爆发严重影响社会的正常运作,对生命、财产、环境等威胁、危害,超出政府常态的管理能力,要求政府采取特殊的措施加以应对[②]。究其对危机的界定,危机包含以下几层含义:其一,危机是一种非常态的紧急事件或状况;其二,危机一旦发生,造成的危害是复杂、深远的,不仅会给人民群众的生命、财产带来损失,也会危及自然环境,给人类的生存和发展带来深远的危害后果;其三,政府应对危机要采用特殊的手段。

2. 蒋宗彩对危机的界定

蒋宗彩在著作《城市群公共危机管理应急决策理论与应对机制研究》中把危机界定为一种干扰组织的正常运行,破坏能力超过承受体的抵抗能力,严重威胁到组织或个人的利益和安全的突发状态,它需要应对主体在有限的时间内采取必要的决策加以应对[③]。蒋宗彩的危机概念与张成福的概念有着共性的认知,他们皆认为危机具有不可预知性、突发性,危机的发生会对个人和社会组织带来显在和潜在的危害,需要及时应对。根据蒋宗彩对危机的界定,危机包含以下几层含义:其一,危机是一种对组织和个人利益产生

① 熊卫平. 危机管理[M]. 杭州:浙江大学出版社,2012:9.

② 张永理. 公共危机管理[M]. 武汉:武汉大学出版社,2015:6.

③ 蒋宗彩. 城市群公共危机管理应急决策理论与应对机制研究[M]. 北京:经济管理出版社,2015:22.

严重威胁的突发性事件；其二，危机给社会组织和个人带来的破坏性远大于其承受和抵抗能力；其三，面对危机，危机管理者在有限的时间条件下需要快速反应和应对。

3. 董传仪对危机的界定

董传仪在其《危机管理学》一书中把危机界定为系统内部及系统与外部环境之间的不平衡状态。它的外延是系统内外的各种矛盾关系，当这种矛盾激化的时候将演化为恶性突发事件①。董传仪的危机概念是从危机的表现、发生的原因、危机的演变等系统论的角度论述的，与松下幸之助关于危机变化具有不同结果的表述有着同一性。根据董传仪对危机的界定，危机包含以下几层含义：其一，危机的表现形式是系统内外部环境不平衡的状态；其二，危机产生的原因是系统内部和外部的各种矛盾和冲突；其三，矛盾是社会发展中不可避免的、客观存在的，系统内外部存在的各种基本矛盾需要组织系统去调和、去解决，如果这种矛盾解决得及时就会避免恶性事件的发生，而当这种矛盾得不到及时的解决、累积到一定程度并且达到不可调和的状态时，矛盾便会激化以致演变成对组织体系具有破坏性的恶性事件。

4. 本书对危机的界定

综上所述，从国内外学者对危机概念的界定可以看出：有的学者从危机状态的角度去表述，认为危机就是一种对于社会组织和个人带来巨大破坏的危机情境；有的学者从政府和社会组织系统能否及时、有效应对危机的角度去表述，认为危机既可以是一种转机（机会）但也可能转化为恶性事件。但所有的学者都认为危机具有不可预知性、突发性、破坏性，它的出现会干扰系统的正常运行。我们从决策心理的层面考虑，比较倾向于蒋宗彩的概念，把危机表述为给社会组织系统的正常运行带来严重破坏和对人们的心理产生负面影响的事件，它的出现具有突发性和不可预知性，如果应对不及时或处置不当，不仅会对一个社会主流价值规范和社会秩序构成直接的威胁，也会潜藏着次生危机，需要决策者在时间压力和诸多不确定因素的前提下作出关键性决策。此概念包含以下几层含义：其一，危机是一种具有破坏力的事件，不仅会对社会系统的正常运行带来破坏，还会给人们的心理带来负面影响；其二，危机具有突发性和不可预知性；其三，危机会对社会主流价值规范带来威胁；其四，危机还可能存在着次生危机，产生次生灾难；其五，当危机出现时相应的社会组织或危机事件经历者必须及时、有效决策，以控制和平息危机。

二、危机的特征

全球化、信息化、智能化的世界发展格局，使得社会环境日趋动态化，社会形势日趋

① 董传仪．危机管理学[M]．北京：中国传媒大学出版社，2007：6.

复杂化，社会各领域充斥着危机。无论从公共安全层面、社会管理层面、经济层面、金融层面还是社会治安层面，危机事件频频出现，严重影响了公共安全、社会管理、经济秩序、金融秩序和社会治安秩序。综合以上国内外学者及本书对危机的界定和认识、对危机的特征进行分析，对于决策者有效决策并及时应对危机有着积极的意义。危机具有以下特征：

（一）强意外性

危机在发生前没有准确、明显的征兆，是一种突发性的事件。它爆发的具体时间、形式、态势、发展变化趋势以及对社会体系和社会秩序的破坏程度、对公众安全影响的深度和广度、对个体带来心理伤害都难以预料，正如松下幸之助在其危机概念中提到的“危机不能警觉”。

（二）不确定性

日益复杂的社会环境与人们对客观世界认识的有限性和获取信息不完整性，让具有突发性和强意外性的危机的发生、变化、发展陷于诸多未知和不确定之中。这种未知和不确定主要表现为：一是对危机背后的诱因未知；二是对危机的走向和趋势不确定；三是对危机带来的社会影响不确定；四是对危机事态是否会扩大、是否会衍生成次生危机未知；五是危机对社会和个人造成的显性和隐性危害后果未知；六是对决策者做出的决策方案是否能有效应对危机不确定。正如劳伦斯·巴顿在其危机概念中提到的“危机是一个会引起潜在负面影响的具有不确定性的大事件”。

（三）严重破坏性

危机是一种极具破坏性的事件。危机的爆发不仅会给人类的生命、财产和环境安全造成巨大的损害，也会破坏社会组织系统或者社会秩序的正常运行，还会带来社会心理、个体心理的极大恐慌，形成心理危机。乌里尔·罗森塔尔、张成福和蒋宗彩在其危机概念中都有所提及。

（四）快速蔓延性

综观曾经发生的各种危机事件，不难发现危机一旦爆发，其蔓延和发展速度是惊人的。危机蔓延的速度越快，造成的灾难面积就越大。如果决策者不能作出快速的反应和有效的决策，不能及时控制危机的蔓延，将会导致事态扩大并恶化，将给社会发展和人民生活带来更为严重的危害。

（五）危害对象的复杂性

危机既是一种特定的事件，也是一种局势或情境。危机的爆发，从其危害主体来看，既可能是国家、政府、整个社会，也可能是一个组织、一个区域，还可能是公民个体；从其危害客体来看，既可能是国家政府的正常管理秩序，也可能是整个社会系统的基本构成、价值观念和正常的社会运行秩序，又可能是一个区域系统的基本构成和社会秩序，还可能是整个社会心理和公民个体心理。

(六) 非程序化决策性

由于危机发生的突然性、发展变化的不确定性、危害后果的严重性，危机一旦爆发就要求决策主体必须快速响应。决策者要在不完全理性的条件下，在有限的时间内，在不完整甚至是片段的信息前提下作出决策并付诸行动，否则事态将会扩大，导致危机事件或态势蔓延扩散。正如乌里尔·罗森塔尔、张成福、蒋宗彩在其危机概念中提及的需要决策者在危机状态中作出决策，及时应对。

三、危机的类型

危机作为严重影响社会系统秩序和人们生活秩序的一种社会现象，存在于社会生产和人们生活的各个方面。我们从不同的研究角度予以观察和描述，危机呈现出了不同的类型。我们以以下分类标准对危机进行分类：

(一) 按照危机性质划分

1. 自然灾害危机

自然灾害性危机是由自然灾害等不可控因素而引发的灾害性危机事件。该类危机事件的爆发具有极大的残酷性和悲剧性。如地震、泥石流、台风、海啸、干旱等，其危害后果无法预测，社会危害面广，危害人群众多。

2. 人为灾害危机

人为灾害性危机是由人为因素引发的灾害性危机事件。该类危机事件的危害后果极其严重，其爆发会直接威胁到人类的生存，导致人种的毁灭。如森林、物种、水土等自然资源衰竭的危机；大气、土壤、水土、海洋、城市等环境污染的危机；森林、生产、生活等火灾危机；陆地、海洋、空中交通事故危机；核泄漏、核爆炸等核污染危机等。

3. 对抗冲突危机

纷繁复杂的社会环境使不同社会体(social body)存在着认知、情感、意愿或行为方面的冲突，进而生成一种群体或个人间的对立关系，这种有着对立关系的社会体可能会由于心理失衡和利益冲突产生社会对抗，进而会引发各种危机事件。该类危机事件的爆发会导致社会的失衡和混乱。诸如由战争、恐怖主义事件、暴力对抗、群体性事件等带来的社会危机。其中的恐怖主义事件、暴力对抗、群体性事件等危机便是本书研究的对象。

(二) 按照危机发生的范围划分

本书认为该种危机划分方式是根据危机的发生及其后果波及的范围为标准进行的分类。

1. 国际危机

国际危机是指发生在全球范围内的,由各种自然因素、人为因素引发的,给全球带来灾难性后果的、需要各国决策者及时决策予以应对的事件。如发生在 2008 年的国际金融危机。

2. 区域危机

区域危机是指发生在全球某一区域范围内的,由各种自然因素、人为因素引发的,破坏某一区域组织系统、需要该区域的决策者及时决策予以应对的事件。如 1997 年的亚洲金融危机。

3. 国家危机

国家危机是指发生在本国内的,由各种自然因素、人为因素引发的,具有对一个国家产生巨大破坏和威胁的、需要一国决策者及时决策予以应对的事件。如 2003 年发生在我国的 SARS 危机事件。

4. 地区危机

地区危机是发生在一国内某些地区的,由各种自然因素、人为因素引发的,具有对一个国家或地区产生巨大破坏和威胁的、需要决策者及时决策予以应对的事件。如 2010 年 7 月 3 日发生在福建紫金矿业紫金山铜矿湿法厂的污水渗漏事故造成汀江部分水域严重污染的事件。

5. 组织危机

组织危机是指组织与公众发生冲突或出现冲突事件,使公众舆论反应激烈、组织形象受到严重损害而陷入困境状况的、需要决策者及时决策予以应对的事件。如近年来出现的涉警网络舆情危机。

第二节　危机决策概述

能否及时应对和有效处置突发性的危机事件,遏制和减轻由危机事件带来的灾难,取决于危机决策主体的战略决策效能和危机应对能力。正如国际上著名的政策科学权威、以色列的学者叶海卡·德罗尔在其著作《逆境中的政策制定》中所言："危机应对（危机决策）对许多国家具有极大的现实重要性，对所有国家具有潜在的至关重要性。危机越是普遍或致命，有效的危机应对就越显得关键。危机中作出的决策非常重要而且大多数不可逆转。"①面对危机，只有保持清醒的头脑，认识危机，了解危机，分析危机，才能更为有效地应对和处置危机。

一、决策及危机决策的概念

（一）决策的概念

决策是管理学的术语。决策即决定的意思，它是在人们政治、经济、技术和日常生活中普遍存在的活动。

关于决策的概念，第十届诺贝尔经济学奖得主，美国管理学家和社会、经济组织决策管理大师赫伯特·西蒙（Herbert. A. Simon）认为：计划本身就是决策，组织、控制都离不开决策，不但最高管理阶层要决策，而且各级管理人员也都是决策者。决策过程就是管理过程，甚至可以把决策当作管理工作的同义语②。

决策是管理过程中经常出现的活动，决策的过程是一个相对漫长的过程。在此借鉴西蒙对决策概念的界定，本书中把决策界定为决策者为了实现某个（某类）特定的目标，根据目标达成的客观可能性，在占有一定量信息和拥有以往成功经验的基础上，通过借助一定的工具，运用一定的技巧和采取一定的方法，在对影响目标实现的有利和不利的诸因素计算、分析、研判的基础上，制订实现特定目标的若干可能性行动方案，并通过对行动方案的评估，优选一个最理想的方案并用于行动。其概念包含以下几层含义：其一，决策是有目标的，决策目标是根据决策对象的客观需要制定的；其二，决策是一个过程，决策方案非一蹴而就，在决策过程中有着一系列的复杂的探索、求证；其三，决策是有依据的，决策者在形成方案之前必须要掌握一定量的与决策对象有关的信息并对这些信息进行综合计算、分析和研判；其四，决策方案是优中选优的，决策者要根据决策目标在制订的若干可能性行动方案中优选最理想方案。

（二）危机决策的概念

无论哪种危机事件发生，都需要决策主体进行快速反应，以确保顺利度过危机，转危为安，把危机造成的损失降到最低。在此我们把危机决策界定为在危机情境中，为了使

---

① 北京太平洋国际战略研究所. 应对危机：美国国家安全决策机制[M]. 北京：时事出版社，2001：2.

② 袁坤，余樵. 哈佛经营决策学[M]. 北京：中国三峡出版社，2000：13.

陷于危机中的国家、政府、社会组织得以生存,并最大限度地降低危机事件带来的危害后果,决策者要在第一时间快速判断危机性质,根据占有的危机事件的不完全信息及处置危机的经验对危机发展态势进行评估,并立即形成决策方案,决定应对危机的行动。其概念包含以下几层含义:其一,危机决策的前提是决策主体处于危险情境中;其二,危机决策的目的是保证面临危机的国家、政府、社会组织得以生存并最大限度地降低危机的危害后果;其三,危机决策的过程是由几个连续的环节组成的,包括判断危机性质、分析危机形势、形成决策方案、采取有针对性的措施等。

二、危机决策的基本原则

无章可循的突发性危机事件爆发后,需要决策者在不占有完全信息状态下进行非程序化的决策。要想有效应对和处理危机,只有危机决策者对所处的危机环境有冷静、清醒的认识,才能进一步作出正确的应对危机的反应。危机虽然无征兆、不可预测,但是在危机决策时不能手足无措,陷入惊慌失措的状态中。我们认为危机决策应该遵循以下原则:

(一) 根据危机现象迅速判断危机性质

危机事件爆发的波及面和带来的即时危害后果是显性的,当突发性的危机事件发生时,决策者要根据危机现象的表现和特征按照对危机性质的分类迅速对危机事件作出定性判断。正确认识和评估危机的实质,判定现实发生的危机是属于自然灾害危机、人为灾害危机、对抗性冲突危机中的哪一类,为正确决策服务。

(二) 客观评估危机事件

有效的危机决策是建立在对危机正确、客观的认知和评价基础上的。作为决策者要尽可能地了解危机事件的各种现象,不要高估或低判危机事件形势,不要以自己对危机的主观判断左右对客观现实危机形势的判断,要从各种视角去认识和评估危机。

(三) 畅通危机信息发布通道

无论何种危机事件的发生都会引起社会公众的极大关注,让公众实时了解危机发展、变化的真相及政府应对危机的措施及成效,可以防范由于信息不对称出现危机扩散或蔓延、转化,或潜在危机的爆发,导致危机形势恶化和灾难性危机后果的发生。所以,当危机爆发时,决策者的明智之举就是畅通危机信息通道,依法发布与危机事件有关的信息,切记信息的发布不可对公众闪烁其词。

(四) 随时和媒体保持联系

媒体是信息发布的平台。为了让社会公众了解危机现象的真相和政府应对危机的现状，决策者必须要和各媒体保持密切的联系，协助媒体尽快介入，让公众了解危机事件的真实情况。同时要与媒体记者坦诚对话，决不能对记者撒谎或误导记者，用好媒体这个向公众发布真相的专业平台。

（五）根据危机形势不断更新危机计划

危机计划是处理和应对危机事件过程中协调行动的指导方针。危机事件的诸多不确定性和动态性要求决策者的危机计划要随着危机事态的发展、变化及转化不断调整、修正和更新。同时，采取应对危机的行动计划也要适应无法预知的动态危机，而不是“以不变应万变”的计划。

（六）将危机告知处于危机情境中人员

无论是哪一类危机都有其承受客体，这些客体都有对危机所有信息的知情权。一旦危机发生，决策者要在第一时间把危机的相关信息告知处于危机情境中的人员，同时还要采取必要措施稳定这些当事人的情绪，告诉他们如何能最大限度地躲避危机损失，以减轻危机带来的危害后果。

（七）坚定处置危机的信念

我们知道，危机的爆发必然会给处于危机情境中的危机经历者（含决策者）带来紧张和焦虑，而作为危机经历者应该对危机的暂时性、可控性有一个坚定的认识。要坚定不疑地确信危机是可以应对和处置并转危为安的。虽然危机事件会给置身于危机情境中的人带来恐惧和焦虑，但是只要在第一时间搜集与该危机事件相关的信息源并据此作出正确的决策，进而有效控制和平息危机，就不仅可以避免危机应激反应，也可以提升政府的公信力。

三、危机决策的注意事项

危机决策是一项复杂性强、难度大的工作，一旦决策失误就会使危机承受体面临更加深重的灾难，加重危机危害后果，甚至使危机承受体陷入万劫不复之地。但是由于危机的特性，即使再精明的决策者面对危机也无法作出百分百的正确决策，必然使危机决策具有较大的风险性。所以，决策者在决策时要注意：

（一）迅速决策，控制风险

危机以迅雷不及掩耳之势到来，要求决策者要以快制快。当危机出现后，危机决策者要在非常态下迅速作出反应，及时控制危机局面，牢牢掌控危机的走向和发展趋势，当机立断、快速决断，以控制危机的态势，或引导危机事件走向良性的发展方向。否则，危机便会向相反方向发展，导致危害的波及面扩散。因此，危机决策者们在进行决策时必须要考虑危机决策的时效性。

（二）标本同治，遏制势态

由于危机毫无征兆、来势突然，不仅危机发生时表现出迅猛而强烈的势头，而且危机发展势态还可能蔓延、扩展。这就决定了应对和处置危机事件的决策者们的首要任务就是控制危机的局面，遏制危机的发展势态。所以，危机决策者在选择应对危机方案、采取处置危机行动时，既要考虑到治理危机的表象，又要封堵危机的本源。因此，危机决策者们必须要考虑危机决策的有效性。

（三）协调关系，有效执行

危机事件的发生，会给危机事件的承受体带来一定的负面影响。危机事件的承受体不仅要面对直接受害者，而且要面对方方面面的社会组织和团体。尤其“互联网＋”时代的新闻媒体、各种网络传媒平台，他们的介入可能会助推危机事件的负面影响的广度和深度。于是，危机决策者们在处理危机事件时一方面要协调好与有关机构、各种媒体之间的关系并与这些部门坦诚沟通，防止出现危机事件之外的其他危机；另一方面，也要协调好组织内部的关系，提高组织内部的凝聚力和对决策方案的执行力。

所以，当危机出现后，政府部门应该借助媒体的力量，发布正面的信息引导舆论走向，占据媒体舆论的制高点，并在适当的时机利用各种网络平台依法发布事实真相，获得公众的理解与支持。

（四）统一指挥，转危为安

危机事件的承受主体由于受到危机事件的威胁，可能会出现组织内部人心涣散、组织前途难以预料的局面。这时就需要决策者们迅速决策，采取强制性的措施统一指挥并凝聚内部力量付诸实施，以平息危机。

（五）做好善后，安抚心理

决策者们快速有效的决策和执行，虽然可以制止和平息危机事件，但是突然爆发的危机事件给危机事件的承受体带来的心理伤害却是深远的，这种伤害并不会随着危机事件的平息而消失，所以当危机事件被控制住以后，危机事件的应对主体还要做许多善后工作，把对受害者的心理伤害降到最低。

第二章

公安危机与公安危机决策研究

公安危机从危机的性质来划分属于对抗冲突性危机。公安机关作为掌握国家公权力的重要执法部门，担负着维护国家政治安全、社会稳定的责任。其执法活动既关系着社会的稳定，又关系到政府的形象。公安工作的高风险、高负荷和高应激性的特点，使民警除了要常常面对复杂案情和形形色色的犯罪嫌疑人外，还要经常应对和处置各种危机事件。公安警务工作的最大特点就是不知道下一秒会发生什么，突发性的危机事件和警察的职业牢牢捆绑在一起，于是应对和处置危机事件成为警务工作中必不可少的内容。公安工作中突发性对抗冲突性危机主要表现为：群体性事件、暴力袭警事件、暴力恐怖事件、涉警舆情危机等，一旦这种危机事件爆发，就需要民警个体或团队在紧急的情况下作出应急反应，作出应对、处置危机事件的科学决策，以化解危机、控制局面、防止事态扩大。

第一节 公安危机概述

一、公安危机的概念

从文献搜索的结果来看，目前学界对于公安危机的研究尚属空白。已经发表的学术论文和论著均未对公安危机作专门的研究或讨论。输入“公安危机”一词在书名中搜索，结果只有由北京师范大学出版社出版的《公安民警心理健康训练与心理危机干预》和由山东文化音像出版社出版的《公安人质危机处置规程与城市犯罪预防》；输入“公安危机”一词从图书的全部字段搜索，结果涉及公共危机管理、公安监所突发事件管理、消防舆情危机、涉警舆情危机等；输入“公安危机”一词在期刊中搜索，结果涉及公安危机决策、公安机关社会危机处置、公安机关网络舆情危机、民警心理危机干预等方面的内容。在已有的学术成果中，没有对于公安危机的界定，学者们只是从各自研究的学术层面对于相关的概念进行了界定。

我们不难从以上涉及的与公安危机一词相关的研究中看出，从广义的公安危机构成角度来看，民警的心理危机、人质危机、监所危机、涉警舆情危机均为公安危机；从公安机关参与的危机处置活动的角度来看，公共危机、社会危机、消防危机等均需要公安机关协助主管机关应对和处置，制止和防范妨碍公务的行为发生[①]。

本书中对于公安危机的界定，是在分析学者们对危机概念界定的基础上，结合公安工作中应对和处置危机事件的实践，把公安危机界定为与公安工作有关的，由对抗冲突引起的严重危害国家政治安全和社会稳定的、需要处于危机情境中的民警(个体或团队)在有限时间的压力和诸多不确定因素的条件下作出关键性决策以把危机带来的负面影响或破坏降到最低的突发性事件。本书中所指公安危机为：恐怖主义事件，暴力对抗事件，群体性事件，爆炸、纵火等危害公共安全的事件，极端暴力刑事案件，涉警舆情危机等。此概念包含以下含义：其一，公安危机是与公安工作有关的无征兆、突发性的事件；其二，危机是由于矛盾冲突或对抗产生的；其三，危机事件的危害后果是破坏国家政治安全和社会稳定的局面；其四，危机决策的主体不一定是公安机关的领导，可以是处于危机情境中的公安机关民警；其五，危机决策的目的是有效制止、控制、化解公安危机，把危机带来的负面影响或破坏降到最低。

二、公安危机与灾害性危机的区别

公安机关在新时代承担着维护国家政治安全和社会稳定的重任。无论是自然灾害危机、人为灾害危机还是对抗冲突危机都会危及国家的政治安全和社会稳定。当危机爆发时，公安机关责无旁贷要参与到应对和处置危机的活动中。但是由于各类危机的主管机关不同，公安机关在应对和处置危机中承担的角色不同：对于灾害性危机，公安机关只是起着协助主管部门应对和处置危机的作用；而在公安危机的应对和处置中，公安机关起着决策、指挥、协调等主体作用。

无论哪一类型的危机都有着相同之处，如危机发生的无前兆、发展趋势的不确定、变化规律的不可知、危机决策的非常规等方面。但由于其危机事件的性质不同，公安危机较灾害性危机有着特殊性。其特殊性具体表现为：

(一) 公安危机的发生是由对抗冲突引起的

公安危机是由对抗冲突导致的。它是由一定的社会矛盾、社会问题等诱发的由社会中的对抗统一体引发社会冲突的行为，并严重破坏了公安组织系统的正常运行和正常的公安管理秩序的情势。

(二) 公安危机的受害者多处于危机事件现场

从危机性质来看，公安危机是由对抗冲突导致的严重破坏公安组织系统正常运行和

① 冯丽萍. 关于公安机关应对突发性事件预警机制的思考[J]. 云南大学学报(法学版)，2007(6)：86－89.

正常公安管理秩序的情势。从危机受害者而言，自然灾害危机和人为灾害危机的受害群体广，波及范围大；而公安危机的直接受害者为处于危机情境中的危机事件的亲历者、应对或处置危机事件的公安机关民警。如瓮安事件现场受害者、昆明火车站暴恐事件的受害者、“11·4”洛阳暴力袭警事件的受害者等。

（三）公安危机的危害后果复杂多样

与灾害性危机相比较而言，公安危机事件的爆发不仅严重破坏了国家的政治安全和社会稳定，还侵犯了现场受害者的人身权利、生命权利，同时给社会造成极大的心理恐慌，间接破坏了公众的安全感，其危害后果是潜在的、深远的。

第二节　公安危机决策概述

危机也称为转机。公安危机由于其发生的无前兆性，发展、演变结果的不可预知性，危机一旦发生，就需要决策者立即采取有效行动应对和处置，如果决策方案与执行有效就会使危机“转危为安”，如果决策方案与执行无效，就会使危机升级，并带来更为严重的危害后果。当危机事件处于初始状态时，如果决策者不能及时拟定出有效的决策方案，及时制止或控制危机事件的态势，不但会导致危机事件本身的事态扩大并演变成恶性事件，还会生成网络舆情群体性事件，给现实社会和网络虚拟社会造成恶劣后果，引发次生危机。在此，我们有必要厘清公安危机决策的有关理论知识，以指导公安危机决策。

一、公安危机决策的概念

综观学界对危机决策的界定，学者们在公共危机决策的研究领域中把危机决策分为危机发生前的决策、危机发生时的决策和危机发生后的决策。本书中研究的公安危机决策单指危机发生时的紧急状态下的决策。

从查阅到的相关资料来看，目前还没有看到有学者对公安危机决策的概念有明确的界定。学界更多的是对公共危机管理领域的危机决策的概念的各种界定。虽然两个领域面临的危机事件有所不同，但在危机的发生、发展、变化的机理和规律方面有着相似之处。在此参照第一章的危机决策的概念和公安决策的概念，结合公安危机的特殊性把公安危机决策表述为：当公安危机发生时，处于危机情境中的决策者要以有效控制危机事件、最大限度地降低由于危机事件的蔓延和事态恶化带来的危害后果为目标，调动有限的决策信息资源和经验，在决策资源缺乏和毫无可参照的决策范本的前提下，在最短的时间内、以最快的速度对危机事件作出正确的应对和处置决定的策略和办法，决定危机处置行动。本概念中包含以下几层含义：其一，公安危机决策的对象是由公安机关作为应对主体的公安危机事件；其二，公安危机决策的主体是指处于危机情境中的广义主体，既可以是处于外围危机情境中的公安机关领导层，也可以是处于危机情境中的民警；其三，公安危机决策的目的是要最大限度地降低危机带来的显在的和潜在的危害；其四，公安危机决策的过程是短暂的，无法按照常规的程序化决策按部就班进行，需要决策者的快速反应。

二、公安危机决策的特点

鉴于公安危机决策的紧急性要求，这种非常态危机情境下的决策相比常态的公安决策而言具有其特殊性。从决策系统的要素构成①对公安危机决策的特点进行分析，认为公安危机决策具有以下特点：

（一）决策主体理性有限

在常规性公安决策中，决策的主体是指各级公安机关的领导者，形成的决策既可能是领导个体的决策，也可以是领导集体的决策。常规性公安决策的正确、有效取决于决策主体的素质、经验及决策手段的科学化程度等。在这种常规性的决策过程中，决策者处于完全理性状态下，决策方案的形成是按部就班进行的。

而公安危机决策作为一种非常规的决策，其决策主体不一定是各级公安机关的领导者，也可能是普通的民警。该类决策要求决策者在危机情境中要急中生智、快速反应。通常处于危机情境中的决策者需要在高度的时间压力和心理压力下，以控制危机事件的蔓延、演变及事态扩大为目标，根据危机事件的实时动态情况调动有限的决策资源和个人潜能，经过快速的权衡和谋划，采取措施应对危机。在这个快速反应的过程中，决策者的决策行为和决策结果不仅受到有限决策资源的制约，还会受到决策者的心理稳定性、社会公众对决策效果反应态度、决策者的决策水平、处置危机事件的经验等因素的制约②。这些因素都会对决策者带来高度的压力感和紧张感，使其在面临突发性的危机事件时难以保持绝对的理性。

（二）决策对象、决策目标、决策方案动态多变

决策对象虽然具有广泛性，但必须是人们的行为可以触及并施加影响的系统。公安决

① 孙晓东. 公安决策学[M]. 北京：群众出版社，2010：14－16.

② 汪前元，李彩云. 公共危机决策者的决策能力分析[J]. 武汉市经济管理干部学院学报，2005(4)：14.

策的对象是与公安工作相关的社会治安和警察管理所面临的任务和问题，是由公安工作的职责和内容决定的，它涵盖了所有的公安工作。它要求决策者要在国家宪法和法律所规定的公安机关的职责权限之内行使决策权，其决策的目标、决策方案要根据决策对象而定。

公安危机是公安工作中突发的、对社会治安和公安管理带来重大冲击的某一或某些现象，公安危机决策的对象则为个别或个类的危机事件，其决策的总目标就是要平息正在发生的或处于演变中的危机以防止危机的蔓延、恶化。其间，随着危机事态的动态演变，决策对象也会处于动态变化中。这时，决策者要在危机处置的整个过程中根据决策对象的动态不断调整和修正决策目标，要以对该危机事件的经验认知、个人判断及决策灵感为决策依据。比如应对和处置群体性事件，决策者要根据群体性事件的变化规律和演变机理，加上对现场情况的判断，再结合个人急中生智的决策灵感，在短时间内快速分析，随机决断。其间要根据首次决策效果、现场控制的情况、参与者的情绪反应等因素不断修正决策目标，直至平息危机。

（三）决策信息资源极其有限

信息是公安决策的重要依据，决策者只有掌握丰富的与决策对象有关的信息资源，才能为正确决策提供第一手资料。在公安决策中，要求决策者对获取的公安工作赖以运行的内部信息资源和外部信息资源进行科学的分析、筛选，为公安决策提供全面、准确、可靠的信息资源。

公安危机爆发是无前兆的，突如其来的公安危机事件打破了常规公安决策需要掌握充分信息资源的常规思维。由于危机事件的复杂多变，一旦危机爆发除了危机本身带来的危害外，还存在潜在的次生衍生危害，而这种危机的潜在链式效应的危害远远超过了危机事件本身。在这种危机情境下决策的时效性显得尤为重要，无论是现场决策还是外围决策都需要快速作出应急管理反应。

由于危机事件的初始状态、酝酿发酵过程、演变态势具有很大的未知性和不确定性，决策者无法在短时间内获取与危机事件有关的前因后果的所有信息资料，危机现场反馈给决策者的信息是危机变化、发展的不同时段的片段式的不完整的信息描述，这时决策者要根据不完整的信息甚至是不准确的信息瞬间确定决策目标，选择决策标准，拟定决策方案，执行决策方案，这无论对于现场决策者或者外围决策者而言都具有极大的挑战性。

（四）决策环境复杂多变

公安危机决策环境是指在公安危机决策活动中直接或间接影响决策效果的各种主客观因素的总和。危机决策环境包含外部环境、内部环境和心理环境三个方面[①]。外部

① 郭瑞鹏，孔昭君.危机决策的特点、方法及对策研究[J].科技管理研究，2005(8)：147－149.

环境由危机事件发生、演变的空间环境及与其相关的一定时期的社会政治、经济、文化等组成；内部环境由决策者（团队或个人）、决策情报信息、决策者的潜力等组成；心理环境是在危急时刻与决策者有关的所有心理因素的环境因素，包括决策者对应急环境的认知、面对危机事件的情绪反应、思维活动等。

1. 外部环境

公安危机决策的外部环境是与危机事件相关的自然环境和社会环境。与危机事件相关的自然环境，根据危机发生、发展、演变的情势，可以是危机发生原始行政区域（点），也可以扩展到周边区域（面）；与危机事件相关的社会环境，是指危机发生的行政区域的各种社会关系所形成的环境，既包括宏观的政治环境、经济环境、文化环境、治安环境，也包括该行政区域及周边区域的社区环境、邻里关系等。

2. 内部环境

公安危机决策的内部环境是指决策者所处的组织层次、决策者危机处置经验、搜集与掌握的危机事件动态情报信息、在危机情境下可以调动的决策者的潜能等。一般情况下，决策者所处的组织层次越高，他的决策经历、决策经验就越多；决策者危机处置经验越多，其决策方案有效的概率就越大；决策者掌握的与危机事件相关的情报资料越多，制定决策方案的依据就更为充分。处于危机情境中，更需要决策者急中生智，其“智”取决于决策者潜能的调动。缘此，能否有效应对和处置危机，还取决于决策的内部环境。

3. 心理环境

危机情境下制订决策目标、选择行动方案的过程中还会受到决策者的心理状态、心理活动等心理现象的影响。一般来讲，公安危机决策的心理环境会影响决策者的决策行为和决策方案成效。公安危机决策的心理环境包括决策者的个性特征、情绪反应、意志品质等。

公安危机的突发性、演变结果的不确定性、决策效果的不可预期性，常常会给决策者带来重大的心理压力。这种复杂多变的决策环境使决策变量呈现出模糊性、随机性和不确定性。这种决策环境，要求决策者在危机环境中稳定情绪、调动潜能、急中生智、控制局面。

（五）决策的非程序性

一个组织的决策根据其活动是否反复出现把它分为程序化决策和非程序化决策①。理论上，决策过程应该是一个完整的科学系统，包含决策制订和决策实施两大阶段。每

① 袁坤，余樵. 哈佛经营决策学[M]. 北京：中国三峡出版社，2000：18.

一阶段又包含若干步骤，每一步骤都有其科学的含义和内容，相互间存在着有机联系。一个科学的公安决策程序应该包括以下四个步骤：(1) 诊断问题，确定决策目标；(2) 集思广益，拟订决策方案；(3) 综合评估，优选决策方案；(4) 实施决策，不断修正完善决策方案①。这个决策过程具有按部就班的特点，它适用于程序化决策。

而公安危机事件的突发性、不确定性和决策的紧迫性，决定了危机决策无法按照程序进行，在决策过程中也无固定的程序可循。危机决策作为一种非常规、非程序化的决策，在决策过程中考验决策者对危机的判断能力、对危机动态发展的预见性、处置危机的经验积累、临危不惧及急中生智的素质等。而公安危机决策由于受到危机情势的限制，无法像程序化决策一样按步骤进行，它需要快速确定决策目标，快速做出应对方案以阻止或控制危机势态。所以在公安危机决策中除了程序化决策步骤 (3)综合评估，优选决策方案无法实现外，其他三个步骤也无法像程序化决策一样不受时间限制，选出最优方案。

由此，建议在危机决策时要尽量简化决策步骤，抓住事件的关键点，根据公安工作的经验及决策者的洞察力和直觉判断能力，因时、因势，及时果断地作出决策。

(六) 决策结果难以预料

决策者通过一系列的决策活动完成决策时选定的决策方案即为决策结果。在程序化的决策中，决策者的任何决策行为都是按照既定决策目标寻找各种解决问题的途径和方法，制订决策方案、实施决策方案的过程。决策目标只有通过决策结果才能得以实现，而良好的社会意义和社会价值是考量决策目标是否达到的评判标准。公安危机决策就是要通过危机决策方案的实施实现控制、平息危机的决策目标。

在公安危机决策中，由于危机事件的发展、演变不以决策者的主观意志为转移，所以在危机决策过程中受决策对象的动态多变、决策情境的复杂危险、决策的非程序操作等制约，使决策者在作出对危机事件反应时会受到诸多未知的、不确定的因素干扰和影响。如对正在发生的危机事件的性质和特征判断不准、对危机事件的可能性的走向未知、对危机事件后果不明确、公众对危机事件处置的预期不知晓等都会使危机决策环境复杂多变，进而导致决策结果难以预料。

公安危机决策作为一种危机情境中的非程序化决策，决策者要在危机事件中寻找转危为安的机会和条件，在危险情境中快速评估事件态势，把握时机，随机决断，最大限度地保护人民的生命安全和财产安全，维护国家的政治安全和社会稳定。所以公安危机决策对决策者的个人素质和决策能力提出了更高的要求：一方面要求决策者具有临危不乱的心理素质和过硬的化险为夷的业务素质；另一方面又要求决策者在有限的时间条件下

① 孙晓东. 公安决策学[M]. 北京：群众出版社，2010：14 - 16，152.

具有风险评估能力、了解动态决策对象的能力、调动和加工决策资源的能力、分析决策环境的能力以及有效作出决断并执行决策方案的能力。

第三节　正确认识和控制公安危机

一、认识公安危机周期

公安危机虽然具有突发性、无前兆性的特征，但是“冰冻三尺，非一日之寒”，它是各种矛盾冲突和对抗累积的结果。而矛盾从产生到对抗再到化解是有周期的，危机的发生、发展和变化也是有周期的。根据危机渐进演变的规律，我们把危机周期分为酝酿、发酵、爆发、蔓延和平息五个阶段。公安危机的周期曲线见图 2－1。

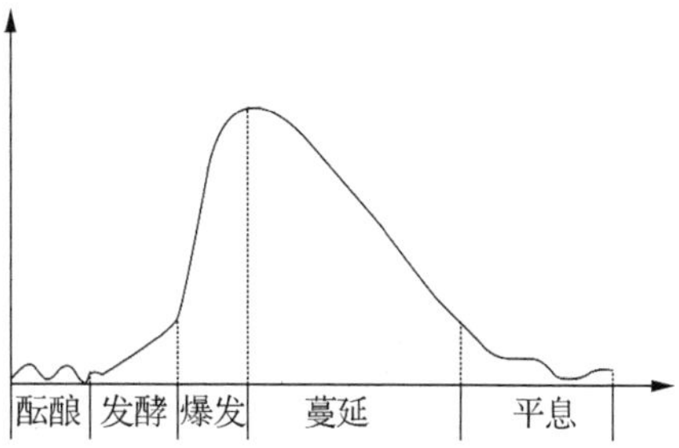

图 2－1　公安危机周期曲线

在了解公安危机周期的同时，把握危机周期内各阶段的特征有助于更好地把握危机的规律和演变机制，从而更有针对性制订各阶段的决策方案。公安危机周期各阶段的特征如表 2－1 所示：

表 2－1　公安危机周期各阶段的特征

阶段	特征
酝酿	有敏感性诱因，不易察觉，危害不明显
发酵	围绕诱因负面情绪积聚，各种不满言论快速传播
爆发	矛盾对抗升级，危机事件突发，打破了公安组织系统的平衡
蔓延	势态扩大，出现了点到面的扩散，出现连锁反应和次生危机
平息	矛盾解决或一方妥协，系统恢复正常

(一) 酝酿阶段

公安危机是社会矛盾冲突和对抗的结果。危机的爆发一般都有诱发危机发生的因素，这些危险性因素的悄悄积聚的过程叫作危机周期的酝酿阶段。这个阶段虽然也会有一些危机苗头出现，但是这些苗头具有很强的隐蔽性，几乎不会有显性的危害结果。公安机关在这个阶段很难觉察与预测，除非有知情的内线或耳目提供情报。如 2016 年发生于某市某居民区某小吃店的爆炸事故引发的群体性事件。某小吃店由于燃气泄漏发生了爆炸事故成为群体性事件的诱因，政府部门的善后处理的满意度成为当地居民极为关注和关心的问题。该群体性事件就是对事故方处置不当、对受损居民的事后赔偿不公所引发的不满情绪积聚造成的。

（二）发酵阶段

发酵阶段中，围绕诱发危机的危险因素不断地聚积，各种不满情绪和言论迅速扩散，使这些危险因素出现了由量变到质变的转化，它们不断地聚集着具有破坏性和毁灭性的能量，到一定程度时便会以火山爆发之势迸发，使公安机关及相关部门措手不及。

如前述事件中，在这个阶段，群众从事故刚发生后的震惊、无助的状态中恢复，对于该事件的各种言论甚嚣尘上，再加上政府部门的救灾工作已经结束，工作重心转向事故调查和善后处理。这时政府给出的善后处理的赔偿标准达不到受损居民的心理预期，双方从而产生严重分歧，矛盾不断升级。

（三）爆发阶段

在危机的发酵期如果没有发现危机的征兆，或者说没有把这些苗头重视起来的话，这时导致危机的危险性因素已经积聚到一定的程度，它积聚的破坏能量需要得到释放，一旦碰到刺激性因素便会爆发。此时，对于公安机关而言，突发性的危机事件爆发打破了政府正常的工作秩序，破坏了公安机关的社会治安管理秩序。危机的爆发会给社会组织及民众带来巨大危害，危害到政治安全、社会稳定、人民的安宁。

如前述事件中，当地居民对政府的善后赔偿标准严重不满，在发酵阶段，居民对政府的善后处理的不满情绪已经聚集到了蓄势待发的状态。这时被勒令停业整改的其他有安全隐患饭店偷偷开业，成为诱发该群体性事件的导火索。不明真相的群众认为政府默许其开业，这种负面信息迅速扩散，大批群众聚集上街讨要说法，拉起横幅，发泄不满情绪，造成道路交通严重瘫痪。

（四）蔓延阶段

危机爆发后不会戛然而止，它会呈现出扩散、蔓延甚至恶化之势，但其演进的速度较爆发的速度要缓慢很多。虽然危机爆发后，政府相关部门马上会采取应急措施对危机事件进行应对和处置，但由于危机的连锁反应，可能会出现次生危机和衍生危机，一旦被别有用心的人利用，危机就会不断恶化。

如 2009 年发生于湖北省石首市的群体性事件。6 月 17 日该市某酒店厨师蹊跷坠楼死亡，6 月 19 日众多围观群众在石首市东岳山路和东方大道两大交通要道设置路障，阻碍交通，围观起哄①。6月20日凌晨，事态开始恶化，少数不法分子借机制造事端，在停放尸体的酒店内纵火滋事，并煽动一些围观群众，袭击前来灭火的消防战士和公安民警，导致多名警察受伤，多部消防车辆和警车被砸坏②，此时事态逐渐恶化。

（五）平息阶段

危机经过前几个阶段，再加上政府部门及职能机关及时、有效的危机处置措施，其危害性在达到高峰后基本消失，渐渐归于平静。在这个阶段，政府相关部门要寻找危机发生、发展、演变的原因，通过对前期工作的总结和评价，提出有针对性的防范措施，防止同质危机的再次出现或同一危机的卷土重来。危机的平息的前提：或者是矛盾对抗和冲突双方的矛盾已然解决，通过澄清事实，还原真相，事件自然平息；或者是矛盾对抗和冲突的一方选择妥协、让步，使矛盾暂时缓和，标志着本危机阶段性的结束。

如前，某市小吃店爆炸事故引发的群体性事件的平息便是基于第二种前提。经过政府相关部门的努力，偷偷营业的饭店当场停止营业，关闭店门。同时相关部门领导对聚集群众进行劝说，希望群众合理表达诉求，不要采取极端方式。聚集群众自愿离开使得事件平息；而湖北石首市群体性事件便是基于第一种前提。当群体性事件爆发、蔓延后，引起了中央领导高度重视，有关领导迅速成立危机处置小组，现场指挥，经多次沟通、协商，死者家属同意将尸体运往殡仪馆，对尸体进行尸检，2009年6月21日凌晨，事态已逐渐平息。

二、对危机决策者的基本要求

公安危机决策由于时间的紧迫性、决策主体的有限理性、决策的非程序性等，在危机情境下的决策无法按照程序决策的步骤有序进行。但是，这种非程序性的决策也并非随意决策，它对决策者有更高的要求，需要决策者以超常的智慧、超人的胆识、超凡的策略、超快的速度作出应对反应，最终使危机出现转机，化险为夷。在危机决策方案生成过程中，对于决策者有以下要求：

（一）搜集尽可能多的危机信息资料

与危机事件相关的信息是决策依据，无论是现场决策者还是外围决策者都需要在第一时间尽可能多地了解更多的危机信息。面对突如其来的危机，决策者要保持冷静的头

① 湖北石首发生围堵事件 事态已平息[EB/OL].(2009-06-21). http:society. people. com. cn/GB/411589512646. html.

② 罗清泉李鸿忠赶赴石首市处理石首群体性事件[EB/OL].(2009-06-22). http://cpc. people. com. cn/GB/64093/117005/9517191. html.

脑，快速作出反应的前提是掌握更多危机信息的情报资料。而在公安危机决策中，情报信息资料可以通过以下途径获得：现场决策者可以通过观察现场情况、询问现场知情人、运用智能执法仪接收信息中心数据等方式搜集危机信息资源；外围决策者可以通过智库、大数据、共建单位等各种途径获取危机事件的信息资料。

（二）分析危机信息资料

虽然在公安危机决策中决策者掌握的信息资源是有限的，但与危机事件相关的客观实在的信息却呈现出信息量大、种类多及动态变化的特点。决策者要想更好地利用危机事件信息作出科学的决策，必须对通过各种途径获取的信息进行科学的处理和分析。目前的大数据、云计算为危机信息的分析、研判提供了更多的智能化途径，要求大数据后台快速处理并把处理结果发送给现场决策者，为其决策方案的形成提供厚实的数据信息。

（三）正确定性危机

危机一旦爆发，决策者就要根据现场危机情境迅速对危机的来源、针对目标、对公安组织结构的破坏力、社会影响力等作出判断。如 2009 年发生在某市的“6·5”公交车纵火案造成 27 人死亡，74 人受伤。该事件的发生引起了社会的恐慌，尤其是在案件侦破前期，案件性质尚未确定，“车辆自燃”等各种不实舆论和现场照片、视频四处传播，形成了网络舆情危机。公安机关经过大量细致的勘验工作，以犯罪嫌疑人张某购买汽油的视频资料为突破口，给该案件定性为故意纵火案并向社会发布官方通告，平息了由个人极端行为引发的危害公共安全的危机事件带来的次生网络舆情危机。

（四）评判危机走势

公安危机决策包含了两个及以上的决策阶段。为了有效控制、平息危机，决策者对危机事件或危机局面的动向及其可能带来的危害后果要基本做到心中有数。决策者要根据危机事件的现场情况、处置危机的经验等对危机可能的动态发展、变化的走势加以预估和评判，根据危机的发生、发展规律在危机周期的不同阶段因时因势形成不同时态、不同阶段的危机决策预案。

（五）果断决策，控制事态

处于危机情境中的决策者，在了解、分析、把握危机的原因、性质的基础上，以超人的魄力和超常的自信力，果敢决断，争取应对与处置危机的及时性和主动性。其间，决策者还要注意迅速控制危机事态，尽量使危机不扩散、不升级、不蔓延。

（六）善于沟通与协调

由于危机的传播速度快、波及面广、社会关注度高，一旦危机爆发会波及社会的方方面面，尤其是在信息秒传的自媒体时代，危机的爆发会牵动多数人的神经。各种不明真相的信息、片段的信息快速传播会在现实世界、网络世界引起轩然大波，严重影响公安机关的执法形象和公信力。此时，决策者的危机公关意识显得尤为重要，与社会各界及时沟通，与媒体及时沟通，适时发布危机事件的真实信息也可以起到防止事态扩大的作用。

第三章

公安危机决策心理研究

由各种社会矛盾冲突和对抗引起的公安危机已经成为影响当代社会发展和公安管理秩序的社会问题，有效进行危机管理已经成为公安管理的一项重要职能①。公安危机决策既是公安危机管理中的一项重要行为，也是公安决策中的一种特殊情境的、风险系数更高的决策。它要求决策者在面对诸多不确定和未知因素的条件下，在有限的时间里快速反应并作出科学的决策。而这种不确定情境下的决策无疑会给决策者带来巨大的心理压力。在危机决策过程中，除了决策者的思维活动、经验积累、评估判断能力之外，决策者的认知、情绪、意志及个性特征等心理因素都会参与到危机决策过程中，影响着公安危机决策的结果和对危机事件处置的效果。于是，研究公安危机决策者的心理状况及其个性特征对于有效应对和处置危机事件有着极其重要的意义。

第一节　决策心理的有限理性理论和前景理论

人们生活的各个层面都充满着决策活动，人们的一切有意识的、理性的行为活动都是决策结果的表现，决策是人类的基本活动。危机决策心理研究涉及经济学、心理学、概率论等。危机决策心理研究以心理学的理论解释危机决策中的决策行为，以关注决策者决策的心理过程，探究决策者的心理机制。继赫伯特・西蒙(Herbert A. Simom)之后，国内外的心理学家们把研究的焦点纷纷投向了"决策心理"研究，本书谈到的危机决策心理其实也是运用了决策心理研究的理论和范式，探索在突发性、不确定性、时间有限性等前提条件下的危机情境决策心理。我们选择与危机决策有关的决策心理理论进行讨论和探索。

一、有限理性理论

有限理性理论属于描述性决策理论，是描述性决策理论的基石。美国学者赫伯特・西蒙首次提出该理论并对其内涵作了界定。

① 张兆瑞，何长清. 说成语话管理：权变管理・危机管理[M]. 北京：群众出版社，2016：103.

（一）有限理性的概念

美国学者赫伯特·西蒙在其《理性选择的行为模式》一书中首次提出了“有限理性”的概念。西蒙的有限理性理论是用来批判古典和新古典学派的以有限理论作为一种前提假设解释个体的经济行为问题的“理性经济人假设”。西蒙认为“有限理性是考虑限制决策者信息处理能力的理论”①。

（二）有限理性的含义

西蒙的有限理性概念包括以下几层含义。其一，决策环境的有限性。表现为客观环境具有复杂性和不确定性，决策者无法对决策环境究其所有。其二，决策信息的有限性。由于客观环境的有限性，决定了决策者获取的信息也是不完整的。其三，决策者认知能力的有限性。人无完人，人不可能洞察一切，无法在有限的信息环境中无限地认知客观事物。其四，决策方案的有限性。人们不可能穷尽所有的参数（决策依据）并把它综合到一个单一的效用函数中，不可能找出全部的备选方案。其五，预测方案执行后果的有限性。人们对于做出的决策方案及备选方案，不能精确地计算出所有方案的执行效果。所以，西蒙认为，现实社会中的人们是介于理性和非理性之间的“有限理性个体”。

（三）有限理性理论对公安危机决策的启示

基于有限理性的理论，结合公安危机决策中决策者有限理性的特点，从认知心理学的角度去解读危机决策者的有限理性，置身于诸多不确定的、未知的和信息资源不对称的危机环境中的决策者作为一个独立的信息加工系统，其感觉、知觉、记忆、思维等受大脑中枢系统控制都处于有限理性状态下。此时系统资源的有限性再加上个体认知能力的限制，使决策者无法准确认知和预测危机事件的态势和走向，在突发性事件的冲击和有限时间条件的限定下，决策者的决策过程及其决策方案的生成无法在完全理性下完成，只能根据危机事件的现状结合有限的危机事件信息在有限理性下快速作出反应。按照西蒙关于有限理性的论述，从以下几个方面分析影响决策者有限理性的因素：

1. 感觉：有限理性

感觉是人脑对直接作用于感觉器官的客观事物的个别属性的反映②。感觉通过视觉、味觉、触觉等感觉器官实现，并形成对客观事物个别属性的认识。感觉具有客观和主观二重属性，表现为：一方面，感觉是不以人的意识为转移的对客观事物的独立反映；另一方面，感觉又是在个体人脑中形成、存在和表现的反映。由于个体的差异性，不同的个

---

① 庄锦英. 决策心理学[M]. 上海：上海教育出版社，2006：49.

② 桂世权. 心理学[M]. 成都：西南交通大学出版社，2016：76.

体对客观事物的感觉都会受到个性特点和个体经验或经历的影响，进而形成有个体差异的对客观事物的感觉。

面临突发性的公安危机事件，民警个体往往通过视觉这一感觉要素来感知危机现象，判断危机事态，预测危机走向。在这个过程中，人的视觉范围的有限性和视觉器官功能的有限性决定了个体对所面临的危机事件感知能力的有限性，其结果可能出现判断失误、决策无效等情况。

2. 知觉：有限理性

知觉是人脑对直接作用于感觉器官的客观事物的各个部分和属性的整体反映①。感觉是知觉的基础，知觉是感觉的深入和发展，是对感觉信息整合后的对客观事物的整体反映。知觉是在人们与客观环境互动过程中逐渐形成的，它可以帮助人们快速识别客观环境，获取有用的信息。但是知觉在帮助人们获取信息时不仅会受到个体的兴趣、经验、爱好等主观因素的影响，还会受到刺激物、客观环境的制约，如果仅凭个体的感知能力去认识客观事物，则会出现不同的个体在同样的客观事物中获取的信息不同，进而对客观事物作出不同的判断和解读的情况。正如图 3－1 所示：在图中有的人看到的是高脚杯，有的人看到的是两个人脸的侧面，这是由于看问题的角度和刺激源对感觉器官的刺激反射不同。

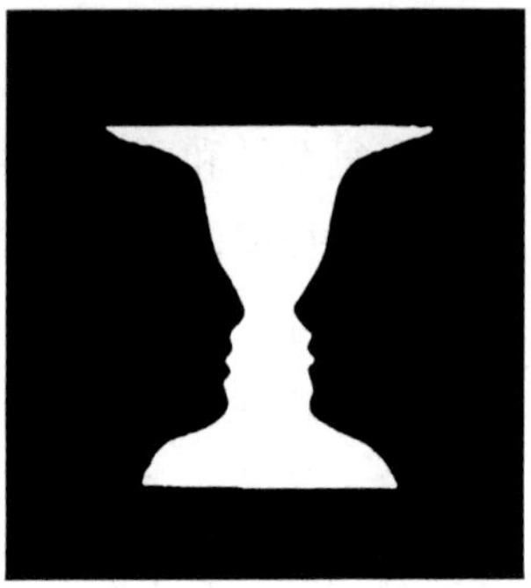

图 3－1　知觉双关图：高脚杯与人脸侧面

在公安危机情境中，由于危机事件本身的突发性、复杂性和潜在危险性，再加上置身于危机事件中的民警个体的感知度、危机事件带来的刺激点、工作经验、文化程度等方面的差异以及从危机事件中获取的信息的不完整性，民警个体无法对危机事件的整体情况作出理性的、准确的判断，也无法提出一套完整的决策方案。

3. 记忆：有限理性

记忆相较感知是一种较为复杂的心理过程。记忆是个体对所经历过的事物通过识记、保持、再认或重现的方式，以表象和语句等形式将个体经验和积累保存在头脑中，在一定条件下复现出来的心理过程②。记忆会将人们心理活动的过去、现在和未来联系在一起。人们在长期的生活实践活动中，会在大脑中识记和储存更多的信息，一旦短时记忆的信息得不到复述，则信息便会迅速被删除。许多心理学家的研究表明了个体的记忆能力是有限的，记忆是通过三级信息加工模式形成的，如图 3－2 所示：

---

① 桂世权. 心理学[M]. 成都：西南交通大学出版社，2016：78.

② 桂世权. 心理学[M]. 成都：西南交通大学出版社，2016：113.

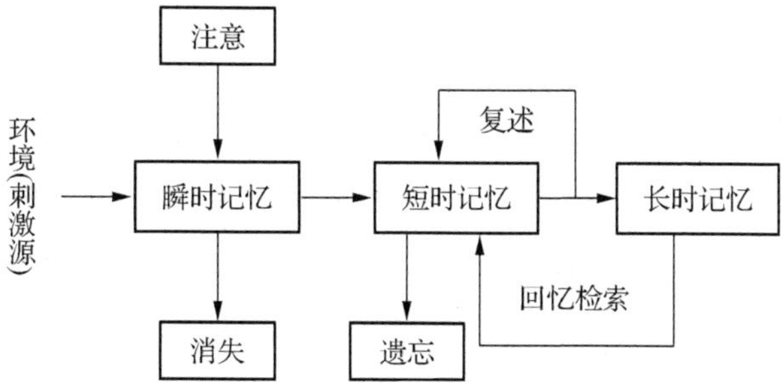

图 3-2 记忆的三级信息加工模式

鉴于以上记忆模式,公安民警对危机事件的感知会受其应对和处置危机事件的经历和经验的影响和制约,而民警曾经经历过的危机事件的所有信息不可能全部被识记并在危急关头全部重现,尤其是面临新的危机事件时由于受到的情绪、环境的影响和制约,之前处置危机事件的信息成为片段式记忆,无法理性唤醒记忆,进而可能会影响到危机决策方案的形成和执行。

二、前景理论

前景理论是描述性范式最具代表性的决策理论,也是描述性研究成果的集大成者。卡尼曼和特沃斯基(Kahneman and Tversky,1979)在《前景理论:风险条件下的决策分析》一文中首次提出了前景理论。他们的基本理论思想是在保留最大效用期望理论的前提下,对其中各因子进行改造,期望能够通过这种方式更加逼真地描述人们的决策行为,从人的真实心理过程揭示人在决策时的非理性行为①。该理论作为风险决策下的描述性模型,为我们研究公安危机决策提供了一定的理论基础。

(一)前景理论风险决策的两个阶段

前景理论假设风险决策过程包括编辑与评价两个阶段:在编辑阶段,决策者对所提供的前景进行初步分析,形成对这些前景更简单的表述;在评价阶段,决策者要对编辑过的前景进行评估,并选择有最高价值的前景②。

1. 编辑阶段

前景理论认为在风险决策的编辑阶段,个体依照“框架”和“参照点”等要素来采集和处理信息。

---

① 孙慧明. 前景理论与军事决策心理:范式、内容及启示[J]. 南京政治学院学报,2013(1):128.

② 卡尼曼,特沃斯基. 前景理论:风险条件下的决策分析[EB/OL]. 林奇,译. (2014-11-23). https://wenku.baidu.com/view/7655fec6dd3383c4bb4cd2a5.html.

(1) 框架

编辑阶段中的“框架”即为决策者对问题的表述方式。由于语言表述的多样性和观察事物的角度不同，同样的问题可以有不同的表述方式，如同样的半杯水，既可以表述为差半杯就满了，也可以表述为有一半是空的，在这两种不同的框架下，可能会作出两种不同的决策，或者用水把杯子填满，或者把杯中的水倒掉。以下卡尼曼和特沃斯基关于亚洲疾病研究的实验就是“框架”形成的著名例子：

> 试想美国将要爆发一种非同寻常亚洲疾病，预计将有 600 人染病。目前有两种治疗方案，对这两种方案疗效的科学估计分别采用以下两种框架叙述。
>
> **框架 1 ($N=152$)**
>
> 如果实施框架方案 A，可以救活 200 人。
>
> 如果实施框架方案 B，有 1/3 的可能 600 人全部救活，但也有 2/3 的可能 600 人全部死亡。
>
> **框架 2 ($N=155$)**
>
> 如果实施框架方案 C，有 400 人死亡。
>
> 如果实施框架方案 D，有 1/3 的可能使 600 人无一人死亡，也有 2/3 的可能 600 人全部死亡。

样本调查的结果显示，在框架 1 中，72%的被调查者选择了方案 A，在框架 2 中，有 78%的被调查者选择了方案 D。我们从调查方案本身来看，方案 A 与 C、方案 B 与 D 的结果是一样的。但是由于对于问题的表述方式不同，出现了调查结果的不同。框架 1 是以积极、肯定的形式表述的，于是被调查者的决策结果呈现出风险规避的倾向；而框架 2 是以消极、否定的形式表述的，于是被调查者的决策结果呈现出风险寻求的倾向，同样问题呈现出完全不同的决策结果。因此，决策者的知识经验、生活经历、成长的环境、价值观念等都可以为决策者设定不同的决策框架，而这种决策框架一旦形成，就会形成相对固定的决策定势，影响到决策者的决策方案的结果和成效。

(2) 参照点

我们在生活中经常提到的对个体生活状况的表述方式即“比上不足，比下有余”，而此中的“上”和“下”并无固定的比较对象，只是根据不同个体的生活现状而定的参照物。而决策框架的形成以及对框架内选项价值的评价都离不开参照点。我们同样用前面提到的卡尼曼和特沃斯基关于亚洲疾病研究的实验来说明被调查者之所以对于同样结果的方案形成完全不同的决策结果，离不开被调查者对于参照点的选择。在框架 1 中，当调查者用“救活”这一积极的语言进行陈述时，被调查者则把不能被救活或死亡当作参照点，决策者更多地关注能够救活，无论救活的人数多少都被他们看作是获益，倾向于风险规避，于是在框架 1 中 72%的被调查者选择了方案 A；在框架 2 中，当调查者用“死亡”这一消极的语言进行陈述时，被调查者则把无人死亡当作参照点，决策者更多地关注能够不死亡，无论多少人死亡都被他们看作是损失，倾向于风险寻求偏好，于是在框架 2 中 78%的被调查者选择了方案 D。

2. 评估阶段

决策者在完成信息编辑的基础上便进入了决策评估阶段，按照前景理论的假设，决策者对信息的价值判断依赖价值函数和权重函数。

（1）价值函数

价值函数表现为一条经验型的 S 型曲线（见图 3－3）。而其价值函数曲线的数学表达式为①：

$$V = \sum \pi(p_1) v_1(x)$$

公式中 V 代表被编辑过的整体价值即决策者的主观感受价值，它与参照点有关；π 代表决策权重；p 代表对决策结果有效性的主观概率；v_1 代表决策者的主观价值。

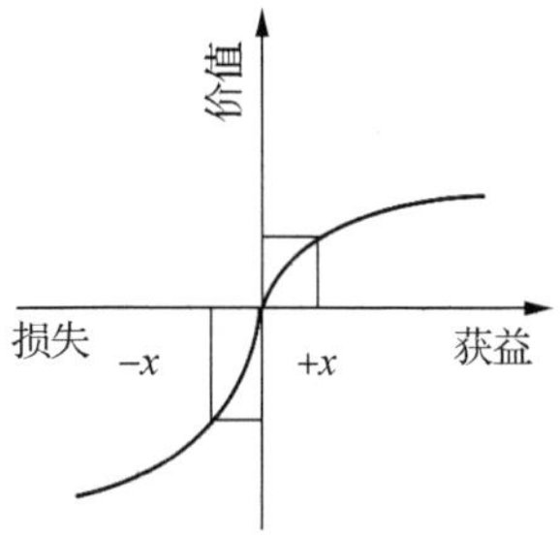

图 3－3　前景理论的价值函数曲线

如图 3－3 中，纵轴表示价值，横轴表示决策中的损失或获益，坐标原点是决策者的参照点（现实状态）。价值函数是一条 S 型曲线，它并不是由具体数值计算得出，而是人们对于选项的主观价值在参照点上的变化反应。横轴以下的曲线是损失的价值函数，为走势陡峭的凹函数，表现出风险寻求倾向；横轴以上的曲线是获益的价值函数，为趋于平缓的凸函数，表现出风险规避倾向。当损失和获益等量时，损失的效用值往往大于获益的效用值，这也就是为什么人们对于损失的负面反应超过对获益的正面反应。

当 S 型的决策价值函数呈凸形时，决策者的决策心理倾向于规避风险；当决策价值函数呈凹形时，决策者的决策心理倾向于寻求风险。也就是当决策者感到心理上获益时，为了避免损失，他会倾向于规避风险。如在“确定的利益”和“风险利益”之间的选择时，即使确定的利益小于风险利益，多数人也会选择确定的利益；当决策者感到心理上损失时，同样为了避免损失，他会倾向于寻求风险。如在“确定的损失”和“风险利益”之间

① 庄锦英. 决策心理学[M]. 上海：上海教育出版社，2006：75.

的选择，即使确定的损失小于风险利益，多数人也会选择风险利益。无论哪种决策的行为选择，我们认为均是趋利避害的心理使然。

(2) 权重函数

根据卡尼曼和特沃斯基在前景理论中对决策权重的分析，把决策权重理解为决策者根据决策方案执行结果出现的概率作出的某种主观判断。权重函数 $\pi(p)$是非线性的(如图 3－4 所示)：

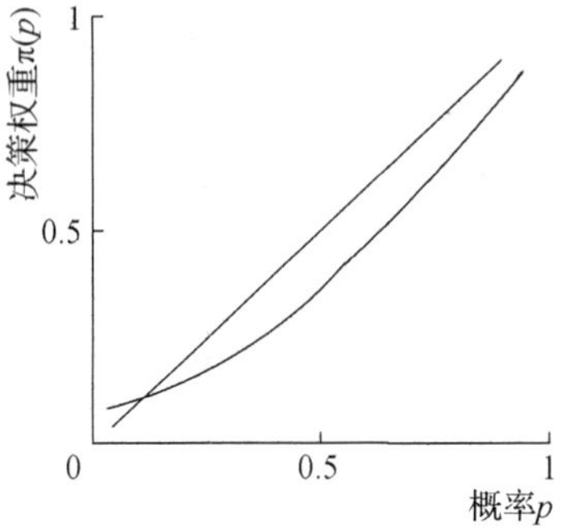

图 3－4　前景理论的决策权重函数

该函数具有以下特征：

第一，$\pi(0)=0$，决策者不会选择不可能事件；

第二，随着事件发生的概率的增加，$\pi(p)$也会增大；

第三，从函数图中可以看出 $\pi(1)=1$，必然事件单位权重最大；

第四，图中对角线以上的部分属于小概率事件，小概率事件具有超过其概率值的决策权重，即 $\pi(p)>p$；而图中对角线之下的大部分属于大概率事件，而大概率事件的决策权重小于其概率值，即 $\pi(p)<p$。

对于大概率和小概率事件的决策权重的理解，我们来看卡尼曼和特沃斯基的又一个实验：

问题 1.　A：0.1%的机会赢得 5 000 美元；

B：100%的机会赢得 5 美元。

问题 2.　C：0.1%的概率输掉 5 000 美元

D：肯定损失 5 美元。

问题 1 和问题 2 的被测结果分别为：对于问题 1 的选择，75%的被测试者选择了选项 A，说明小概率事件具有超决策权重，人们明知道可能性不大，但还是愿意选择去做；对于问题 2 的选择，80%的被测试者选择了选项 D，仍然说明小概率事件具有超决策权重，人们宁愿选择现实的小损失来规避小概率的大损失。这种小概率事件的超决策权重，可以使决策者在小概率区域的决策显现出冒险与稳健并存的心理现象。如当人们面对 0.1%

的高收益时，更多人会选择冒险一搏，当人们面对 0.1%的高损失时，更多人会选择稳妥行事。

(二) 前景理论对公安危机决策的启示

在公安危机决策中，大多时候的决策者同时也是决策方案的执行者。依据前景理论的表述，对危机决策作出以下分析：当面临突发性的危机事件时，决策者依照危机事件的现场状况，对控制、制止、平息危机事件的最大效用预期作出决策。决策者会根据自己对危机事件的主观感受、作出的决策对有效处置危机事件的主观概率判断、决策权重(根据事件发展、蔓延，对结果出现概率的主观判断)等因素以最快的速度编辑和评价所面临的危机事件。在决策过程中，决策者在评估和判断这种不确定性的事件时，通常会受到其自身对危机事件发展趋势及其处置结果积极或消极的心理编辑和评价的影响，出现两种不同的决策方案。持积极态度的决策者会在寻求风险的决策心理支持下，随着危机事件动态变化去客观评价得失，不断修正决策方案，全力应对、处置、平息危机事件；持消极态度的决策者会在规避风险的决策心理支持下，维持现有的状态举棋不定，或者凭原有的有限经验作出决策应对诸多不确定风险的危机事件，其结果导致对危机事件的处置无力。

第二节　公安危机决策心理现象

公安危机决策心理是指决策者的个性心理素质或个性心理品质。它是决策者表现出来的持久而稳定的心理活动过程和个性心理倾向。在危机决策过程中，决策者良好的心理素质对于决策结果的成效具有至关重要的影响。了解和分析危机决策者的心理有助于研究决策者在危机情境下的决策活动。

一、公安危机决策者的心理构成

个体心理现象是自然界最复杂、最神秘的现象，它虽看不见、摸不着，但是它与个体的行为密切相关。个体的行为是其心理的外在表现，个体心理又是其外在行为的内在反应。因此，积极、良好的个体心理与个体的决策行为及决策方案的形成会产生良性的互动，帮助决策者在危机情境下调整和控制自己的情绪，以积极应对、冷静处置危机事件。

公安危机决策与公共危机决策和社会危机决策一样，都是危机情境下的非程序化决策。决策者的心理现象构成包括心理过程与个性(见图 3-5)，其中心理过程是由认识过程、情绪过程和意志过程构成，个性由个性倾向性与个性心理特征构成①。根据心理学对相关概念的解释，我们从危机决策的视角对决策者心理现象进行分析。

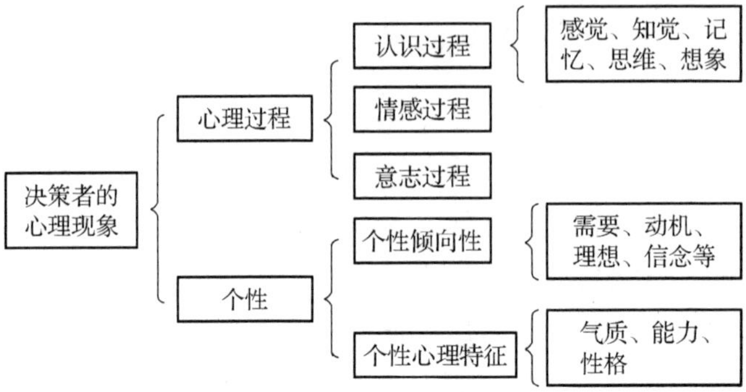

图 3-5　决策者的心理现象结构

危机决策的心理因素理论认为决策者的决策过程会受到其对危机事件认识过程、情感过程和动机过程等的影响，在决策过程中决策者所处的环境和决策者的人格因素会增强危机决策的动机并导致危机决策方案的个体差异②。

二、公安危机决策者的心理过程

心理过程是决策者心理活动的动态表现，它既是决策者的大脑对危机情境的客观反映过程，也是决策者决策心理的发生、发展的过程。它包括认识过程、情感过程和意志过程。

(一) 认识过程

根据学界对认识过程是最基本的心理活动过程，是决策者的大脑对危机情境和危机事件的信息的加工过程的界定，我们把危机决策者的认识过程界定为：决策者通过感觉、知觉、记忆、思维、想象等形式反映所面临的危机事件本身及与危机事件的关联信息。当危机发生时，置身于其中的决策者在感知当前所面临的危机事件后，要根据当前事件发出的信号调动大脑潜能，再现与当前事件有联系的或相关的记忆信息，经过对信息的加工、处理和分析，对危机事件可能的趋势进行预判，形成对所面临危机事件的概括性反映。决策者的决策过程包括以下几个环节：

1. 感觉

感觉是一种简单的心理现象，是对直接作用于感觉器官的事物的个别属性的反映，

① 心理因素包括哪些内容[DB/OL]. [2018-04-29]. https://wenku.baidu.com/view/a8c60f4eec630b1c59eef8c75fbfc77da26997c1.html.

② 刘单复. 风险决策心理因素分析[J]. 应用心理学，1994(5)：32.

危机的爆发作用于决策者感觉器官的只是危机事件的个别表象特征。当公安危机发生时，无论是置身于危机现场的民警还是危机发生地公安机关的领导，他们大脑中对危机现场环境、气氛、人员等的直接反映就是对危机的感觉。

2. 知觉

知觉是直接作用于感觉器官的事物的整体在人脑中的反映，是人对感觉信息的组织和解释的过程。与感觉不同的是，知觉是危机决策者对危机事件的整体反映。危机决策者会凭借其危机经历，通过自己觉知到的危机信息对危机事件信息加以组织和解释，并对危机事件作出整体的反映。

3. 记忆

记忆是人脑对经历过的事物的识记、保持、再现或再认，它是进行思维、想象等高级心理活动的基础。危机的爆发会唤醒处于危机情境中决策者的危机经历，其大脑中会再现之前经历过的危机事件及其处置过程，从而帮助民警正确认识危机，快速作出反应。

4. 思维

思维是人们的高级心理活动，它是人脑对客观事物的间接和概括的反映。思维是借助言语实现的。思维过程是揭示事物本质特征及内部规律的理性认识过程。思维于危机决策者而言，就是决策者对危机事件的本质特征和危机事件发生机理及发生、发展、变化规律的认识过程。

5. 想象

想象也是一种高级心理活动，是人在头脑里对已储存的表象进行加工改选后，形成新形象的心理过程。就危机决策而言，决策者对危机事件的加工改选都源于危机情境和决策者作出可行性决策应对危机的需要，通过思维加工过程对危机的可能性走势及发展趋势作出判断，生成对现实危机的新认识的心理过程。

（二）情感过程

情感就是人们对其所认识的事物、所做的事情以及对他人和自己的态度体验①。缘此我们认为危机决策者的情感过程就是危机决策者对危机事件态度的体验，这种态度体验会受到决策者的社会使命感、警察职业责任感、成功和失败感等因素的影响，其结果表现为积极的情绪体验和消极的情绪体验。持有积极情绪的决策者会在诸多未知信息和不确定情境下调动自己的潜能和经验，运用启发式加工策略认识和判断所处的危机情境并作出积极的反应，其结果使危机事件得到控制；而持有消极情绪的决策者则不愿付出

① 张震，蒋晓虹. 心理学[M]. 北京：北京师范大学出版社，2016：5.

更多的努力，试图采用系统加工的策略应对危机事件①，其结果可能会导致危机事态的扩大或蔓延。

（三）意志过程

意志是指人自觉地确定行动目标，并根据目标调节、支配自身的行动，克服各种困难去实现预定目标的心理过程。意志是人的意识能动性的集中体现，是人类特有的心理现象。缘此我们认为危机决策者的意志过程就是决策者根据危机事件的发生、发展、变化的特点自觉地确定决策目标并支配自己执行决策方案的行动，以实现预定决策目标的心理过程。意志过程是支撑决策行为的一种内在的精神力量②。意志过程在公安危机决策中表现为：无论决策者处于多么艰难、危险的环境中，无论危机事件多么复杂多变，无论决策者初始阶段决策是否有效，这时坚韧不拔的意志力和处置危机事件的自信力是支撑决策者控制危机事态、阻止危机事件蔓延直至平息危机事件的主心骨。

三、决策者的个性

个性就是指个体心理现象的总和，具有个体的独特性。如果说心理过程是每个个体所共同拥有的，个性则是人们心理现象中各具特色的因素。由于个体先天的差异及后天在生活环境、人际互动方式及社会化过程等方面的差异，个体心理活动的内容和表现都具有个体特点，这便是个性。个性由个性倾向性和个性心理特征构成，它们在公安危机决策中对危机决策方案的形成及决策成效有着不可忽视的影响。

（一）个性倾向

个性倾向性是指人进行活动的基本倾向和动力③。它是推动个体行为活动的动力系统，是个性中最为活跃的因子，它决定着个体对客观世界的认知和行为取向。个性倾向性由需要、动机、理想、信念等因子组成，体现了个体对客观环境的态度及行为模式的积极特征。

危机决策者的个性倾向性表现为决策者对所处的危机情境的态度及应对危机事件的行为模式，而决策者的态度和行为由于受到个体需要、动机、理想、信念等因素的影响，对于危机情境的态度体验和行为选择会出现个别差异。虽然存在着个别差异，但是由于警察职务的特殊性，经过长期警务工作实践和各种危机环境考验的公安民警在面临危机情境时的个体需要和动机必然会服从于公安工作的需要和动机，以有效应对和处置危机

① 姜嘉林，宋永超. 情绪对危机决策的影响[J]. 理论观察，2014(9)：68.
② 孟雅楠. 从危机决策中看领导者的心理素质[J]. 黑龙江教育学院学报，2009(11)：88.
③ 桂世权. 心理学[M]. 成都：西南交通大学出版社，2016：3.

事件为目标，以维护国家政治安全和社会稳定为己任。在“对党忠诚、服务人民、执法公正、纪律严明”的坚定信念下，公安民警要以快速、有效处置危机事件的态度，以积极的行为方式应对危机事件，快速反应，快速决策，快速执行。

（二）个性心理特征

个性心理特征是个体常常表现出来的较为稳定的心理特点，主要包括个体的气质、能力、性格。在公安危机决策中，由于个体心理特征的差异性，危机决策过程会受到决策者的情绪、果敢自信、工作能力的影响，进而影响到决策方案的形成与执行和决策效果。所以，危机决策在条件允许的情况下以团队决策为宜，这样可以取长补短。

1. 气质

气质虽然是人们与生俱来的典型、稳定的性格特征，但也不是固定不变的。有研究发现：气质的变化是由环境造成的，环境对气质的影响主要经过复杂的脑机制和自我控制机制。在现实生活和工作中，当遇到问题时，有的人兴奋不已，有的人却冷静沉着；在对待问题的态度上，有的人容易变化，有的人较为稳定；在问题处理时，有的人思维敏捷、反应快速，有的人却反应迟缓。这就是个体在气质上的差异，这种气质上的差异也会影响到对危机事件的决策。

基于此，处于危机情境下的民警个体或团队面临突发性的危机事件时，要围绕有效应对和处置危机事件的核心目标，改变原有的不适合该环境的气质，唤醒自我概念中的控制机制，作出正确的处置危机事件的决策，否则便不利于危机事件的处置。

2. 能力

就能力而言，危机决策需要唤醒的个体的各种潜在能力，是决策者个人或团队能力的总和。能力是观察能力、组织能力、协调能力、判断能力、分析能力等的总和。在现实生活中，每个个体都有自己长处也有自己的短板。比如，有些人观察力和洞察力较强，有些人组织能力较强，有些人协调能力较强，有些人分析判断能力较强。所以，危机决策需要采用头脑风暴的方式，各取所长，才能把团队能力发挥出来，决策执行效果才更好。

在公安危机情境中，决策者的心理能力就是要在有限的时间条件和不确定的风险因素下制订并有效执行决策方案所必备的心理特征，它是决策者观察能力、记忆能力、逻辑判断能力、反应速度、分析能力等的综合反映。

3. 性格

性格是个体对现实的稳定态度和习惯化的行为方式。在现实生活中表现为有的人喜欢自我表现，有的人喜欢自我封闭；有的人勇敢自信，有的人胆小怕事；有的人喜欢动，有的人喜欢静；有的人工作认真仔细，有的人工作粗枝大叶。面临危机情境时，不同性格特征的个体会呈现出不同的危机应对方式，或认真分析、勇敢面对，或逃避现实、盲目决策。

公安危机决策同时也具有动态性、不确定性的特点，这就要求决策者同样也要具有乐观、果断、智慧、灵活的人格。这样才能在危急关头做到头脑清楚、思维敏捷、把握机会、激发潜能、果断行动。

第三节　公安危机决策心理分析

决策者是有效应对危机事件的积极主体。在危机事件情境中，决策个体(或团队)对危机事件正确的认知、稳定的情绪反应及战胜危机的坚定意志对于有效应对和处置危机具有举足轻重的作用，这是民警个体或团队成员应对和处置危机事件必备的心理素质，也是决定危机决策成效的必备要素。而更多地了解和分析影响危机决策的其他要素有助于更好地把控危机。

危机事件的应对和处置过程是从危机事件的发生到平息的这段时间，其间作为危机决策者和决策方案执行者的民警，在毫无心理准备情况下面对突然发生的危机事件，其危机体验的心理状态及行为反应不仅会受个体对发生的危机事件的认知、对危机事件发展态势的判断、对应对危机事件的初始决策结果的预期的主观因素的影响，也会受到对危机事件快速决策的要求和危机事件环境复杂多变、民众对平息危机事件的强烈诉求等客观因素的影响。这些内在与外在的压力决定了在这段时间内民警遭受到的心理冲击会更大，对危机事件的心理体验会更强，更容易出现心理失衡及诸多的消极心理反应。对于公安危机决策中决策者心理的系统分析可以帮助决策者更好地履行职务活动中的责任。

一、决策者应具备的基本心理素质

公安危机决策是公安决策中的一种特殊情境中的、风险系数更高的决策。公安危机事件具有不确定性、风险性、紧迫性、资源有限性的特点。对于处于危机事件中的民警来说，他(们)既是危机事件的亲历者，也是危机事件的决策者，还是危机事件决策方案的执行者。而集众多角色于一身的民警对危机事件的正确认知能力、良好的思维能力、稳定的情绪能力、坚定的意志能力等是决定民警能够最大限度地控制、制止危机事件的内在动因。所以在公安危机决策中，对于处于危机事件现场的民警心理素质提出了以下要求：

（一）对危机事件的正确认知

心理学把认知表述为人们认识外界事物的过程，或者说是对作用于人的感觉器官的外界事物进行信息加工的过程。它是由感觉、知觉、记忆、思维等心理现象按照一定的关系组成的功能系统。公安危机事件发生的原因复杂多样，危机事件的发展呈现动态演变的态势，为此，民警要有透过现场感知到的危机事件的表象，调动所有已有的对危机事件的认识及经验的记忆，并对感知到的记忆中的危机事件的所有信息进行加工、分析，以最快的速度作出应对和处置危机事件的分阶段决策。

（二）具有敏捷、灵活和创造性的思维能力

思维作为一种重要的心理现象，是人们的高级心理活动。它是人们在实际的生活过程中，在感觉经验的基础上，在头脑中通过对事物的分析与综合、抽象与概括后形成的概念，并应用概念进行判断和推理，认识事物的一般和本质特征及规律性联系的心理过程。公安危机决策的特殊性对危机事件的决策者提出了更高的要求，处于危机事件中的民警对危机事件进行判断、分析时，要灵活转换决策依据的条件，不断调整和修正决策思路，根据危机事件的走势巧妙转换思维方向，寻找时机，随机应变并形成应对和处置危机事件的决策方案。同时还要根据处于动态变化中的危机事件的态势走出以往经验的条框限制，以平息危机事件为决策目标激发个体的潜能创新思维，在动态演变的危机事件中寻找形成决策方案的突破口。

（三）具有把控情绪的能力

情绪是人对客观事物是否符合其需要的态度体验，它会影响人们的行为反应。处于危机事件中的民警，面对突如其来的事件和诸多未知的后果时，能否把握和控制好自己的情绪对于能否形成有效控制、制止和平息危机事件的决策方案有着重大的影响。处于危机情境下的决策者只有调节和控制好自己的情绪，急中生智，以积极的情绪反应应对危机事件是做出有效化解危机的决策方案的前提和基础。否则，紧张、恐惧、愤怒、激动、沮丧等消极的情绪反应，既不利于民警对危机事件的正确判断、分析和思考，也会导致危机事件蔓延、扩散，带来严重的危害后果。

（四）具有坚定的意志能力

意志能力是一个人自觉确定目标并据此支配、调节自己的行动，克服困难以实现目标的心理品质。处于诸多不确定危机事件情境中的民警，要以战胜危机的坚定的意志力和信念，根据平息危机事件的决策目标快速反应，果断决策，有效处置。

二、影响公安危机决策心理的外部因素

我们在肯定决策个体(或团队)积极的心理反应和良好的个性品质对于有效处置危机事件起着举足轻重的作用的同时,不能忽视在应对和处置危机事件的过程中外部因素对公安危机决策心理的影响。外部因素主要指决策者所处的危机决策环境、危机决策时间、危机决策预期等。

(一)决策环境

公安危机事件的突发性、危险性,决策信息的有限性,事件走向的未知性,后果的严重性等特点,决定了危机决策环境的复杂多变。其结果不仅给决策者确定决策目标、制订决策方案、判断事件变化趋向带来很大的难度和巨大的压力,也无形中增加了决策过程的复杂性。这种危急的决策环境无疑会对决策者的认知、情绪、意志、个性倾向性等心理因素产生影响,使决策者的决策过程无法像规范化、程序化决策一样按部就班地在完全理性条件下进行。在这种复杂的危机决策环境中,从认知角度来看,决策者可能会出现对决策风险认知、决策结果认知等的偏差;从情绪角度来看,决策者可能会出现紧张、恐惧、焦虑等情绪反应;从意志角度来看,当决策者无论做何种努力都无法实现决策目标时,随着危机事态的扩大和蔓延,决策者的挫折体验越发强烈,导致他(们)战胜危机的意志力渐趋减弱;从个性倾向性角度来看,由于个体的风险承担倾向的不同,不同个体产生了不同的风险偏好,表现为:有些人会倾向于规避决策失败风险,有些人会倾向于选择冒决策失败的风险。

(二)决策时间

基于危机事件应对和处置任务的紧迫性,决策者要在第一时间根据危机事件的即时情势作出快速反应,以及时、有效地控制危机事件的发展、蔓延。在公安危机决策中,大多时候遭遇危机事件的民警同时又是危机事件的决策者和决策方案的执行者,他们可能是有着丰富决策经验的公安机关领导,也有可能是毫无决策经验的普通民警。无论有无经验,在面临危机事件时,他们必须要审时度势,随机决断,以快速地控制危机事件。在这种决策时间压力下,他们要跨过决策一般程序中的坐下来分析问题、获取全面信息、制订可行性的备选方案等环节,直接进入现场确定方案、执行方案的环节。这种限定时间的快速决策,无论是对有经验的决策者还是无经验决策者都是一种挑战,都会给决策者带来巨大的心理压力,进而可能导致决策者不能正确认知自身应对危机事件能力,对要处置的危机事件产生焦虑、无助等情绪反应,缺乏自信或过度自信,出现冲动、逃避等不良的行为反应。

（三）决策预期

在对危机事件的前因后果及其演变过程未知的情况下，决策者不仅要快速作出决策，还要对自己所作出的决策效果进行预期评估，包括：作出的决策方案对于应对、处置危机事件的效果起作用的程度，是否能控制住危机事件的势态防止危机事件的蔓延，等等。在危机事件诸多因素不确定的状态下，要对自己的决策效果进行预估，无形中也会给决策者带来巨大的心理压力，使危机决策者认知水平出现偏差，进而带来消极的情绪反应。

决策者受决策预期的影响，会给决策目标带来不同的结果，表现为：其一，如果决策者对自己当时的决策结果预期是悲观的，决策者就会极力避免决策失败给自己带来后悔的情绪，此时的决策者对危机事件预期的认知水平就会受患失心理的支配而作出保守的决策，进而出现无法及时控制危机事件、引起危机事态的蔓延、贻误时机的状况；其二，如果决策者对自己当时的决策结果预期是乐观的，决策者就会很享受决策成功给自己带来愉悦的情绪，此时的决策者对危机事件的认知水平就会受到得到心理的支配挑战危机事件的风险，表现出强的风险寻求偏好，他就会用自信的态度调动自己应对危机事件的所有潜能并作出决策选择以应对和处置危机，进而有效地控制危机事件。

三、公安危机决策中民警的消极心理反应

群体性事件、暴力恐怖事件、网络涉警舆情事件等公安危机事件发生、发展、变化均呈现出不以决策者的意志为转移的特点。危机事件本身的复杂性和不可预知性以及上级领导和公众对危机决策者的决策预期等都会给民警带来巨大的心理压力。此时，处于危机情境中的民警个体对于面临的危机事件感到难以判断、难以把握，内心的紧张感就会不断积蓄，继而出现思维混乱和无所适从的行为反应，进入一种失衡的心理危机状态。当事人形成了既不能回避又无法用自己的资源和应激方式来处置危机事件的消极心理反应，进而影响危机决策目标的实现。了解民警在危机决策中可能出现的消极心理反应，有助于分析和研究公安危机决策心理现象，有针对性地开展心理健康服务工作，提高民警处置危机事件的决策能力。一般而言，民警在危机事件决策中的消极心理反应表现为：

（一）认知偏差

出人意料的危机事件会使处于危机事件中的民警受到危机事件的强烈冲击，出现对危机事件的不客观、不正确的认知，形成认知偏差，这种偏差主要表现为：

1. 由首因效应引起的认知偏差

所谓首因效应，是指当人与人接触进行认知的时候，首先被反映的信息对于形成人的印象起着强烈的作用。按照心理学对于首因效应的解释，由于危机决策信息资源的有限性，处于危机事件中的民警会根据自己对所面临的危机事件的第一印象，即接收到的关于危机事件的不完全信息对危机事件发生、发展和演变进行判断，而这种判断结果会直接影响民警的决策行为，进而形成与危机事件客观事实不符合的决策方案，对危机事件准确、快速的处置不利。

2. 由晕轮效应引起的认知偏差

所谓晕轮效应，是指人们常常将事物所具有的某个特征而泛化到其他一系列有关特征，也就是从所知觉到的特征泛化推及其他未知觉的特征，由局部信息形成一个完整的印象。按照心理学对于晕轮效应的解释，由于突发性危机事件起因未知、变化发展态势未知等因素的影响，民警对于危机事件的判断和评价进入一种先入为主的认知状态。他们会根据现有的知觉判断去推断危机事件的走势，根据眼前的危机事件的局部信息形成对事件的整体印象，并据此做出决策方案。而非根据危机事件的特点和规律做出的经过科学加工的决策方案，其决策结果很可能会与平息危机事件的决策初衷大相径庭。

（二）无法把控自己的情绪

公安危机事件动态多变的特点会造成危机事件现场情况复杂多变，这就要求处于危机事件中的民警要根据危机现场的情况变化，因时、因势迅速制订相应的决策方案并付诸实施。而危机事件的诸多不确定性和对决策方案的针对性、有效性、时效性的要求，会给处于危机事件中的民警带来超常的心理压力，形成焦虑、紧张、恐惧、无能为力等情绪反应，尤其是当其初始决策方案无效导致危机事件蔓延、扩散时，决策者会产生强烈的受挫感，变得手足无措，思维枯竭，影响其对后续事件的正确判断、评价和决策，贻误控制危机事态的良机。

（三）意志消沉

意志是为完成一定的目的任务而根据目的调节支配自身行动的心理倾向。它对行动的调节既可表现为发动和进行某些动作或行为，也可表现为制止和消除某些动作或行为，它是决策心理活动过程中的重要的心理因素。公安危机决策相对于一般的程序化决策而言，要求处于危机现场的民警要在有限（或者缺少）决策资源信息的条件下，根据现场情况快速选择做出决策方案，实现决策目标，它无疑会加剧处于危机事件中的民警的心理冲突，再加上认知偏差和情绪把控不力带来巨大挫折，会削弱民警应对和处置危机事件的信念。在这种消极信念支配下的意志会制止民警去确定危机决策的目标并选择达到目标的有效策略。

四、提高民警危机决策心理素质的措施

传统安全威胁与非传统安全威胁使现代警务工作充满了诸多风险和未知，应对和处置突发的危机事件成为公安工作中不可缺少的内容。公安危机决策要求民警在危急关头临危不乱，并调动全身心的潜力快速应对、处置和平息危机事件，为国家政治安全、社会稳定保驾护航。而民警要做到临危不乱必须要有强大的心理支撑，针对民警在危机决策中可能出现的消极心理反应，提出以下提高民警危机决策心理素质的措施：

（一）学习和运用认知心理学知识科学认知危机事件

作为公安危机决策主体的民警个体（或团队），其自身能力和对危机事件处置经验的积累是对危机事件发生、发展态势进行科学认知的基础。由于危机决策过程受到决策者“有限理性”的限制和影响，民警必须通过不断地学习和实践来获取有关危机事件和危机决策的知识。针对民警在危机决策中由于认知偏差而决策不力的现象，公安机关要组织开展专题性的认知心理学的理论学习，提高民警对危机事件的科学认知能力，强化民警认知活动过程中的自我意识和自我控制，以多维、多向的动态思维方式认知危机事件，进行科学决策。

（二）开展专业培训培养民警驾驭情绪的能力

了解和关注民警进行危机决策时的情绪反应是有目的地开展民警自我情绪管理培训工作的前提。为了提高公安危机决策的质量和决策效果，帮助民警充分挖掘和培植个体（或团队）的情绪智商，培养驾驭情绪的能力，从而确保民警在面临危机事件时情绪稳定，避免情绪失控而导致决策失误或失败。由此，公安机关要经常聘请情绪调控和管理的专家，以讲座和训练的形式培训民警探索自己的情绪，调整自己的情绪，理解自己的情绪，放松自己的情绪，以驾驭和管理自己情绪。

（三）通过心理训练铸造良好的意志品质

良好的意志品质不是先天的，而是在后天的教育和实践中逐步形成和发展起来的。民警作为特殊的职业群体，其职业与高风险、高负荷、高应激捆绑在一起，职业活动中随时可能遭遇困难和阻碍，挫折体验也会与民警的职业活动相伴相随。挫折既能击垮人的意志，也能磨炼人的意志。把民警的心理训练纳入公安机关的长效训练机制中，通过定

期的训练培养民警过硬的意志品质，激发民警应对困难和挫折的自信力和战斗力，使民警在应对和处置危机事件时，无论面对怎样的困境都能唤起应对和处置危机事件的自信和决心，主动确定危机决策的目标，选择达到目标的有效策略并采取积极有效的措施，制止、控制、平息危机事件的行为。

第四章

公安危机决策心理调查研究

目前，传统安全问题与非传统安全问题的凸显，网络社会与现实社会的负面因素的聚集，使公安工作将会面临更多、更复杂的危机事件。风险评估、正确处置、科学决策的行为都必须要有冷静思维、稳定的情绪作为保证，所以把心理研究与公安执法行为相联系将是公安学科与心理学科研究的新方向。本章内容主要是根据课题研究目的和需要，分别从五个维度生成民警（或团队）危机决策心理的调查问卷，发放并回收 485 份问卷，运用 SPSS Statistics 23 对调查结果量化并进行统计分析。

第一节　研究的基本思路

公安危机决策是警察个体、团体或公安机关在面临具有突发性、聚焦性、破坏性、紧迫性的危机事件时，要在时间压力下和不确定性因素极高的前提下作出的关键性决策。本研究通过不同年龄、不同警龄、不同学历、不同职务的民警从五个维度对危机应急状态下民警个体和团队的心理状态、应对方式等进行问卷调查，被调查者通过微信 App 以无记名方式填答调查问卷，目的是保证问卷结果客观、真实。此次调查采用随机调查的方式，回收 485 份问卷，调查样本来自全国各地的在职民警，调查结果对总体具有代表性。经可靠性检验，问卷效度良好，所回收问卷均有效。

一、研究目标

当突发性的危机事件爆发时，无论是处于危机情境中的民警还是外围的决策团队都会受到莫大的心理冲击。危机决策者的心理活动和心理过程发生的巨大变化直接影响着决策者的决策效能。本研究课题运用警察心理学、公安管理学、公安决策学及决策心理学的有关理论，针对当前频发的公安危机事件，采用定量分析的手段与方法，针对在职民警个体从危机应对能力、危机应对方式、危机决策心理、危机应激心理以及民警团队危机应对能力五个维度设计调查问卷，并对回收的 485 份问卷根据研究的需要作了定量分析，以了解民警在危机情境下的心理反应、意志品质、应对方式。对影响民警个体及团队应激心理的因素进行定性分析、研究，为提高民警应对和有效处置危机事件的心理能力服务。

二、研究思路

在本章的研究中，我们把公安危机事件的应急情境作为课题研究的自变量，把在危机情境中需要作出应对决策的决策者（含民警个体和民警团队）作为研究对象，其中涉及的中介变量有个体应对危机的方式和能力及团队应对危机的方式和能力等，涉及的分因子有积极应对、寻求支持、消极逃避、果敢自信、紧张恐惧、自我效能等。围绕课题研究目的对危机决策者从五个维度对 46 个题项以电子问卷的形式进行调查，搜集危机决策者的相关资料，并根据不同维度的调查问卷的不同等级量表进行正向（或反向）计分，运用 SPSS Statistics 23 对分值进行转换，进行相关分析研究。具体研究思路如图 4－1 所示：

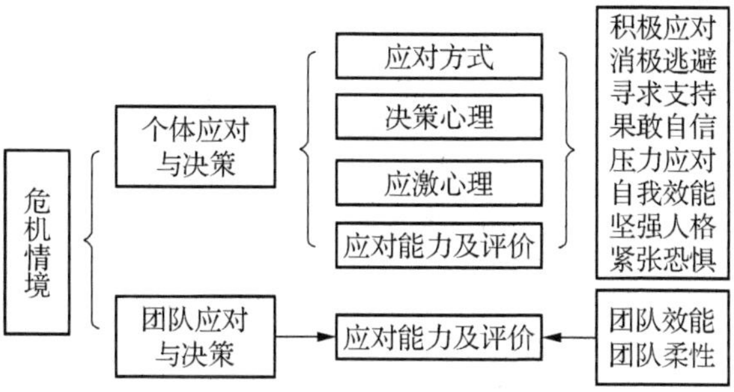

图 4－1　研究的基本思路

三、研究方法

本章研究运用定量分析方法，主要采用自主设计和编制的开放式调查问卷，分别从河南省、山西省、浙江省、黑龙江省、湖南省、江苏省、新疆维吾尔自治区等省和自治区选取了 485 名公安机关在职民警，从五个维度对 46 个题项进行调查，并对调查结果进行分类整理和分析。

第二节　问卷调查的基本情况

基于公安危机事件的特殊的危机情境，我们从不同的维度探索危机决策者的决策心理，设计、制作了调查问卷，并进行了调查。

一、调查对象的基本情况

本次调查采用电子问卷的形式，对 485 名在职民警进行了调查，回收问卷 485 份，问卷回收率和有效率均为 100%。参与填答问卷的民警的基本情况如表 4－1：

表 4－1　调查对象的基本情况

样本变量	类别	人数/人	占比/%
性别	男	450	92.78
	女	35	7.22
年龄	30 岁以下	311	64.12
	30—40 岁	129	26.60
	41—50 岁	36	7.42
	50 岁以上	9	1.86
学历	大专及以下	297	61.24
	本科	171	35.26
	本科以上	17	3.50
警龄	3 年以下	326	67.22
	3—5 年(不包括 5 年)	20	4.12
	5—10 年(不包括 10 年)	30	6.19
	10—20 年	82	16.91
	20 年以上	27	5.57
职务	有	75	15.46
	无	410	84.54

从调查对象的性别来看，92.78%的调查对象为男性，符合公安工作的实际情况；从年龄情况来看，调查对象年龄基本集中在 30 岁以下，符合现在基层民警的年龄结构状况；从学历情况来看，60%以上的民警的文化程度在大专以下；从警龄来看，60%以上的民警的警龄在 3 年以下，与样本的年龄构成情况相符；从职务情况来看，问卷中的问题为你是否为本单位或本部门领导，其中的领导概念比较宽泛，调查对象中 15%为有领导职务的，结果与现实公安机关的职务比例相符。

二、问卷题项的计分方法

设计的五个维度的调查问卷均采用单选题的方式，其选项以李克特(Likert)5—7 分等级量表调查样本对题项的选择应答，在各维度的调查表中，主要采用调查对象进行自我评价的方式，根据题目设计的内容，大多数题项是采用正向计分([1—5],6,7)的方式，只有个别题项采用反向计分(7,6,[5—1])的方式。调查问卷的具体结构如表 4 - 2：

表 4 - 2 问卷结构

问卷构成	问卷名称	选项等级	选项名称
个体决策类	应对方式	7	1. 完全不符合；2. 基本不符合；3. 有些不符合；4. 不确定；5. 有些符合；6. 基本符合；7. 完全符合
	决策心理	5	1. 完全不符合；2. 比较不符合；3. 不确定；4. 比较符合；5. 非常符合
	应激心理	5	1. 完全不符合；2. 比较不符合；3. 不确定；4. 比较符合；5. 非常符合
	应对能力及评价	5	1. 非常不同意；2. 不同意；3. 有点不同意；4. 有点同意；5. 同意；6. 非常同意
团队决策类	应对能力及评价	6	1. 非常不同意；2. 不同意；3. 有点不同意；4. 有点同意；5. 同意；6. 非常同意

三、数据分析方法

以 SPSS Statistics 23 为分析工具，根据本课题研究的需要，主要运用了以下统计分析工具和统计分析方法：

(一) 可靠性分析

可靠性分析也称为信度分析。它是为了检验调查结果的可靠性、一致性和稳定性，即测验结果是否反映了被调查者的稳定的、一贯性的真实特征。

(二) 描述性分析

描述性分析是对问卷调查所得的大量资料量化后进行初步的整理和归纳，以找出这些资料的内在规律——集中趋势和分散趋势。其统计量为均值、百分比、标准差、方差等，是一种单因素的统计分析。

(三) 显著性检验

在本研究中，显著性检验主要是为了检验不同的年龄、不同警龄、不同学历、不同职务的民警在危机决策心理方面的差异性。因为在 485 名调查对象中，男性占了绝大多数的比例，在此我们就不分析性别与民警决策心理之间的关系。在该分析中，我们采用了独立样本T检验和ANOVA单因素方差分析的统计分析工具进行研究分析。采用独立样本T检验还是采用ANOVA单因素方差分析，是根据问卷的分组情况而定的。如果问卷的分组只有2组，就采用独立样本T检验；如果问卷的分组大于2组，就采用ANOVA单因素方差分析。因为独立样本T检验是用T分布理论来推论差异发生的概率，从而比较两个平均数的差异是否显著。在对本调查结果的分析中，只有职务与决策心理的差异分析采用了T检验；其他人员变量与决策心理的差异分析均采用ANOVA单因素方差分析。

第三节　民警危机应对方式问卷统计分析

本量表一共涉及8个题项，主要是为了测量民警面临危机事件时的应对方式。根据问卷题项内容，我们把它分为积极应对、消极逃避和寻求支持三个因子进行分析，采用7分等级量表进行调查。

一、民警危机应对方式问卷的信度分析

为了检验问卷题项和各因子题项是否符合测验要求，我们对民警面对危机事件应对方式的量表作了可靠性分析（也叫信度分析），其中因子1和因子3是采用正向计分方式，由"7表示完全符合"到"1表示完全不符合"；因子2是采用反向计分的方式，由"7表示完全不符合"到"1表示完全符合"。分析结果如表4-3：

表**4-3**　民警危机应对方式问卷的信度分析（***N*=485**）

变量	克隆巴赫系数	修正后的项与总计相关性	删除项后的克隆巴赫系数
因子1：积极应对	0.981	—	—
集中精力，采取行动去面对危机	—	0.964	0.987
努力思考化解危机的步骤、方案	—	0.957	0.988
试图从积极的角度看待危机，应对危机	—	0.980	0.987
因子2：消极逃避	0.967	—	—
感到前所未有紧张和恐惧，大脑一片空白，无从应对	—	0.956	0.988
试图想要逃避危机情境	—	0.969	0.987
放弃应对危机事件的任何努力	—	0.936	0.989

续表

变量	克隆巴赫系数	修正后的项与总计相关性	删除项后的克隆巴赫系数
因子 3:寻求支持	0.959	—	—
从他人那里获取感情支持	—	0.952	0.989
从他人那里寻求帮助和建议	—	0.970	0.987
总量表	0.989	—	—

从表 4-3 的结果可以看出:该量表中各子量表的内部一致性系数在 0.959～0.981,都在良好信度标准 0.8 以上,尤其是 3 个因子的拟合克隆巴赫系数(Cronbach's alpha)高达 0.989,因此该问卷符合测量学的标准。该分析结果表明基于我国公安危机情境自变量编制的民警危机应对方式的问卷,具有良好的信度。

二、民警危机应对方式问卷的描述性统计分析

我们将该量表 3 个因子的得分进行描述性统计,在描述性分析选项中选择最大值、最小值、平均值、标准差及方差进行统计分析,结果如表 4-4 所示:

表 4-4　民警危机应对方式问卷的描述性统计(N=485)

变量	样本数	最小值	最大值	平均值	标准差	方差
因子 1:积极应对	485	1	7	5.65	1.520	2.340
因子 2:消极逃避	485	1	7	5.80	1.640	2.720
因子 3:寻求支持	485	1	7	4.83	1.670	2.680
总量表	485	1	7	5.42	1.60	2.620

备注:因子 2 采用反向计分,“7 表示完全不符合”到“1 表示完全符合”,得分越高说明民警在危机应对时选择了对消极逃避的绝对否定。

从表 4-4 的结果可以看出:民警危机应对方式的总均值为 5.42 分,大于 3/4 分位数,接近于最大值 7,说明民警在应对危机事件时大多数选择了积极的方式,充分表现了公安队伍的意志坚定性。从因子 3 来看,在危机中选择寻求支持的平均数 4.83,表明公安民警在危机情境中需要得到各种支持者占半数以上,同时也表明社会支持是民警应对危机的强大后盾。

三、调查对象的不同变量对危机应对方式的影响

在调查问卷中,我们分别从性别、年龄、警龄、学历、职务五个变量对调查对象的基本

情况进行了调查，由于性别变量中女性对象占比很少，于是在此项目的分析中不关注性别对危机应对方式的影响。

（一）年龄对危机应对方式的影响

在调查问卷中，我们把调查对象的年龄分为 30 岁以下、30—40 岁、41—50 岁、50 岁以上四个组。在统计计分上根据调查目的需要作了调整，采用 2 分等级计分方式，在 485 个总体中只筛选与因子 1—3 一致的肯定性回答。计分方式是“1 代表肯定回答”“2 代表否定性回答”，在各题项的选项中如果选择“基本符合”或“完全符合”则计为 1 分，则其余五个选择均计为 0。运用 SPSS Statistics 23 中的 ANOVA 单因素方差分析法分析年龄对危机应对方式的影响。结果如表 4 - 5 所示：

表 4 - 5　年龄对危机应对方式的影响（$N=485$）

变量	30 岁以下		30—40 岁		41—50 岁		50 岁以上		*F*	SIG
	平均值	标准差	平均值	标准差	平均值	标准差	平均值	标准差		
因子 1：积极应对	0.697	0.455	0.674	0.463	0.555	0.497	0.666	0.489	1.115	0.367
因子 2：消极逃避	0.056	0.227	0.059	0.232	0.074	0.237	0.037	0.111	1.084	0.459
因子 3：寻求支持	0.431	0.491	0.445	0.492	0.361	0.479	0.389	0.513	0.324	0.807

一方面，从表 4 - 5 的显著性检验结果可以看出：因子 1—3 的显著性（SIG）均大于 0.05，由此可见年龄与应对方式的三个因子之间无显著性差异。无论是年长的民警还是年轻的民警面对危机事件时的应对方式在这三个因子中的表现没有显著性的差异。

另一方面，从表 4 - 5 的描述性统计的结果还可以看出以下特征：

1. 由因子 1 来看，年龄在 41—50 岁的均值分略低于其他年龄组，也可能是由于这个年龄组的各种压力使其在面对危机时的积极应对水平略低于其他年龄组。

2. 由因子 2 来看，50 岁以上的民警的均值分最低，更接近于 0，说明年长的民警基本上不会选择消极逃避的危机应对方式。

3. 由因子 3 来看，年龄越大寻求支持的均值分越低，表明随着年龄的增加和应对、处置危机事件的经验的增多，个体有足够的能力应对和处置危机。

（二）警龄对危机应对方式的影响

在调查问卷中，我们把调查对象的警龄分为 3 年以下、3—5 年（不包括 5 年）、5—10 年（不包括 10 年）、10—20 年、20 年以上 5 个组，计分方式与前同。运用 SPSS Statistics 23 中的 ANOVA 单因素方差分析法分析警龄对危机应对方式的影响。结果如表 4 - 6所示：

表 4-6　警龄对危机应对方式的影响(N=485)

变量	3 年以下		3—5 年(不包括 5 年)		5—10 年(不包括 10 年)		10—20 年		20 年以上		F	SIG
	平均值	标准差	平均值	标准差	平均值	标准差	平均值	标准差	平均值	标准差		
因子 1:积极应对	0.723	0.442	0.583	0.505	0.578	0.499	0.597	0.482	0.629	0.488	2.250	0.077
因子 2:消极逃避	0.057	0.229	0.050	0.177	0.055	0.230	0.061	0.222	0.061	0.235	0.701	0.598
因子 3:寻求支持	0.438	0.491	0.450	0.500	0.383	0.491	0.415	0.488	0.352	0.486	0.403	0.789

一方面,从表 4-6 的显著性检验结果可以看出:因子 1—3 的显著性(SIG)均大于 0.05,由此可见不同警龄的民警之间应对方式的三个因子无显著性差异。无论是警龄长的民警还是警龄短的民警,面对危机事件时的应对方式在这三个因子上的表现没有显著性的差异。

另一方面,从表 4-6 的描述性统计的结果可以看出以下特征:

1. 由因子 1 来看,各警龄组的均值分分布呈现出凹型的状态,3 年以下警龄和 20 年以上警龄的民警选择积极应对均值分较高,并且 3 年以下警龄的民警的均值分最高,为 0.723,更趋近于肯定性回答 1。说明警龄很短或很长的民警,在危机应对中采用积极应对方式的人更多。

2. 由因子 2 来看,不同警龄组的民警的均值分均趋近于 0,表明大多数公安民警面对危机时具有积极应对危机的坚定态度和信念。

3. 由因子 3 来看,警龄在 5 年以下的两个组的均值分较高,入警时间较短的民警遇到危机事件时更愿意得到各种支持和帮助,由此表现出公安工作经验不足则应对和处置危机事件的经验也不足。

(三) 学历对危机应对方式的影响

在调查问卷中,我们把调查对象的学历情况分为大专及以下、本科、本科以上 3 个组,计分方式与前同。运用 SPSS Statistics 23 中的 ANOVA 单因素方差分析法分析学历对危机应对方式的影响。其结果如表 4-7 所示:

表 4-7　学历对危机应对方式的影响(N=485)

变量	大专及以下		本科		本科以上		F	SIG
	平均值	标准差	平均值	标准差	平均值	标准差		
因子 1:积极应对	0.716	0.446	0.627	0.480	0.608	0.492	2.290	0.107
因子 2:消极逃避	0.041	0.196	0.080	0.266	0.098	0.303	2.250	0.338
因子 3:寻求支持	0.446	0.490	0.403	0.490	0.353	0.476	1.191	0.369

一方面，从表4－7显著性检验的结果可以看出：因子1—3的显著性均大于0.05，由此可见不同学历的民警之间应对方式的三个因子无显著性差异。无论是学历较高的民警还是学历较低的民警，面对危机事件时对应对方式的选择没有显著性的差异。

另一方面，从表4－7的描述性统计的结果可以看出以下特征：

1. 由因子1来看，这三组选择积极应对的均值分虽然都高于中位数值0.5，但呈现出越来越低的状态。就数据表现而言，出现了学历水平的高低与选择积极应对方式的人数成反比的现象。学历水平越高，选择积极应对危机方式的人数相比较其他低学历者较少。

2. 由因子2来看，虽然选择消极逃避的均值分都小于0.1，但是呈现出随着学历的提高其均值分也随之提高的现象。因为该题项是采用反向计分的，我们的理想预期值为0。就数据表现而言，出现学历水平的高低与其选择消极逃避成正比的趋势，即学历水平越高越趋向于消极逃避的选择。

3. 由因子3来看，不同学历层次的民警虽然选择社会支持的均值分都小于中位数值0.5，但是呈现出随着学历水平的提高选择社会支持的均值分降低的现象。由此可见，随着个体受教育程度的提高和知识储备丰富，个体应对和处置危机的能力相对增强。

（四）职务对危机应对方式的影响

在调查问卷中，我们以“你是否本单位或本部门的领导”为调查题目，把调查对象的职务情况分为是、否两个选项，其计分方式与前同。由于该项分析的分组只有两组，所以我们运用SPSS Statistics 23中的独立样本T检验进行分析，其结果如表4－8所示：

表4－8　学历对危机应对方式的影响（*N*＝485）

变量	有领导职务		无领导职务		*F*	SIG
	平均值	标准差	平均值	标准差		
因子1：积极应对	0.640	0.471	0.688	0.459	1.450	0.425
因子2：消极逃避	0.058	0.232	0.057	0.229	0.427	0.556
因子3：寻求支持	0.067	0.250	0.071	0.256	0.372	0.602

一方面，从表4－8的显著性检验结果可以看出：因子1—3的显著性（SIG）均大于0.05，由此可见职务与危机应对方式的三个因子之间无显著性差异。无论是有领导职务的民警还是没有领导职务的民警，他们对危机事件的应对方式没有显著性的差异。

另一方面，从表4－8的描述性统计的结果可以看出以下特征：

1. 由因子1来看，虽然面对公安危机事件时，选择积极应对的均值分都大于中位数0.5，但是从均值分数据可以看出有领导职务的民警选择积极应对的均值分小于没有职务的民警。

2. 由因子 2 来看，面对公安危机事件时，无论是有领导职务的民警还是没有领导职务的民警，选择消极逃避的均值分都远远小于中位数 0.5，接近于 0，且从统计数据来看，两者基本相同。

3. 由因子 3 来看，两组民警在遭遇危机事件时寻求支持的概率都很低，但从数据结果来看，没有领导职务的民警在遇到危机事件时寻求支持的均值分大于有领导职务的民警，表明具有领导职务的民警具有相对丰富的处置和应对危机事件的经验和个体应对危机事件信心。

第四节　民警危机决策心理问卷统计分析

本量表一共涉及 9 个题项，主要用以测量和调查民警在危机决策中的心理状况。根据问卷内容，我们把它分为果敢自信、小心谨慎、紧张恐惧三个因子进行分析，采用 5 分等级量表进行调查。

一、民警危机决策心理问卷的信度分析

为了检验问卷项目和各因子题项是否符合测验要求，我们对民警在危机决策中的心理活动的量表作了可靠性分析(信度分析)，其中因子 1 和因子 2 采用正向计分方式，由“5 表示非常符合”到“1 表示完全不符合”；因子 3 采用反向计分的方式，由“5 表示完全不符合”到“1 表示非常符合”。分析结果如表 4－9：

表 4－9　民警危机决策心理问卷的信度分析(*N*＝485)

变量	克隆巴赫系数	修正后的项与总计相关性	删除项后的克隆巴赫系数
因子 1:果敢自信	0.981	—	—
遭遇突发危机事件时，我能果断地作出决策	—	0.941	0.978
遭遇突发危机事件时，我对自己的决策能力充满信心	—	0.956	0.974
遭遇突发危机事件时，我对自己的决策过程感到满意	—	0.952	0.975
遭遇突发危机事件时，我对自己的决策结果感到满意	—	0.959	0.973

续表

变量	克隆巴赫系数	修正后的项与总计相关性	删除项后的克隆巴赫系数
因子 2:小心谨慎	0.813	—	—
我认为危机的影响是长远的,决策要慎之又慎	—	0.793	—
在遭遇危机事件时,我通常期盼最好的决策结果,决策要慎之又慎	—	0.793	—
因子 3:紧张恐惧	0.975	—	—
遭遇突发危机事件的场景对我而言是陌生的,我不知该如何应对	—	0.930	0.978
遭遇突发危机事件时,我认为它是不可控的,我无法作出决策	—	0.949	0.963
遭遇突发危机事件时,我的内心是非常恐惧的,我不敢作出决策	—	0.965	0.951
总量表	0.985	—	—

从表 4-9 的结果可以看出:该量表中各子量表的内部一致性系数为 0.813~0.981,都在良好信度标准 0.8 以上,尤其是三个因子的拟合系数高达 0.985,都明显高于单因子量表的克隆巴赫系数,因此该问卷符合测量学的标准。结果表明,基于我国公安危机情境自变量编制的民警危机决策心理活动的问卷具有良好的信度。

二、民警危机决策心理问卷的描述性统计分析

我们将该量表的 3 个因子的得分进行描述性统计,在描述性分析选项中选择最大值、最小值、平均值、标准差及方差进行统计分析,其结果如表 4-10 所示:

表 4-10　民警危机决策心理问卷的描述性统计(N=485)

变量	样本数	最小值	最大值	平均值	标准差	方差
因子 1:果敢自信	485	1	5	3.68	0.92	0.85
因子 2:小心谨慎	485	1	5	3.90	1.03	1.14
因子 3:紧张恐惧	485	1	5	4.02	1.06	1.13
总量表	485	1	5	3.87	1.003	1.04

备注:因子 3 采用反向计分,“5 表示完全不符合”到“1 表示非常符合”,均值分越低说明民警危机决策中的紧张恐惧心理越强,得分越高说明民警危机决策中的紧张恐惧心理越弱。

从表 4-10 的结果可以看出:民警危机决策心理活动的平均总得分 3.87 分,大于3/4分位数的 3.75,接近于最大值 5,说明民警面对危机事件时的决策心理活动基本表现为对危机事件具有正确的认知,对自己的决策行为和结果具有积极乐观的评价,具有处置

和应对危机的坚强意志力，充分表现了公安队伍的心理稳定性和意志坚定性。从因子3来看，调查对象的危机决策心理对紧张恐惧一项的分值平均数为4.02，因为该项为反向计分，得分越高，对该题项的否定性就越高，表明公安民警在面对危机情境时对自己的决策行为和结果持积极肯定的心理。

三、调查对象的不同变量对危机决策心理的影响

按照前一节对于民警危机应对方式问卷分析的方法和手段，我们仍然把调查对象的不同变量作为自变量，分析各自变量对因变量——民警危机决策心理的影响。

（一）年龄对危机决策心理的影响

该调查问卷是采用5分等级制，在此项分析中以调查对象的年龄作为分组标准，在统计计分上也采用2分等级计分方式，筛选该问卷中因子1—3一致的肯定性回答。计分方式是“1代表肯定回答”，“2代表否定性回答”，在题项的选项中选择“比较符合”或“非常符合”者计为1，则其余3个选择均计为0。运用SPSS Statistics 23中ANOVA单因素方差分析法分析年龄对危机决策心理的影响。结果如表4-11所示：

表4-11 年龄对危机决策心理的影响（$N=485$）

变量	30岁以下		30—40岁		41—50岁		50岁以上		F	SIG
	平均值	标准差	平均值	标准差	平均值	标准差	平均值	标准差		
因子1:果敢自信	0.617	0.482	0.618	0.463	0.486	0.458	0.501	0.489	1.959	0.150
因子2:小心谨慎	0.747	0.400	0.791	0.377	0.833	0.240	0.778	0.263	1.262	0.345
因子3:紧张恐惧	0.103	0.301	0.114	0.318	0.241	0.431	0.074	0.222	2.383	0.533

一方面，从表4-11的显著性检验结果可以看出：因子1—3的显著性（SIG）均大于0.05，由此可见不同年龄民警的危机决策心理无显著性差异。无论是年长的民警，还是年轻的民警，面对危机时的决策心理在这三个因子的表现上没有显著性的差异。

另一方面，从表4-11的描述性统计的结果可以看出以下特征：

1. 由因子1来看，年龄在41—50岁的均值分为0.486，略低于其他年龄组，其平均值小于中位数0.5，也就是说该年龄组的民警在危机决策果敢自信的水平低于其他年龄组。这个结果与前面的危机应对方式的选择相吻合。考虑是41—50岁这个年龄段的特殊性导致其危机应对的果敢自信的均值分低于其他年龄组。

2. 由因子2来看，在危机决策中持小心谨慎心理的呈现出两端低中间高的凸形。年龄较小者和年龄较大者小心谨慎的均值分低于中间年龄者。说明30—50岁年龄阶段的民警在危机决策中持小心谨慎态度者较多。

3. 由因子 3 来看，该因子是反向计分，得分越高紧张恐惧感就越强，我们期望该因子的均值分越低越好。虽然各年龄组的均值分都低于 1/4 位数 0.25，但 41—50 岁的被调查者的均值分略高于其他年龄组，该年龄组的民警在危机决策中的紧张恐惧感高于其他年龄组；在该因子的均值分中，50 岁以上组最低，说明在危机决策中该年龄组的民警的心理稳定性、自信性、意志坚定性更强。

（二）警龄对危机决策心理的影响

在该项分析中，计分方式与前同。运用 SPSS Statistics 23 中的 ANOVA 单因素方差分析法分析警龄对危机决策心理的影响，结果如表 4 - 12 所示：

表 4 - 12　警龄对危机决策心理的影响（$N=485$）

变量	3 年以下		3—5 年（不包括 5 年）		5—10 年（不包括 10 年）		10—20 年		20 年以上		F	SIG
	平均值	标准差	平均值	标准差	平均值	标准差	平均值	标准差	平均值	标准差		
因子 1：果敢自信	0.626	0.480	0.663	0.467	0.600	0.497	0.530	0.501	0.602	0.496	1.256	0.459
因子 2：小心谨慎	0.761	0.390	0.750	0.405	0.583	0.429	0.829	0.354	0.833	0.240	2.580	0.137
因子 3：紧张恐惧	0.105	0.304	0.050	0.177	0.044	0.206	0.179	0.385	0.185	0.394	2.116	0.116

一方面，从表 4 - 12 的显著性检验结果可以看出：因子 1—3 的显著性（SIG）均大于 0.05，由此可见不同警龄的民警之间危机决策心理的这三个因子无显著性差异。无论是警龄长的民警还是警龄短的民警，面对危机事件时的决策心理在这三个因子方面没有显著性的差异。

另一方面，从表 4 - 12 的描述性统计的结果可以看出以下特征：

1. 由因子 1 来看，各警龄组的均值分基本在 0.6 左右波动，与中位数值 0.5 差距不大。该因子的均值分与调查结果的理论期望值 1 之间有较大的差距。危机决策中的果敢自信的均值分在警龄较短的民警中较高，说明警龄在 5 年以下的民警在危机决策中的果敢自信程度高于其他警龄较长的民警。分析其原因是入警时间短，对危机的危险评价和决策风险的认知和经验不足。

2. 由因子 2 来看，对于危机决策中持小心谨慎心理的均值分分布，除了警龄 5—10（不包括 10 年）年组，其他各警龄组民警的均值分呈现出随着警龄的增加，在危机决策时更加倾向于小心谨慎。我们认为这应该与对危机的危险评价和决策风险的评价有关。

3. 由因子 3 来看，该因子是反向计分，得分越高表明紧张恐惧感就越强。各警龄组的均值分分布在0.04～0.2，较接近于最小值0。警龄3—5(不包括5年)年组和5—10年(不包括10年)组的民警在危机决策时紧张恐惧心理的均值分最低，分别为0.050和0.044，更接近于最小值0，说明警龄3—10年(不包括10年)的民警在危机决策中很少有人出现紧张恐惧心理；但警龄3年以下组、10—20年组和20年以上组民警的均值分较高，说明这三组警龄的民警危机决策中的紧张恐惧感相对较强。

(三) 学历对危机决策心理的影响

在该项分析中，计分方式与前同。运用SPSS Statistics 23中的ANOVA单因素方差分析法分析学历对危机决策心理的影响，结果如表4-13所示：

表4-13　学历对危机决策心理的影响(N=485)

变量	大专及以下		本科		本科以上		F	SIG
	平均值	标准差	平均值	标准差	平均值	标准差		
因子1:果敢自信	0.639	0.477	0.553	0.497	0.632	0.494	2.334	0.331
因子2:小心谨慎	0.759	0.386	0.775	0.386	0.794	0.401	0.339	0.733
因子3:紧张恐惧	0.089	0.283	0.146	0.352	0.255	0.444	3.901	0.021

一方面，从表4-13的显著性检验结果可以看出：因子1和因子2的显著性(SIG)均大于0.05，由此可见不同学历的民警危机决策中的果敢自信程度和小心谨慎程度无显著性差异。但是因子3的显著性低于0.05，说明不同学历的民警危机决策的紧张恐惧程度有显著性差异。从其均值分可以看出大专以下文化程度的民警与本科文化程度的民警在危机决策中的紧张恐惧程度存在显著性差异；大专以下文化程度的民警与本科以上文化程度的民警在危机决策中的紧张恐惧程度也存在显著性差异。

另一方面，从表4-13的描述性统计的结果可以看出以下特征：

1. 由因子1来看，本科组的均值分较低，略大于中位数值0.5；大专及以下组和本科以上组的均值分较高，两者接近，说明大专及以下组和本科以上组的民警在危机决策中果敢自信水平高于本科组的民警。

2. 由因子2来看，在危机决策中三个组的民警小心谨慎的均值分都大于果敢自信(因子1)的均值分。说明不同学历的民警都了解危机环境的复杂性与危机决策的高风险性，明白决策方案与应对和处置危机事件的成效息息相关，所以在决策中多持小心谨慎的心理。同时，从三组民警的均值分可以看出随着学历水平的提高，民警对于决策方案的形成更加慎重。

3. 由因子3来看，三组民警的选择存在着显著性差异。从三组民警的均值分来看，学历由低到高的均值分水平差异显著，由大专及以下组的0.089到本科组的0.146再到本科以上组的 0.255，其增长幅度分别为 0.6 倍和 0.7 倍，出现了学历水平越高，在危机决策的恐惧心理越强的情况。

(四) 职务对危机决策心理的影响

在该项分析中，计分方式与前同。由于该项分析的分组只有两组，所以运用 SPSS Statistics 23 中的独立样本 T 检验进行分析，结果如表 4-14 所示：

表 4-14　职务对危机决策心理的影响(N=485)

变量	有领导职务		无领导职务		F	SIG
	平均值	标准差	平均值	标准差		
因子 1：果敢自信	0.570	0.496	0.615	0.484	1.685	0.282
因子 2：小心谨慎	0.800	0.394	0.756	0.388	18.685	0.013
因子 3：紧张恐惧	0.151	0.359	0.109	0.309	4.355	0.039

一方面，从表 4-14 的显著性检验结果可以看出：只有因子 1 的显著性大于 0.05，可见有领导职务与无领导职务的民警危机决策的果敢自信程度之间没有显著性差异；因子 2 和因子 3 的显著性分别为 0.013 和 0.039，都小于 0.05，可见，有领导职务与无领导职务的民警危机决策的小心谨慎程度和紧张恐惧程度之间有着显著性差异。

另一方面，从表 4-14 的描述性统计的结果可以看出以下特征：

1. 由因子 1 来看，虽然危机决策的果敢自信心理的均值分都大于中位数 0.5，但是从均值分数据可以看出有领导职务的民警的均值分低于没有领导职务的民警。我们认为有领导职务的民警在危机决策时会考虑更多的因素，因而会出现有领导职务的民警危机决策的果敢自信程度不如无领导职务的民警。

2. 由因子 2 来看，无论是有领导职务的民警还是无领导职务的民警危机决策的小心谨慎心理的均值分相近，都远大于 3/4 位数值 0.75，说明两组民警在危机决策时都较为谨慎。

3. 由因子 3 来看，两组民警在危机决策时的紧张恐惧心理的均值分相比较，有领导职务的民警的均值分大于无领导职务的民警。由于该因子采用反向计分，我们的理想预期值为越低越好。从两组的均值分来看，有领导职务的民警危机决策中的紧张恐惧感要更强烈，其原因可能在于有领导职务的民警决策压力更大一些。

第五节 民警危机心理应激问卷统计分析

本量表一共涉及 10 个题项，主要是用以测量经历危机事件后民警的心理应激状况。根据问卷内容，我们把它分为社会功能正常、自我效能高、自我效能低、心理压力大四个因子进行分析，采用 5 分等级量表的计分方式进行调查。

一、民警危机心理应激问卷的信度分析

为了检验问卷题项和各因子题项是否符合测验要求，我们对民警危机心理应激的量表作了可靠性分析（信度分析），其中因子 1 和因子 2 是采用正向计分方式，由“5 表示非常符合”到“1 表示完全不符合”；因子 3 和因子 4 是采用反向计分的方式，由“5 表示完全不符合”到“1 表示非常符合”。分析结果如表 4－15：

表 4－15 民警危机心理应激问卷的信度分析（*N*=485）

变量	克隆巴赫系数	修正后的项与总计相关性	删除项后的克隆巴赫系数
因子 1:社会功能正常	0.965	—	—
做事时仍能集中注意力	—	0.954	0.929
能够享受正常的日常生活	—	0.952	0.941
能够正确面对自己的问题	—	0.904	0.971
因子 2:自我效能高	0.928	—	—
觉得自己在生活中是个有用的人	—	0.866	—
觉得自己对需要决策的事情能够作出正确决定	—	0.866	—
因子 3:自我效能低	0.959	—	—
觉得自己不能克服遇到的困难	—	0.919	0.940
对自己失去信心	—	0.929	0.929
感到自己是一个无用的人	—	0.906	0.951
因子 4:心理压力大	0.960	—	—
因担忧而失眠	—	0.924	—
总是感觉有压力	—	0.924	—
总得分	0.981	—	—

从表 4－15 的结果可以看出：该量表中各子量表的内部一致性系数在 0.928～0.960，都在良好信度标准 0.8 以上。尤其是 4 个因子的拟合系数高达 0.981，明显高于单因子量表的克隆巴赫系数，因此该问卷符合测量学的标准。其分析结果表明，基于我国公安危机情境自变量编制的民警危机心理应激的问卷具有良好的信度。

二、民警危机心理应激问卷的描述性统计分析

我们将该量表的 4 个因子的得分进行描述性统计分析，在描述性分析选项中选择最大值、最小值、平均值、标准差及方差进行统计分析，结果如表 4－16 所示：

表 4－16　民警危机心理应激问卷的描述性统计（N＝485）

变量	个案数	最小值	最大值	平均值	标准差	方差
因子 1：社会功能正常	485	1	5	4.02	1.010	1.020
因子 2：自我效能高	485	1	5	4.15	0.820	0.670
因子 3：自我效能低	485	1	5	4.20	0.970	0.950
因子 4：心理压力大	485	1	5	2.93	1.270	1.620
总量表	485	1	5	3.83	1.018	1.065

备注：因子 3 和因子 4 采用反向计分，“5 表示完全不符合”到“1 表示非常符合”。均值分越高说明经历过危机事件之后民警危机心理应激程度越低，得分越低说明经历过危机事件之后民警危机心理应激程度越高。

从表 4－16 的结果可以看出：公安危机事件作为民警的心理应激源之一，会给民警的身心健康带来不同程度的危害。其危害程度与民警自身的抗压能力、自我效能评价及心理压力的程度等有着密切的关系。

从民警危机心理应激问卷的描述性统计结果来看，四个因子总平均得分 3.83，大于 3/4 分位数的 3.75，接近于最大值 5。因子 1 和因子 2 的均值分在 4 以上，说明调查对象具有较强的抗逆境能力和较高自我评价；因子 3 的均值分最高，说明危机事件给民警自我效能带来的应激反应程度较低，大部分民警在经历危机后仍然能够理智、乐观地进行自我效能评价；而因子 4 的均值分只有 2.93，略大于中位数值 2.5，远小于最高期望值 5。由于因子 3 和因子 4 都是反向计分，其分值在[1,5]的分值区间内，而分值越低就说明民警的心理压力越大。因子 4 的均值分趋向于该区间的下限值，说明公安危机事件给民警带来的严重应激反应就是过大的心理压力，它严重影响到民警正常的生活，使民警感到压力常在。

三、调查对象的不同变量对危机心理应激的影响

按照前述问卷分析的方法和手段，我们把调查对象的不同变量作为自变量，分析各自变量对因变量——民警危机心理应激的影响。

（一）年龄对民警危机心理应激的影响

该调查问卷采用 5 分等级制，在此项分析中按调查对象的不同年龄区间分为 5 组，统计计分也采用 2 分等级计分方式，在 485 份调查问卷中只筛选与因子 1—4 一致的肯定性回答。计分方式是“1 代表肯定回答”“2 代表否定性回答”，在各题项的选项中选择“比较符合”或“非常符合”者计为 1，则其余 3 个选择均计为 0。运用 SPSS Statistics 23 中的 ANOVA 单因素方差分析法分析年龄对危机心理应激的影响。结果如表 4 - 17 所示：

表 4 - 17　年龄对危机心理应激的影响（$N=485$）

变量	30 岁以下		30—40 岁		41—50 岁		50 岁以上		F	SIG
	平均值	标准差	平均值	标准差	平均值	标准差	平均值	标准差		
因子 1：社会功能正常	0.816	0.381	0.799	0.390	0.741	0.425	0.852	0.278	1.088	0.432
因子 2：自我效能高	0.842	0.361	0.822	0.379	0.750	0.428	0.833	0.387	1.743	0.580
因子 3：自我效能低	0.070	0.250	0.098	0.254	0.074	0.250	0.074	0.147	0.695	0.567
因子 4：心理压力大	0.429	0.486	0.519	0.494	0.569	0.492	0.611	0.513	1.933	0.135

一方面，从表 4 - 17 的显著性检验结果可以看出：因子 1—4 的显著性（SIG）均大于 0.05，由此可见不同年龄的民警在危机心理应激积极性反应与消极性反应方面均无显著性差异。无论是年长的民警还是年轻的民警，经历危机事件后反应在这四个因子上的心理应激性没有显著性的差异。

另一方面，从表 4 - 17 的描述性统计的结果可以看出以下特征：

1. 由因子 1 来看，各组的均值分在 0.7～0.9，均趋向于上限值 1，说明经历危机事件后的各年龄组民警仍然保持正常的工作和生活状态，突发性的危机事件并没有给更多民警的正常社会功能带来负面影响。但是从各组的具体值来看，30—40 岁组、41—50 岁组的均值分分别为 0.799 和 0.741，明显小于 30 岁以下组的 0.816 和 50 岁以上组的

0.852，说明30岁以下组和50岁以上组的民警相较31—40岁组和40—50岁组的民警在经历危机事件后仍然能正常地工作和生活。

2. 由因子2来看，自我效能是指经历危机事件后个体的自我评价和行为。从四组的均值分来看，各组的均值0.75～0.85，大于等于3/4位数0.75，趋向于最大值1，说明经历过危机事件后大部分民警的自我评价良好。从具体数值可以看出相对41—50岁组，其余三组的自我效能评价较高，说明危机事件给大部分民警带来的心理应激较低。

3. 由因子3来看，该因子属于负向题项，该因子的均值分越低说明自我效能感越强。四组民警的均值分都接近于下限值0，说明民警的整体自我效能感很强，表明危机事件给不同年龄组的民警在心理应激自我效能方面带来的影响程度都很低。

4. 由因子4来看，心理压力因子的均值分偏低。该因子各组的均值分在中位数值0.5附近波动，说明近半数的民警经历危机事件后应激反应都表现为心理压力过大。

（二）警龄对危机心理应激的影响

在该项分析中，计分方式与前同。运用 SPSS Statistics 23 中的 ANOVA 单因素方差分析法分析警龄对危机心理应激的影响，结果如表4-18所示：

表4-18　警龄对危机心理应激的影响（$N=485$）

变量	3年以下		3—5年（不包括3年）		5—10年（不包括10年）		10—20年		20年以上		F	SIG
	平均值	标准差	平均值	标准差	平均值	标准差	平均值	标准差	平均值	标准差		
因子1：社会功能正常	0.830	0.367	0.700	0.468	0.778	0.412	0.736	0.429	0.840	0.340	2.217	0.104
因子2：自我效能高	0.880	0.308	0.750	0.444	0.800	0.405	0.768	0.415	0.815	0.383	3.095	0.090
因子3：自我效能低	0.076	0.264	0.100	0.299	0.089	0.278	0.297	0.453	0.074	0.249	10.37	0.006
因子4：心理压力大	0.420	0.485	0.475	0.506	0.467	0.503	0.634	0.474	0.519	0.496	3.288	0.012

一方面，从表4-18的显著性检验结果可以看出：因子1和因子2的显著性均大于0.05，无显著性差异。由此可见不同警龄的民警经历危机后的心理应激反应在这两个因子上没有显著性差异；而因子3和因子4的显著性明显低于0.05，说明不同警龄的民警经历危机后的心理应激反应在这两个因子上有显著性差异。最为突出的是10—20年警龄组的民警在因子3和4的心理应激与其他警龄组有着显著差异。

另一方面，从表 4-18 的描述性统计的结果可以看出以下特征：

1. 由因子 1 来看，危机事件情境这个自变量对不同警龄的民警正常的社会功能影响不大，各组的均值分远大于中位数值 0.5，为 0.75～0.85，趋向于最大期望值 1。可见，危机事件对民警正常的工作、生活并没有带来太多的负面影响，大多数民警在经历危机事件后仍然保持着正常的工作和生活状态。从这个因子的角度来看，危机事件对民警心理应激的影响不大。

2. 由因子 2 和因子 3 来看，两个因子均为自我效能评价。因子 2 属于正向评价，因子 3 属于负向评价，对因子 2 的理论期望均值分为 1，而对因子 3 的理论期望均值分为 0，从各组别的两个因子的均值分来看，均接近理论期望值，说明危机事件对不同警龄组的民警的自我效能感没有太多的影响，大多数民警能够理性地看待和处置危机，以乐观的态度应对危机挑战。从这两个因子的角度来看，危机事件对不同警龄民警心理应激的影响不大。但是从数据来看，10—20 年警龄组民警因子 3 的均值分为 0.297，明显大于其他三个组的均值分并且是其他组均值分的近 4 倍，说明警龄在 10—20 年的民警的自我效能评价较低。

3. 由因子 4 来看，各警龄组的均值在中位数 0.5 左右波动，比趋向于 0 的理论预期值要高出很多。说明危机事件给民警带来很大的心理压力，而心理压力成为民警重要的心理应激源。

（三）学历对危机心理应激的影响

在该项分析中，计分方式与前同。运用 SPSS Statistics 23 中的 ANOVA 单因素方差分析学历对危机心理应激的影响，结果如表 4-19 所示：

表 4-19　学历对危机心理应激的影响(N=485)

变量	大专及以下		本科		本科以上		F	SIG
	平均值	标准差	平均值	标准差	平均值	标准差		
因子 1：社会功能正常	0.829	0.364	0.766	0.418	0.765	0.383	3.323	0.050
因子 2：自我效能高	0.859	0.342	0.775	0.416	0.882	0.332	3.181	0.050
因子 3：自我效能低	0.048	0.209	0.115	0.313	0.196	0.408	5.972	0.003
因子 4：心理压力大	0.303	0.460	0.570	0.491	0.529	0.511	19.77	0.000

一方面，从表 4-19 的显著性检验结果可以看出：因子 1 和因子 2 的显著性(SIG)均等于 0.05，一般来讲，如果 SIG<0.05 则认为有显著性差异，由此认为学历的高低对经历危机后的民警可能出现影响社会功能正常发挥和自我效能高评价方面的心理应激反应没有显著性差异；但是因子 3 和因子 4 的显著性(SIG)均低于 0.05，说明学历的高低对经

历危机后的民警可能出现影响自我效能低评价和心理压力方面的心理应激反应有着显著性差异。

另一方面，从表 4 - 19 的描述性统计的结果可以看出以下特征：

1. 由因子 1 来看，三组不同学历背景民警的均值为 0.76～0.85，趋向于最大期望值 1。说明经历过危机事件后不同学历背景的大多数民警的正常社会功能没有受损，他们仍然能够享受正常的工作和生活。但从具体均值分来看，随着学历水平的提高，该因子的均值分出现了下降的趋势，说明危机对较高学历民警的正常社会功能的发挥带来一定的负面影响。

2. 由因子 2 来看，因子 2 的理论期望均值分为 1。不同学历组别的均值分基本在 0.77～0.9，说明危机事件对民警自我效能感的影响不大，危机事件并没有在自我效能感的因子上给民警造成较大的心理应激反应。但是从具体数据来看，本科组的均值分低于其他两组，说明危机导致了本科组的民警在自我效能感的评价上低于其他两组。

3. 由因子 3 来看，该因子属于负向评价，对因子 3 的理论期望均值分为 0。虽然三组的均值分都小于 1/4 位数 0.25，但从具体数值来看，三组不同学历民警的自我效能评价均值分出现了随着文化程度的提高而降低的现象。

4. 由因子 4 来看，该因子属于负向评价，对它的理论期望均值分为 0。但是各组的均值均分偏离了理论预期，各组的均值分都在中位数 0.5 左右波动，说明无论民警学历水平的高低，由危机事件带来的心理压力已不容忽视，并可能会由此带来各种心理应激反应。同时，从三组数据中可以看到，大专及以下学历民警的心理压力相比较于本科及以上学历民警要小。

(四) 职务对危机心理应激的影响

在该项分析中，计分方式与前同。由于该项分析的分组只有两组，所以运用 SPSS Statistics 23 中的独立样本 T 检验进行分析，结果如表 4 - 20 所示：

表 4 - 20 职务对危机心理应激的影响(N=485)

变量	有领导职务		无领导职务		F	SIG
	平均值	标准差	平均值	标准差		
因子 1:社会功能正常	0.769	0.415	0.813	0.381	2.938	0.087
因子 2:自我效能高	0.800	0.394	0.836	0.366	2.615	0.307
因子 3:自我效能低	0.062	0.235	0.080	0.268	1.677	0.306
因子 4:心理压力大	0.587	0.486	0.445	0.489	25.69	0.004

一方面，从表 4 - 20 的显著性检验结果可以看出：因子 1、因子 2 和因子 3 的显著性

(SIG)大于0.05,可见有领导职务与无领导职务的民警,经历危机事件后可能出现反应在社会功能正常发挥和自我效能评价方面的心理应激没有显著性差异;因子4的显著性低于0.05,可见有领导职务及无领导职务的民警,经历危机事件后的心理压力应激反应有着显著性差异。

另一方面,从表4-20的描述性统计的结果可以看出以下特征:

1. 由因子1来看,有领导职务及无领导职务的民警其社会功能正常发挥方面的均值分都较为趋向于理论期望值1,说明危机事件没有对两组民警的正常社会功能带来很大的影响,危机事件并没有更大程度地导致民警的社会功能受损。但是从均值分数据可以看出有领导职务的民警的均值分低于没有领导职务的民警,表明有领导职务的民警在经历危机后,其社会功能的正常化程度小于没有领导职务的民警。

2. 由因子2和因子3来看,这两个因子均为自我效能评价,因子2为理论期望值为1的正向题项,因子3为理论期望值为0的负向题项。从两组民警的均值分来看,因子2和因子3都趋向于理论期望值,说明无论是有领导职务的民警还是没有领导职务的民警,危机事件并没有给其带来明显的自我效能感降低的心理应激反应。

3. 由因子4来看,两组民警在经历危机事件后心理压力的均值分相对较大,分别为0.587和0.445,处于中位数值0.5左右,民警压力指数高一直是公安机关在队伍建设中亟待解决的问题。

第六节 民警个体危机应对能力问卷统计分析

本量表一共涉及10个题项,主要用于测量民警对危机事件应对和处置能力的自我评价。根据问卷内容,我们把它分为理性应对、坚强人格、自我效能三个因子进行分析,采用5分等级量表进行调查。

一、民警个体危机应对能力问卷的信度分析

为了检验问卷项目和各因子题项是否符合测验要求,我们对民警个体危机应对能力的量表作了可靠性分析(信度分析),该10个题项均为正向题目,所以因子1—3均采用正向计分方式,由“5表示非常同意”逐渐到“1表示非常不同意”,分析结果如表4-21:

表 4-21　民警个体危机应对能力问卷的信度分析(N=485)

变量	克隆巴赫系数	修正后的项与总计相关性	删除项后的克隆巴赫系数
因子 1:理性应对	0.978	—	—
我能精力充沛地摆脱危机事件中不断出现的困境	—	0.950	0.977
即使身处于巨大的危机事件中,我从未感到焦虑	—	0.910	0.980
即使面对重大危机事件,我总能找到办法迅速调整自己的情绪	—	0.947	0.977
即使面对重大危机事件,我仍能保持镇定和冷静	—	0.946	0.977
因子 2:坚强人格	0.978	—	—
无论在危机事件中遭遇什么,我都不会放弃对警察职责的坚守	—	0.906	0.979
我认为及时和正确处置危机事件与国家、人民的利益息息相关	—	0.904	0.979
当我接受处置危机事件的任务时,我承诺一定要全力以赴	—	0.883	0.980
处置危机事件时,我能够牺牲自身的利益以保证任务完成	—	0.902	0.979
因子 3:自我效能	0.909	—	—
我很好地应对了危机事件	—	0.923	0.978
我认为自己对团队顺利处置危机事件有贡献	—	0.863	0.980
总得分	0.981	—	—

从表 4-21 的结果可以看出:该量表中各子量表的内部一致性系数为 0.909～0.978,都在良好信度标准 0.8 以上。尤其是 3 个因子的拟合系数高达 0.981,明显高于单因子量表的克隆巴赫系数,因此该问卷符合测量学的标准。结果表明,基于我国公安危机情境自变量编制的民警个体危机应对能力的问卷具有良好的信度。

二、民警个体危机应对能力问卷的描述性统计分析

我们将该量表的 3 个因子的得分进行描述性统计,在描述性分析选项中选择最大值、最小值、平均值、标准差及方差进行统计分析,结果如表 4-22 所示:

表 4-22 民警个体危机应对能力问卷的描述性统计($N=485$)

变量	个案数	最小值	最大值	平均值	标准差	方差
因子 1:理性应对	485	1	5	3.680	0.910	0.820
因子 2:坚强人格	485	1	5	4.400	0.730	0.540
因子 3:自我效能	485	1	5	3.990	0.710	0.500
总量表	485	1	5	4.023	0.783	0.620

备注:因子 1—3 采用正向计分,“5 表示非常同意”到“1 表示非常不同意”。均值分越高说明民警个体危机应对能力越强。

从表 4-22 的结果可以看出:民警个体危机应对能力中三个因子总平均得分 4.023 分,远大于 3/4 分位数 3.75,接近于最大值 5。因子 2 的均值分为 4.400,在三个因子中最高,说明坚强人格是保证民警正确应对和处置危机事件的强大心理后盾,公安民警基于对国家和人民负责的态度,基于警察职业责任感,可以牺牲个人的利益保证完成处置危机事件的任务。我们坚信公安队伍是一支具有顽强意志力和坚强战斗力的队伍。从因子 1 和因子 3 来看,均值分也在 3/4 分位数的 3.75 左右,说明有近(或超过)3/4 的民警在坚强人格的支持下,具有很强的挫折应对能力和良好的自我效能评价。

三、调查对象的不同变量对个体危机应对能力的影响

按照前述问卷分析的方法和手段,我们把调查对象的不同变量作为自变量,分析各自变量对因变量——民警个体危机应对能力的影响。

(一) 年龄对民警个体危机应对能力的影响

该调查问卷采用 5 分等级制,在此项分析中根据调查对象的不同年龄区间分组,在统计计分上同样采用 2 分等级计分方式,在 485 个总体中只筛选与因子 1—3 的题意一致的肯定性回答。计分方式是“1 代表肯定回答”“2 代表否定性回答”,在各项目的选项中选择“同意”或“非常同意”者计为 1,则其余 3 个选择均计为 0。运用 SPSS Statistics 23 中的 ANOVA 单因素方差分析法分析年龄对民警个体危机应对能力的影响。结果如表 4-23 所示:

表 4-23 年龄对个体危机应对能力的影响($N=485$)

变量	30 岁以下		30—40 岁		41—50 岁		50 岁以上		F	SIG
	平均值	标准差	平均值	标准差	平均值	标准差	平均值	标准差		
因子 1:理性应对	0.679	0.448	0.624	0.481	0.535	0.480	0.389	0.479	3.074	0.032
因子 2:坚强人格	0.939	0.236	0.884	0.317	0.937	0.244	0.889	0.277	2.111	0.147
因子 3:自我效能	0.823	0.373	0.810	0.392	0.806	0.374	0.778	0.417	0.690	0.563

一方面，从表 4－23 的显著性检验结果可以看出：因子 2 和因子 3 的显著性(SIG)分别为 0.147 和 0.563，均大于 0.05，由此可见不同年龄的民警在个体以坚强人格和较强的自我效能感应对危机的能力方面无显著性差异；而因子 1 显著性(SIG)为 0.032，小于 0.05，说明不同年龄的民警在个体理性应对危机的能力方面有显著性差异，在因子 1 中表现尤为明显的是 50 岁以上民警的均值分相比其他年龄组偏低，可以认为 50 岁以上年龄组民警与其他三组民警之间理性应对能力具有显著性差异。

另一方面，从表 4－23 的描述性统计的结果可以看出以下特征：

1. 由因子 1 来看，除 50 岁以上组外，其余各年龄组的均值分在 0.5～0.7，基本位于中位数值偏上处，与理论期望值 1 的差距较大。说明在面临突发性危机事件时，任何个体都无法做到完全理性，容易出现情绪波动；而 50 岁以上的民警理性应对的均值分为 0.389，说明 50 岁以上民警对危机事件的理性应对能力较差。

2. 由因子 2 来看，各年龄组的均值分在 0.88～0.94，均高于 3/4 位数 0.75，接近于理论期望值 1。说明无论年长还是年轻的民警都具有对党忠诚、服务人民的坚定信念，坚守警察职责，他们的坚强人格是支持他们完成各种危险、复杂任务的强大心理支撑。

3. 由因子 3 来看，各年龄组的均值在 0.77～0.83，说明无论年长还是年轻的民警都有较高自我效能评价，认为自己成功应对和处置了危机事件，是团队中不可或缺的一员。但是 50 岁以上组民警的均值分为 0.778，是四组中最低的一组。

（二）警龄对个体危机应对能力的影响

在该项分析中，计分方式与前同。运用 SPSS Statistics 23 中的 ANOVA 单因素方差分析法分析警龄对民警个体危机应对能力影响。结果如表 4－24 所示：

表 4－24　警龄对民警个体危机应对能力的影响($N=485$)

变量	3 年以下		3—5 年(不包括 5 年)		5—10 年(不包括 10 年)		10—20 年		20 年以上		F	SIG
	平均值	标准差	平均值	标准差	平均值	标准差	平均值	标准差	平均值	标准差		
因子 1：理性应对	0.708	0.433	0.537	0.499	0.583	0.485	0.473	0.485	0.509	0.485	6.193	0.001
因子 2：坚强人格	0.954	0.206	0.837	0.356	0.825	0.385	0.851	0.355	0.935	0.243	4.971	0.003
因子 3：自我效能	0.840	0.359	0.725	0.450	0.850	0.316	0.823	0.357	0.796	0.393	1.035	0.390

一方面，从表 4－24 的显著性检验结果可以看出：因子 1 和因子 2 的显著性分别为 0.001 和 0.003，均低于 0.05，说明不同警龄的民警在个体危机应对能力的理性应对和坚强人格方面有着显著的差异；而因子 3 的显著性为 0.390，高于0.05，说明不同警龄的民

警在个体危机应对能力的自我效能评价方面没有显著性差异，无论警龄的长短，民警均有战胜危机的个体自信心，均有较高的自我效能评价。

另一方面，从表 4－24 的描述性统计的结果可以看出以下特征：

1. 由因子 1 来看，3 年以下警龄组的均值分为 0.708，小于 3/4 位数 0.75，但是五组中最高的一组；而其他四组的均值分在 0.47～0.54，在中位数值 0.5 左右上下波动。从均值分数值可以看出，警龄越长的民警应对危机的理性化能力越低。这应该与公安工作的高应激性有关，警龄越长的民警，经历过的各种突发性事件就多，应激性反应也相应增高，如果公安机关的危机干预和心理健康教育跟不上，就会使应激心理不断积聚，进而影响民警的情绪控制能力。

2. 由因子 2 来看，民警个体坚强人格的均值分在五组不同警龄的民警之间呈现出凹型特征，出现了两头高、中间低的状况。3 年以下组的均值分和 20 年以上组的均值分分别为0.954和 0.935，非常接近理论期望值 1。说明 3 年以下警龄和 20 年以上警龄的民警在危机应对中的坚强人格的表现高于其他三组。

3. 由因子 3 来看，各警龄组的均值分在 0.72～0.85，基本上在 3/4 位数 0.75 左右波动，其中 3 年以下警龄组 5—10 年(不包括 10 年)警龄组的均值分分别为 0.840 和0.850，高于其它各警龄组。说明 3 年以下警龄的民警和 5－10 年(不包括 10 年)警龄的民警自我效能感较高。

(三) 学历对个体危机应对能力的影响

在该项分析中，计分方式与前同。运用 SPSS Statistics 23 中的 NOVA 单因素方差分析学历对危机决策心理的影响，结果如表 4－25 所示：

表 4－25　学历对个体危机应对能力的影响(N=485)

变量	大专及以下		本科		本科以上		F	SIG
	平均值	标准差	平均值	标准差	平均值	标准差		
因子 1:理性应对	0.697	0.440	0.525	0.486	0.667	0.463	8.179	0.001
因子 2:坚强人格	0.954	0.208	0.871	0.331	0.912	0.287	5.536	0.011
因子 3:自我效能	0.843	0.355	0.798	0.388	0.853	0.363	0.963	0.490

一方面，从表 4－25 的显著性检验结果可以看出：因子 1 和因子 2 的显著性分别为 0.001 和 0.011，均低于 0.05，由此可见不同学历的民警在个体理性应对危机和应对危机的坚强人格方面有显著性的差异。从均值分可以看出，因子 1 和因子 2 中本科组的均值分都低于其他两组，说明本科组的民警在危机应对中的理性应对能力和坚强人格的表现都不及大专及以下组和本科以上组；因子 3 的显著性为 0.490，明显大于 0.05，说明不同学历的民警在个体应对危机的自我效能评价方面无显著性差异，民警个体基本上能精力

充沛地应对危机，并且每个个体对于公安机关成功应对危机均有一定的贡献。

另一方面，从表 4 - 25 的描述性统计的结果可以看出以下特征：

1. 由因子 1 来看，三组的均值分虽然大于中位数值 0.5，但是与理论预期值 1 相差较大，基本上在 0.5～0.7。由此可见无论学历高低，民警个体在理性应对危机的能力上显得不足。其原因在于当毫无前兆的突发性的危机爆发时，都会对民警个体的心理带来较大的冲击，影响到民警对危机事件的理性化的认知与判断，因受到担心、紧张、恐惧的情绪影响，民警无法做到完全理性，进而出现理性化应对危机的决策能力和执行能力的降低，这与之前谈到的危机决策的特点相符。而且从因子 1 的均值来看，本科组的均值分在三组中最低，只有 0.525，也就是说本科组中的民警理性处理危机的平均能力不及其他两组。

2. 由因子 2 来看，虽然三组之间危机应对能力在坚强人格方面具有显著性差异，但三组的均值分在 0.87～0.96，接近理论预期值 1，明显高于因子 1 和因子 3 的均值分。说明民警无论学历高低，都具有应对危机的坚强信念和决心，具有对国家和人民的忠诚，具有警察的责任和担当。但是在三组的均值分中，本科组的坚强人格因子的均值分相对较低。

3. 由因子 3 来看，三组的均值分在 0.79～0.86，均大于 3/4 位数 0.75，在三组中，仍然是本科组均值分最低。说明大专及以下组的民警和本科以上组的民警在危机应对中的自我效能感高于本科组的民警。

就个体危机应对能力而言，本科组三个因子的均值分均为最低。在查阅调查表的原始数据后，本科组的民警在警龄和年龄上的分布也较为均匀，他们的危机应对能力在 3 个因子上均值分较低应该另有他因。

（四）职务对个体危机应对能力的影响

在该项分析中，计分方式与前同。由于该项分析的分组只有两组，所以运用 SPSS Statistics 23 中的独立样本 T 检验分析法分析职务对个体危机应对能力的影响。结果如表 4 - 26 所示：

表 4 - 26　职务对个体危机应对能力的影响（$N=485$）

变量	有领导职务		无领导职务		F	SIG
	平均值	标准差	平均值	标准差		
因子 1：理性应对	0.547	0.491	0.654	0.457	9.748	0.044
因子 2：坚强人格	0.880	0.309	0.926	0.259	11.270	0.380
因子 3：自我效能	0.847	0.332	0.823	0.373	5.879	0.301

一方面，从表 4 - 26 显著性检验的结果可以看出：因子 1 的显著性（SIG）为 0.04，略

小于 0.05，说明有领导职务的民警与无领导职务的民警在理性应对危机的能力上具有显著性的差异。从因子 1 的均值分来看，有领导职务的民警的均值分小于无领导职务的民警，说明在理性化的危机应对能力方面，没有领导职务的民警表现得更理性一些；因子 2 和因子 3 的显著性（SIG）分别为 0.380 和 0.301，大于 0.05，说明有无领导职务与危机应对能力中的坚强人格和自我效能评价之间没有显著性差异，无论有无领导职务的民警都具有应对危机的坚定信念和良好的自我效能感。

另一方面，从表 4-26 的描述性统计的结果可以看出以下特征：

1. 由因子 1 来看，民警个体理性应对危机能力的总体表现不如其他两个因子。因子 1 两组的均值分分别为 0.547 和 0.654，小于 3/4 位数 0.75，明显低于理论预期值 1。说明面临危机时，两组民警都无法做到完全理性或者是较高程度的理性化。而从均值分数据可以看出有领导职务的民警的均值分低于没有领导职务的民警，说明有领导职务的民警在理性化应对危机的能力上稍显不足。

2. 由因子 2 来看，两组民警坚强人格表现的均值分分别为 0.880 和 0.926，接近于理论预期值 1。说明公安工作的特殊性造就了一支对党忠诚、服务人民的公安铁军。民警无论有无领导职务，都具有不惜牺牲个人利益一往无前的强大理想信念。而从具体数值来看，有领导职务的民警的均值分低于没有领导职务的民警。

3. 由因子 3 来看，两组民警自我效能评价方面的均值分分别为 0.847 和 0.823，均大于 3/4 位数 0.75，较为接近理论预期值 1。说明两组民警在危机应对能力方面具有较高的自我效能评价，他们都有足够的能力应对和处置危机。而从具体均值分来看，有领导职务的民警的均值分大于没有领导职务的民警，说明有领导职务的民警在应对和处置危机时具有更强的自信。

第七节　民警团队危机应对能力问卷统计分析

本量表一共涉及 6 个题项，主要是为了测量民警在团队危机事件的应对和处置中的自我能力评价。根据问卷内容，我们把它分为团队效能、团队柔性两个因子进行分析，采用 6 分等级量表进行调查。

一、民警团队危机应对能力问卷的信度分析

为了检验问卷项目和各因子题项是否符合测验要求，我们对民警团队危机应对能力

的量表作了可靠性分析(信度分析),该 6 个题项中 5 个为正向题目,1 个为负向题目。正向题目采用正向计分方式,由“6 表示非常同意”逐渐到“1 表示非常不同意”;负向题目采用反向计分方式,由“6 表示非常不同意”逐渐到“1 表示非常同意”,分析结果如表 4 - 27 所示:

表 4 - 27　民警团队危机应对能力问卷的信度分析(N=485)

变量	克隆巴赫系数	修正后的项与总计相关性	删除项后的克隆巴赫系数
因子 1:团队效能	0.985	—	—
我们的团队在以往的处置危机事件工作中相当成功	—	0.964	0.980
我们的团队有能力获得解决问题或应对危机事件的情报资源	—	0.970	0.977
即使在作出应对危机事件决策时陷入困境,我们的团队也具有很快走出困境的能力	—	0.969	0.978
我们的团队能够有效地处置危机事件	—	0.949	0.984
因子 2:团队柔性	0.914	—	—
我们的团队具有很强的承受各种不测的心理能力	—	0.906	—
当我们的团队作出的处置危机的决策无法化解遭遇的危机事件时,我们的团队具有很强的挫折感并很难恢复到正常的工作生活中	—	0.906	—
总得分	0.977	—	—

从表 4 - 27 的结果可以看出:该量表中各子量表的内部一致性系数分别为 0.985 和 0.914,都在良好信度标准系数 0.8 以上。而 2 个因子拟合系数为 0.977,也高于良好信度标准,因此该问卷符合测量学的标准。分析结果表明,基于我国公安危机情境自变量编制的民警团队危机应对能力的问卷具有良好的信度。

二、民警团队危机应对能力问卷的描述性统计分析

我们将该量表的 2 个因子的得分进行描述性统计,在描述性分析选项中选择最大值、最小值、平均值、标准差及方差进行统计分析,结果如表 4 - 28 所示:

表 4 - 28　民警团队危机应对能力问卷的描述性统计(N=485)

变量	个案数	最小值	最大值	平均值	标准差	方差
因子 1:团队效能	485	1	6	4.914	0.984	0.971
因子 2:团队柔性	485	1	6	4.491	1.376	1.964
总量表	485	1	6	4.705	1.18	1.467

从表 4-28 的结果可以看出：民警团队危机应对能力中两个因子总平均得分 4.705 分，大于 3/4 分位数的 4.5，趋向于最大值 6。因子 1 的均值分为 4.914，高于因子 2。说明我国公安机关队伍是一支较高团队效能的队伍，具有良好的挫折应对能力、较高的团队执行力和团队协作能力，能够出色地完成危机应对和处置的任务；因子 2 团队柔性的均值分为 4.491，与 3/4 位数 4.5 基本相等，说明有 3/4 的民警对他们所在的危机应对团队具有较强的心理承受能力持肯定的态度，他们即使危机遇挫也能快速调整自己的情绪，调动团队潜能应对和处置危机事件。

三、调查对象的不同变量对民警团队危机应对能力的影响

按照以上问卷分析的方法和手段，把调查对象的不同变量作为自变量，分析各自变量对因变量——民警团队危机应对能力的影响。

（一）年龄对民警团队危机应对能力的影响

该调查问卷采用 6 分等级制，在此项分析中以调查对象的不同年龄区间分组，在统计计分上同样采用 2 分等级计分方式，在 485 个总体中只筛选与因子一致的肯定性回答。计分方式是“1 代表肯定回答”“2 代表否定回答”，在各题项的选项中选择“同意”或“非常同意”者计为 1，则其余 4 个选择均计为 0。运用 SPSS Statistics 23 中的 ANOVA 单因素方差分析法分析年龄对民警团队危机应对能力的影响。结果如表 4-29 所示：

表 4-29　年龄对民警团队危机应对能力的影响（$N=485$）

变量	30 岁以下		30—40 岁		41—50 岁		50 岁以上		F	SIG
	平均值	标准差	平均值	标准差	平均值	标准差	平均值	标准差		
因子 1：团队效能	0.810	0.390	0.717	0.450	0.548	0.504	0.583	0.513	5.995	0.003
因子 2：团队柔性	0.680	0.446	0.565	0.479	0.347	0.477	0.333	0.484	4.741	0.001

一方面，从表 4-29 的显著性检验结果可以看出：因子 1 和因子 2 的显著性（SIG）均明显小于 0.05，由此可见不同年龄民警的团队危机应对能力有显著性的差异，无论是团队效能评价和团队柔性方面都有显著性差异。从不同年龄段的均值来看，随着年龄的增长，对团队效能的评价出现了由高到低的现象。

另一方面，从表 4-29 的描述性统计的结果可以看出以下特征：

1. 由因子 1 来看，30 岁以下组的均值分为 0.810，接近于理论预期值 1。表明该年龄组平均 80%以上的民警认为之所以能成功应对和处置危机是依靠团队的力量，这个年龄段的民警对团队依赖和信任感较强，或许与个人的经验和经历有关；而 41—50 岁组的民警和 50 岁以上组的民警对团队效能的评价较低，均值分分别为 0.548 和0.583，基本上

位于中位数值 0.5 左右，表明这两个组平均近 50%的民警对处置危机事件时团队效能的评价不高，可能是源自该年龄段的民警有丰富的应对和处置危机事件的经验，他们是民警团队应对危机中坚力量，是危机处置决策的主体。

2. 由因子 2 来看，各组的均值分在 0.33～0.68，组间均值分差较大，30 岁以下组均值分最大，50 岁以上组均值分最小，最大值是最小值的 2 倍。相比较因子 1 而言，各组的均值分都较低。出现了随着年龄增长，团队柔性的均值分越来越低的现象。尤其是年龄为 41—50 岁的民警和 51 岁以上的民警的均值分分别为 0.347 和 0.333，只略高于 1/4 位数 0.25，表明这两个年龄段的近 70%的民警认为团队在应对危机的情绪管理能力上存在不足，当团队在应对和处置危机中出现决策不力时，团队成员会出现较强的挫折感。

（二）警龄对民警团队危机应对能力的影响

在该项分析中，计分方式与前同。运用 SPSS Statistics 23 中的 ANOVA 单因素方差分析警龄对危机心理应激的影响，结果如表 4－30 所示：

表 4－30　警龄对民警团队危机应对能力的影响($N=485$)

变量	3 年以下		3—5 年（不包括 5 年）		5—10 年（不包括 10 年）		10—20 年		20 年以上		F	SIG
	平均值	标准差	平均值	标准差	平均值	标准差	平均值	标准差	平均值	标准差		
因子 1：团队效能	0.825	0.377	0.812	0.400	0.758	0.432	0.558	0.498	0.583	0.500	8.735	0.000
因子 2：团队柔性	0.551	0.416	0.550	0.467	0.517	0.458	0.390	0.477	0.352	0.466	6.317	0.456

一方面，从表 4－30 显著性检验的结果可以看出：因子 1 的显著性(SIG)为 0，明显低于 0.05，说明不同警龄的民警团队危机应对能力的团队效能有着显著性差异。从均值分来看，因子 1 显示警龄在 5 年以下的第一组和第二组与警龄在 10 年及 10 以上第四组和第五组在团队效能的评价上存在差异显著；因子 2 的显著性(SIG)为 0.456，高于 0.05，说明不同警龄的民警团队危机应对能力的团队柔性没有显著性差异，不同警龄的民警对其团队在危机应对中的抗挫折能力的评价没有显著性差异。从各组的均值分来看，虽然各组间没有显著性差异，但是所有民警对其团队的抗挫折能力的评价均偏低，如何提高团队的抗挫折能力应该是公安队伍建设中要关注的问题。

另一方面，从表 4－30 的描述性统计的结果可以看出以下特征：

1. 由因子 1 来看，警龄由短到长的五组的均值分基本上呈现出警龄越长，对危机应对的团队效能评价越低的趋势。五组的均值分在 0.9～0.5，下降幅度较大。由此可见，警龄越短的民警对团队的依赖性越高，对于依靠团队完成危机应对任务的期望越大；随着警龄的增长，民警积累了一定的应对和处置危机的经验，在团队危机应对中发挥了主导的作用，所以警龄较长的民警对危机应对的团队效能评价相对较低。

2. 由因子 2 来看，民警的团队柔性的均值分在五组不同警龄的民警之间同样呈现出随着警龄的增加，团队危机应对的柔性下降的趋势，均值分在 0.55～0.35。除了均值分与理论期望值 1 相差太大之外，最大值与最小值也相差较大。可以说明两个问题：一是民警团队的整体抗压和抗挫折能力较低；二是随着警龄的增加，对团队抗压、抗挫折能力的评价有降低的趋势。其原因可能是受工作经验的影响，不同警龄的民警对团队应对危机的抗压、抗挫折能力评价标准不同。

(三) 学历对民警团队危机应对能力的影响

在该项分析中，计分方式与前同。运用 SPSS Statistics 23 中的 ANOVA 单因素方差分析学历对危机决策心理的影响。结果如表 4－31 所示：

表 4－31　学历对团队危机应对能力的影响(N=485)

变量	大专及以下		本科		本科以上		F	SIG
	平均值	标准差	平均值	标准差	平均值	标准差		
因子 1:团队效能	0.834	0.369	0.651	0.477	0.632	0.488	12.02	0.00
因子 2:团队柔性	0.512	0.398	0.600	0.491	0.382	0.450	24.97	0.00

一方面，从表 4－31 的结果可以看出：因子 1 和因子 2 的显著性(SIG)均为 0，都小于 0.05，由此可见不同学历的民警团队危机应对能力中的团队效能和团队柔性有显著性差异。从均值分可以看出第三组本科以上文化程度的民警对危机应对的团队效能和团队柔性方面的评价都低于其他两组，而在危机应对中三组的团队柔性的均值分都较团队效能的均值分低，说明危机事件为不同学历的民警带来的心理压力和挫折感都很强。

另一方面，从表 4－31 的描述性统计的结果可以看出以下特征：

1. 由因子 1 来看，本科组和本科以上组的均值分较为接近，分别为 0.651 和 0.632，略大于中位数值 0.5，说明本科及以上学历的民警在危机应对中对团队效能的评价相对较低；而大专及以下组的均值分最高，大于 3/4 位数 0.75，说明学历较低(大专学历)民警认为在危机应对中，团队的力量更为重要。

2. 由因子 2 来看，不同学历组的民警对于团队柔性的评价都较低，呈现出凸型分布。第二组本科学历的民警对团队柔性的评价较高，均值分为 0.6，说明本科学历的民警对团队的应对挫折能力评价较高；第三组本科以上学历的民警的均值分只有 0.382，介于 1/4 位数 0.25 和中位数 0.5 之间，说明本科以上学历的民警对于团队应对挫折的能力评价较低。

(四) 职务对民警团队危机应对能力的影响

在该项分析中，计分方式与前同。由于该项分析的分组只有两组，所以运用 SPSS

Statistics 23 中的独立样本 T 检验法分析职务对民警团队危机应对能力的影响，结果如表 4－32 所示：

表 4－32　职务对团队危机应对能力的影响（N＝485）

变量	有领导职务		无领导职务		F	SIG
	平均值	标准差	平均值	标准差		
因子 1：团队效能	0.567	0.497	0.766	0.421	26.180	0.000 4
因子 2：团队柔性	0.387	0.481	0.550	0.439	18.287	0.174 0

一方面，从表 4－32 的显著性检验结果可以看出：因子 1 的显著性（SIG）为 0.000 4，明显小于 0.05，表明有领导职务的民警与无领导职务的民警在危机应对的团队效能评价方面存在着显著性差异，从均值分来看，有领导职务的民警对危机应对的团队效能评价低于无领导职务的民警；因子 2 的显著性（SIG）为 0.174，明显大于 0.05，表明有领导职务的民警与无领导职务的民警在危机应对的团队柔性评价方面没有显著性差异，有领导职务的民警与无领导职务的民警对其团队危机应对中的抗挫折能力的评价没有显著性的差异，但是不可忽视的两组因子 2 的均值分都偏低，总体来看有平均一半以上的民警认为团队抗挫能力低，尤其是有领导职务的民警对团队的抗挫能力评价偏低。

另一方面，从表 4－32 的描述性统计的结果可以看出以下特征：

1. 由因子 1 来看，民警对其团队应对危机的团队效能评价的均值分虽然大于中位数值，但是与理论预期值 1 相差较大，说明民警对其团队应对危机的团队效能的评价不高。其中，有领导职务的民警的均值分为 0.567，基本处于中位数值 0.5 处，说明平均近 50％的有领导职务的民警认为其团队应对危机事件的团队效能较低；无领导职务的民警的均值分为 0.766，大于 3/4 位数 0.75，说明平均 75％的无领导职务的民警认为其团队应对危机事件的团队效能较高。导致这一结果的原因可能在于两组民警对团队效能评价的衡量标准不同。

2. 由因子 2 来看，两组民警对其团队应对危机的团队柔性评价均低于团队效能的评价，其均值分别为 0.387 和 0.550，均与理论预期值 1 相差较大，说明民警对于其团队应对危机的抗挫折和抗压能力评价较低，尤其是有领导职务的民警认为其团队应对危机的抗压和抗挫折能力很低。因此，提高民警团队的抗压力和抗挫折能力是提高民警团队应对危机能力的关键所在。

第五章

公安危机决策中民警心理应激研究

从本书第四章第五节中公安危机决策中民警危机心理应激问卷的调查结果分析来看，经历过危机事件的民警心理压力较大，危机心理应激问卷的调查结果中该因子的均值分只有 2.93，远离理论期望值 5，调查结果显示公安危机事件给民警带来了严重应激反应——过大的心理压力，它严重影响到民警正常的生活，使民警感到压力常在。我们知道，给民警带来严重心理压力的不仅是危机事件，公安“白加黑，五加二”的超负荷工作与过大心理压力也有着密切的关系。应对和处置危机事件使民警有重大的压力感，出现了各种心理应激反应，所以研究心理压力带来的应激反应，并有针对性地提出缓解和调适心理压力的措施，是提高民警心理应激能力的必要课题。

应激是机体在内、外环境作用下，客观要求与主体应付能力的不平衡所产生的一种适应环境的紧张状态。心理应激状态在现实生活中是任何人都无法回避的问题，处于强烈、持久的应激状态下的个体的正常的学习、工作和生活以及身心健康都会受到巨大的威胁。

现代社会中，日益复杂的社会治安状况和复杂多变的现代警务活动对民警的心理健康带来很大的冲击，民警不得不承受来自各方的心理压力，致使民警的心理压力逐步加大。如若这种心理压力得不到及时缓解和消除，不仅会严重影响民警个体的身心健康，还会影响公安队伍的战斗力。因此，了解和全面认识民警的心理压力及其成因，有助于民警的心理健康。

第一节　关于心理应激的几个概念

一、应激

（一）应激的概念

应激（stress）的原意是指一个系统在外力的作用下，竭尽全力的对抗过程。也有人认为应激是一种反应模式，指动物机体受到外界不良因素刺激后，在没有发生特异的病理性损害前所产生的一系列非特异性应答反应。

"应激"一词用于生物学或心理学领域。它是指有机体在生理或心理上受到威胁时，引起机体与刺激直接相关的特异性变化外，还引起一系列与刺激性质无关的非特异性适应反应。

加拿大病理生理学家汉斯·塞利[①]于1936年首先提出应激这个概念。他认为应激是机体对外界或内部各种刺激所产生的非特异性应答反应的总和，他将这些与刺激源关系不大的非特异性变化称为全身适应综合征(GAS)，后来改称为应激(stress)。

(二) 应激的含义

应激的概念有对其原意的解释，有从生物学和心理学的学科角度作出的解释，还有汉斯·塞利的权威性解释。按照学界对应激一词的解释，结合公安危机对民警带来的心理应激反应，我们认为应激包含几个含义：

1. 有刺激源

以上几个解释中都提到心理应激不是凭空产生的，它是有机体遭受到各种刺激后的反应。突如其来的公安危机事件对于民警而言就是一种刺激源。

2. 有对抗过程

当有机体遭受各种内外刺激后，有机体要竭尽全力与刺激源进行对抗。正如置身于危机事件中的民警要激发全身心的潜能去应对和处置危机事件。

3. 出现非特异性变化

在有机体与刺激源对抗的过程中，除了会引起有机体与刺激源直接相关的特异性变化外，还会出现与刺激源关系不大的非特异性变化，这种变化即应激。如危机事件应对和处置后有机体出现的厌食、做噩梦、失眠、情绪反常等现象即应激反应。

二、心理应激及其过程

心理学家认为应激除了生理应激外，还包括心理应激。心理应激是指有机体对内外刺激源经过认知评价后引起的心理和生理反应性适应或不适应的过程。心理应激过程比较复杂，它受许多因素的影响和作用，应激过程可分为输入、心理中介机制、反应和结果四个阶段：

(一) 输入阶段

个体生存环境里的多种应激源直接或间接刺激或作用于躯体。这些应激源大致包

① 汉斯·塞利(Hans Selye)是加拿大生理心理学家，被称为压力理论之父，其理论代表作有《压力》，又译为《应激》。

括躯体性应激源、心理性应激源、社会性应激源、文化性应激源和自然或社会灾变性应激源五类。

1. 躯体性应激源

躯体性应激源直接作用于人的躯体产生刺激，包括各种理化刺激物、生物刺激物和疾病等因素。例如高温或低温、辐射、电击、振动、噪音、外伤、感染、毒物或病原微生物侵袭和各种疾病等。

2. 心理性应激源

有机体在生活中遇到各种冲突如工作压力、人际矛盾等后，由于不切实际的凶事预感进而形成的心理障碍以及在满足基本需要和愿望过程中遭受的挫折等。它包括日常生活中的失恋、离婚、丧偶、亲人亡故、伤病、子女升学、失窃、遭抢劫、负债、意外事故的打击等；工作中所遇的各种麻烦、对工作性质的不满、面对超出本人实际能力限度的工作要求、工作调动、下岗或失业等；人际关系中所遇到的有机体与领导、同事、邻居、朋友、家人之间的矛盾冲突和意见分歧等。

3. 社会性应激源

它是客观的社会学指标差异与变化、社会地位的变化及社会的变动性对个体产生的刺激。客观的社会学指标包括年龄、受教育水平、经济、职业、婚姻等方面；社会地位的变化指个体的生活、工作、社会交往等在不同层次水平方面的变化；社会的变动性指重大的社会、政治、经济的变革对个体产生的作用和影响。

4. 文化性应激源

指语言、习俗、生活方式、宗教信仰等变化对个体所产生的刺激。例如南方的孩子去北方上大学，或者出国留学，在陌生的环境中所面临的各种文化冲突和挑战。如当新民警面对突发性危机事件时，由于经历与经验不足，该刺激源容易对新民警带来更大的应激反应。

5. 自然或社会灾变性应激源

指各种自然灾害、人为因素或社会因素造成的灾难事件对个体的刺激。例如地震、火灾、洪水泛滥、车祸、空难、海难、社会动乱、战争等。

(二) 心理中介机制

当个体受到应激源刺激，发生应激反应之前，中介机制在应激源及其反应之间起调节作用。中介机制包括察觉、认知评价和应对方式。

1. 察觉

即个体对环境刺激或预感到刺激的感受或体验。察觉是决定个体对上述刺激是否作出防御反应的关键。应激反应的发生并不都是由于特定的刺激，还与个体对未来事件的预测有关。当个体预感到威胁的存在或潜在的危机将要来临之时，也会发生防御性应激反应。所有人都以各自不同的方式察觉环境刺激或预测将要到来的刺激，但人们对同一应激源的反应有所不同，甚至应激源的刺激也不一定都能引起相应的应激反应发生，这与人们的认知评价水平的差异有关。

2. 认知评价

即个体从自身的角度对遇到的应激源或预感到的应激源的性质、程度和可能的危害情况作出估计和判断。认知评价也是决定个体对环境刺激或预感到的威胁是否产生防御性反应的关键。人生会遇到无数的应激事件，只有那些与人发生利害关系的刺激物，或者虽然与人们没有直接利害关系但人们感兴趣并给予关注的事件，才能引起心理应激反应。而有些事物对于人而言属于中性或无关紧要的，之所以能引起某些人的心理应激反应，是由于人们对其作出了错误的认知评价和不准确的判断。此外，人们对应激源的态度直接影响到认知评价的结果。例如对待消极的生活事件，若采取积极主动的态度去认知评价，可能会避免心理应激反应的发生。塞利将个体对应激的认知评价分为两种：一种是积极的应激，它可以增强个体的自信心，提高个体的防御能力；另一种是消极的应激，它可以减弱个体的应对能力，降低躯体机能系统的反应能力，耗费机体的能量储备。

3. 应对方式

是指个体为消除或减轻应激源对自身造成的压力和影响所采取的各种策略或措施。应对方式也可称作应对策略。应对方式包括三类：

（1）行为反应

它包括针对自身的行为反应，即改变自身条件、行为方式和生活习惯以顺应环境的需求，如远离应激源，进行必要的放松运动，或通过活动转移个体对应激源的注意力；还有针对应激源的行为反应，即通过改变环境来处理应激源，如开展消除或减弱应激源的各种活动。

（2）自我防御反应

即对自己或自己的应对效果重新作出解释，以缓解应激所引起的紧张和不适。例如使个体改变认知评价，采取“再评价”的应对方式，换一个角度去重新认识应激源，以减轻应激反应。

（3）求助

例如个体可采取寻求社会支持和他人的帮助以减轻应激反应所造成的自身压力。社会支持指个体与社会各个方面包括亲属、朋友、同事、伙伴等以及家庭、单位、工会、社团组织之间所建立的物质和精神方面的联系。社会支持有缓解应激反应的作用，并且在一定程度上可保护个体的身心健康，是个体在应激过程中可利用的外部资源。

(三) 应激反应

即个体受应激源的刺激，对一些与自身存在利害关系的应激源发生相应的应激反应。它包括个体心理和生理方面的反应。如经历过危机事件的民警出现的无法正常入睡等反应。

(四) 应激结果

应激虽然会从生理、心理及精神方面给个体带来应激反应，但是受应激事件对个体心理的破坏程度及个体承受力的影响，反映于个体的应激结果的表现也不同。应激结果表现包括生理性适应、亚适应及病理性适应，其中生理性适应属于对生理应激的良性反应结果。在此我们主要关注亚适应和病理性适应。其中亚适应表现为应激源刺激后个体的生理及心理水平表现为亚健康状态，常表现为疲劳、失眠、食欲差、情绪不稳等。从调查结果来看，经历危机事件后民警的心理应激结果主要表现为亚适应。这种亚适应得不到及时的调试就可能会出现严重的病理性适应，导致个体出现如生理系统失调、生理功能异常等生理上的病理性变化，出现如急性应激障碍(ASD)、创伤后应激障碍(PTSD)、社会适应障碍等精神、心理障碍。

第二节　应激反应的有关分析

一、影响应激反应的因素

在生活中，应激源是普遍存在的，任何人也无法避免。在现实生活中，由于个体差异，同一种应激源使有些人产生强烈的应激反应，甚至演变为适应障碍；而另一些人则表现为适应良好，没有发生任何应激反应。如由经营失败导致的生活环境和生活条件突变这个应激源，对于有些人而言成为灭顶之灾，使他们对生活失去信心；而有些人则能重新崛起。这就需要探讨影响应激反应的因素，一般来说应激的产生和应激程度受诸多因素的影响。结合公安危机事件进行分析，主要有下列几种因素：

(一) 应激源本身的特性

应激源本身的强度、作用时间的长短与应激反应的强弱有关。一是应激源强度越大，作用时间越长，引起应激的反应就越大，对个体身心健康的影响也就越严重，反之则小。二是应激事件是否可预料和可控制，对应激反应也有很大影响。可预料、可控制的事件则应激反应小，不可控制的意外事件则影响大。例如公安危机事件有不可预知性、无征兆性，一旦爆发会使民警产生较为强烈的应激反应，危机持续时间越长，对民警身心带来应激反应也越长。如已经持续了数月的香港暴力事件，其势态日渐升级，参与者低龄化，事件持续越久对港警维护社会秩序的压力就越大，给港警带来的应激反应也越强。

（二）认识评价

认知因素是影响应激反应产生与否和强弱程度的最重要因素。同样的应激源造成的结果会因个体对客观事物的认识、评价、体验、观点等的不同而存在很大差异。如我们关于公安危机决策心理的问卷调查，在不同的因子调查中，被调查者由于学历、年龄、警龄、职务等的不同，选择结果出现显著性的差异。

（三）个性特征

个性特征会影响个体的适应能力。具有独立生活能力和健全人格的个体能较好融入新环境、适应新生活；而缺乏独立生活能力、具有性格缺陷的个体面对新环境却如临大敌，精神高度紧张，不知所措，甚至出现生理上的不适。如青年入伍进驻漫无人烟的戈壁沙漠，性格外倾的人在这种环境下往往出现狂欢或发怒、痛哭等外向表现；性格内倾的人在这种环境中则出现压抑、冷静、沉默等内向表现。

（四）个体素质

应激反应与个体生理特征有关。个体素质受遗传因素、家庭家教与父母的行为影响，神经类型、心理素质、体质不同，对刺激的反应也不同。如青年入伍前能恰当估计自己的应对能力，注意利用各种场合锻炼自己，往往能适应各种环境。而过高估计自己应对能力，对生活环境变动没有足够心理准备的青年容易受挫折，导致强烈的心理、生理反应而表现出心率增快、血压升高。

（五）应对能力

善于合理地运用心理防御机制，恰当估计自己的应对能力的人，能较好地适应各种状态。心理准备不足、目标过高或与自身文化教育素质不符的人容易出现挫折反应，导致强烈挫败感；而过低地估计自己的应对能力，缺少信心的人，则易受生活事件的消极影响，更会引起精神紧张，心理功能紊乱。如我们对个体应对危机事件能力的调查结果显示，大多数被调查者对自己应对和处置危机的能力基本能够进行恰当的评价，不同学历、年龄、警龄、职务的民警危机应对能力的自我效能评价均值分均在 3/4 位数 0.75 以上。

（六）社会支持系统

主要指在应激状态下个体从其所拥有的社会关系中所获得的精神上和物质上的支持，包括适时健康教育，个别关心照顾，处理问题公开、公平、公正等。它有助于个体战胜应激，较顺利地渡过难关等。

二、应激反应产生的原因

引发应激反应的因素即应激产生的原因。它是引起全身性适应综合征或局部性适应综合征的各种因素的总称。根据来源不同，将其分为三类：

（一）外部物质环境

包括自然的和人为的两类因素。属于自然因素的有寒冷、酷热、潮湿、强光、雷电、气压等，可以引起冻伤、中暑等反应。属于人为因素的有大气、水、食物及射线、噪声等方面的污染等，严重时可引起疾病甚至残疾。

（二）个体的内环境

内、外环境的区分是人为的。内环境的许多问题常来自外环境，如营养缺乏、感觉剥夺、刺激过量等。机体内部各种必要物质的产生和平衡失调，如内分泌激素增加、酶和血液成分的改变，既可以是应激源，也可以是应激反应的一部分。

（三）心理社会环境

大量证据表明，心理社会因素可以引起全身性适应综合征，具有应激性。尤其亲人的病故或意外事故常常引发强烈的应激反应，因为悲伤往往会伴有明显的躯体症状。研究表明，在配偶死亡后的一年中，丧偶者的死亡率比同年龄其他人要高出很多。

三、应激反应与健康

（一）应激对健康的积极影响

适度应激对人的健康和功能活动有促进作用，这类应激被称为良性应激。应激对健康的积极影响至少表现在两个方面：

1. 适度应激是人的成长和发展的必要条件

人的成长和发展涉及人的身心和社会功能和发展，遗传和环境是影响成长和发展的两个重要方面，应激经历在这里可看作是一种环境因素。

2. 适度应激是维持人正常功能活动的必要条件

人离不开刺激，适当的刺激和应激有助于维持人的生理、心理和社会功能。关于感觉剥夺和单调状态的许多实验研究证实，缺乏适当的环境刺激会损害人的身心功能，包括造成脑电图的改变、错觉、幻觉和智力功能障碍。

（二）应激对健康的消极影响

应激对健康的消极影响，主要表现以下几个方面：

1. 生理和心理不适

应激引起的心理和生理反应可以以症状和体征的形式见之于临床，成为人们身体不适、虚弱和精神痛苦的根源和寻求医生帮助的原因。

2. 疾病加重

应激可以加重已有的精神和躯体疾病，或使这些疾病复发。

3. 出现对疾病的易感

应激可以造成对疾病的易感状态，并在其他因素的共同影响下导致新的精神和躯体疾病。

第三节　心理应激应对

一、应对与应对方式

（一）对应对与应对方式的界定

应对（coping）也称为应付，是应激研究领域中的一个核心课题。当一个人在作出个人与环境的交互作用可能会为自己带来负担的判断后，且个人的应对能力超出自己拥有的能力资源时，为处理（降低、最小化或忍耐）这种交互作用的内、外需求而采取的认知和行为上的努力。

应对方式又称应对策略，是指个体在面对挫折和压力时所采用的认知和行为方式，是个体在应激期间处理应激情境、保持心理平衡的一种手段。也是心理应激过程中一种重要的中介调节因素，个体的应对方式影响着应激反应的性质与强度，进而调节着应激与应激结果之间的关系。

(二) 应对与应对方式的含义

1. 应对的前提是个体的判断

个体与环境互动的过程中,个体通过自我的主观判断感知这种与环境的互动会给自己带来负担时采取的各种努力。

2. 应对的目的是处理负担

当个体感知到与互动体互动时会给自己带来压力且个体的应对能力不足时,仍然要采取各种行动去尽量降低、最小化、忍耐这种负担。

3. 应对方式是个体应对应激反应的活动

当个体在与环境的互动中遭遇挫折和压力时,个体会采取行动去应对。其行动包括采取措施应对应激情境,面对应激情境平衡个体心态、稳定个体情绪、调动个体潜能。处于危机情境中的民警也是如此。

二、应对方式的种类

应对方式种类很多,根据不同的分类标准可以作如下分类:

(一) 以主体角度标准进行分类

以主体角度为标准可以把应对方式分为个体的心理活动(如再评价)、行为操作(如回避)和躯体变化(如放松)三种。

(二) 以缓冲应激作用标准进行为分类

以缓冲应激作用为标准可以把应对方式分为积极应对和消极应对。其中积极成分多的称为积极应对,如寻求支持、改变价值观等;消极成分多的称为消极应对,如回避、发泄等。

(三) 以应对的指向性标准进行分类

以应对的指向性为标准可以把应对方式分为问题指向性应对和情绪指向性应对。前者的应对策略是针对事件或问题的,后者的应对策略则是针对个体的情绪反应的。其中,情绪指向性应对是指改变个体对"应激事件"的反应,即改变或减轻不良情绪的应对方式,包括宣泄、放松、信教等;问题指向性应对是指直接指向应激源的应对方式,它包括事先应对和寻求社会支持两种。

1. 事先应对

是指学会可以在未来应激情境中应用的技巧。主要指获得信息、建立计划并行动和自我监控。由于应激产生的一部分原因是环境需求(或挑战)与个体应对能力的不均衡,因此,提高人们的应对能力可以减轻应激反应。

2. 寻求社会支持

社会支持通常是指来自包括父母、亲戚、朋友等社会各方面的给予个体的精神或物质上的帮助和支持。它可以有效地降低或减轻应激强度,使应激事件更易忍受。社会支持有以下三种主要形式:

(1) 给予信息及指导

当个体遭遇应激事件时,应激刺激可能破坏其认知功能,使其难以对应激事件作出恰当的判断。社会支持网络可以提供对付应激事件的信息并进行问题解决的具体指导。

(2) 给予关怀与支持

研究指出:当应激事件不可避免时,提供情感上和物质上的支持和帮助可以减轻应激带给个体的负面反应,这类支持有助于个体保持自尊。

(3) 提供鼓励与保证

告知当事人任何严重的事情都可以随着时间的流逝而消失,也都可以寻找到相对可行的解决办法。只要努力、自信,完全可以应对应激,生活可恢复到基本正常的状态。

(四) 以应对行为的成熟程度标准进行分类

沃里恩特(Vaillant)以应对行为的成熟程度为标准把应对方式分为自恋型、不成熟型、神经症型和成熟型;肖计划则运用因素分析的手段总结出 6 种典型的应对方式因子:退避、幻想、自责、求助、合理化,以及解决问题。

三、影响应对方式的主要因素

不同的个体应对应激反应的方式有所不同,其影响因素大体可分为稳定的非情境因素和不稳定的情境因素。稳定的非情境因素包括个体的年龄、性别、遗传素质、人格特质等;不稳定的情境因素对个体应对方式及应对程度的影响主要依赖于个体的主观评价,包括应激情境的客观特征和个体对情境的主观理解及评价,其中,应激情境的客观特征包括应激程度、可控程度、情境的可变性等。

具体来讲,影响应对方式形成的因素主要有以下几个方面:

1. 人格特质

人格是个体的思想、情感及行为特征构成的集合体,是应对资源中最为稳定的心理资源。已有的研究表明,个体的应对风格与人格特质有密切的关系。研究发现:当面对无法控制的应激事件时，A 型行为[1]模式的个体较 B 型行为[2]模式的个体在应对行为上更多地表现出缺乏灵活性和适应不良。

2. 认知评价

所谓认知评价是指个体从自己的角度对遇到的应急事件的性质、程度和可能带来的危害后果作出判断和评价。个体对事件的认知评价直接影响个体应对应急事件的行为选择和身心反应。通常，将事件评价为高强度应激源的个体在应对方式上易选用被动、消极的应对风格，主要采用情绪关注应对法；而能够客观评价应急事件的个体在应对方式上多采用积极主动的应对方式，主要采用问题关注应对法。

3. 自我意识及自我概念

自我意识是个体对自己身心活动的觉察，即自己对自己的认识，其中包括对自己的生理状况（如身高、体重、体态等）、心理特征（如兴趣、能力、气质、性格等）和对自己与他人的关系（如自己的人际关系、自己在集体中的位置与作用等）的认识。

自我概念是由自我认知、自我体验和自我控制组成的自我调节系统，它控制着个体的心理活动和行为。如当面对危机事件时，自我概念越积极的个体自我价值感和自我效能感也高，他们倾向于采取积极的措施。在危机应对中，他们一般会更相信自己应对和处置危机的能力，他们通常相信通过自己的努力会成功应对危机事件；反之，自我概念越消极的个体自我价值感和自我效能感越低，他们倾向于采取发泄、幻想、忍耐这类情绪性应对方式去解决问题。在危机应对中，由于对自己缺乏信心，较少自我肯定与自我欣赏，进而缺乏积极应对危机的信心和勇气。从第四章的个体应对危机能力和团队应对危机能力的调查结果中可以看出，被调查的大多数公安民警都具有积极的自我概念，具有较高的效能感，在危机应对能力的调查中，个体自我效能评价的均值分要高于团队自我效能评价的均值分。

4. 情绪状态

情绪是人对客观事物的态度体验和行为反应，它与个体的应激应对方式的选择之间具有密切的关系。面临危机事件时的积极情绪体验（正性情绪）可以使个体积极调动自我潜能，跳出思维定式，急中生智，更多地利用社会、身体和智力资源，集中自己的智慧和

---

① A 型行为（TABP）也称“冠心病倾向行为”，是美国著名心脏病专家弗里德曼（M. Friedman）和罗森曼（R. H. Roseman）于 20 世纪 50 年代首次提出的概念。他们发现许多冠心病人都表现出共同而典型的行为特点，如雄心勃勃、争强好胜、醉心于工作，但缺乏耐心，容易产生敌意情绪，常有时间匆忙感和时间紧迫感等。他们把这类人的行为表现特点称为“A 型行为类型”。

② B 型行为（TBBP）则相对地缺乏 A 型行为的表现。其行为表现为：按部就班，不加班加点，双手不颤抖，放松地坐着谈话，把生活看作某种享受而不是战斗。他们安宁、松弛、随遇而安、顺从、沉默、声音低、节奏慢，不喜欢与人交往，缺乏创造力等。这类人患消化性溃疡的概率较高，从容不迫是 B 型行为人格倾向。

经验，动员自己的全部力量，迅速作出决策并采取有效行动；而面临危机事件时的消极情绪体验（负性情绪）往往则使个体思维固化，表现出注意和知觉的范围缩小，理智分析能力被抑制，自控能力减弱，不能正确评价自己的行为后果，进而缩小行为选择的范围，出现行为动作紊乱，无法及时准确地作出决策，会导致危机事态的恶化。

5. 社会支持

社会支持是指来自社会各个方面的精神和物质上的帮助和支持。社会支持在应激应对中是一种重要的辅助资源，社会支持是保护个人免受危机事件不良影响或修复由于危机事件遭受的心理创伤的有益人际交往，是消除或减弱个体应激反应的来自社区、社会网络或朋辈群体的物质或精神的帮助。当危机决策者社会支持缺乏，他们面对危机事件时可能采用不良情绪甚至是自闭的应对方式，错失危机应对的时机，危机得不到有效的控制；当危机决策者具有丰富的社会支持资源时，他们面对危机事件时则倾向于积极寻找各种社会支持，以果敢自信等积极的方式应对和处置危机，快速决策，使危机事件得到控制直至平息。

社会支持包括客观支持、主观支持及社会支持利用度。其中，社会支持利用度对应对方式影响最大。此外，年龄、专业、性别和应激源强度等其他因素也和应对方式密切相关。

第四节　民警的心理应激

民警心理应激属于心理学上的心理应激的研究范畴。警察职业一直被国内外专家界定为高度紧张的职业，公安工作的特殊性使民警群体和个体均会经常面对各种应急环境的刺激，如危机情境便是民警常常遭遇的情境，经历过不同风险程度的危机事件后可能会引发民警不同程度的心理应激反应，成为影响民警心理健康的潜在危机和不可忽视的问题。

一、民警心理应激的概念

警察由于其职业高风险、高负荷、高应激的特征，由职业本身导致的心理应激的广度和深度相对于其他职业群体而言要更复杂、更多样。结合心理学心理应激的概念，在此我们把民警的心理应激表述为：民警在工作、生活中由突然出现的与警察职业息息相关的事件而引起的警察生理、心理和行为上的诸种非特异性反应。它包括以下几个要素：

(一) 特定的客观环境

民警的心理应激反应一定是发生在与公安工作有关的客观环境中，如公安危机事件情境。

(二) 一定的应激源

应激源是指引起民警心理应激反应的一切刺激物。既有客体的应激源，也有主体的应激源。如突如其来爆发的公安危机事件本身对民警的心理带来的刺激，民警对危机事件的自我认知、自我判断以及对应对和控制危机的自我概念等都会给民警心理带来不同程度的刺激。

(三) 事件的突发性

事件的突发性就是指导致民警心理应激的应急事件的出现是在民警意料之外的。如公安危机事件的突发性。

(四) 应激个体的状况

应激个体的状况包括应激承受者的年龄、性别、心理品质、个人经历等。处于公安危机情境中的不同民警对于同样的应急事件的应激反应不同。同样的危机事件，由于民警具备的应对和处置的能力和资源的不同，会出现对某些民警而言应对和处置该危机游刃有余，根本不会产生应激反应，而对另一些民警而言，应对和处置该危机力不从心，可能会产生应激反应。

(五) 会出现应激反应

既然讨论民警心理应激的概念，必然要讨论危机事件对民警带来的严重的心理压力反应。在危机情境中，民警由于受到危机应激源的刺激，可能会出现生理、心理和行为上的不良反应。如紧张、恐惧、焦虑等心理变化和冒虚汗、心跳加快、呼吸变慢等生理变化。如，第四章表 4－15 中显示平均近 50％的民警由于危机事件的影响出现了因担忧而失眠等症状。

二、民警心理应激的特点

公安工作面临的传统威胁和非传统威胁日益加剧，社会矛盾和冲突的日益升级，传统与非传统群体性事件(网络舆情事件)的频发，袭警案件的增多，暴力恐怖事件和重大刑事案件的增加使警察这一职业成为高应激的职业。与其他行业公务员相比，民警心理应激具有以下的特点：

（一）心理应激的长期性

我们知道警察职业是与高应激绑定在一起的，应对和处置各种突发性危机事件是民警的职务活动的重要内容之一。由于突发性危机事件具有较大的随机性、偶然性及难以预料性，突发性危机事件成为引起民警心理应激反应的主要应激源。应对突发性危机事件的公安机关民警全天候处于危机应对的准备状态下，而且一旦危机爆发又要调动全身心的潜力应对处置，这样必然会导致民警长期处于心理应激的状态。

（二）心理应激的高强度性

民警工作的高风险性决定了他们随时会遇到危及自身安全的人或事，这些危机事件所引起的心理应激属于最高强度的心理应激。对普通人而言，一生中可能会遭遇一、两次甚至根本不会遭遇极端的心理应激。作为民警，在其职业生涯中处于极端应激情境的次数要远远超过普通人，一线民警更是如此。而民警在应对突发性危机事件时需要调动人体的所有潜能，长期应对这种高强度的突发事件会使民警心力交瘁。

（三）心理应激的职业性

国内外相关学者的研究表明制止犯罪、抓捕犯罪嫌疑人、面对持枪犯罪嫌疑人、解救人质、同事在工作中遭暴力死亡等工作情境都会导致强烈的应激状态，同时超负荷的工作量也会导致警察的心理应激反应。民警面临危机事件时要在时间压力下、不完整信息下快速反应、及时有效应对和处置危机事件，这就是民警无法规避的职业活动内容之一。

三、民警心理应激的反应

当民警处于应激状态时，不论其个体心理素质如何，都会产生明显的外部反应。尤其是高强度、大范围、持续时间久的危机事件更容易使民警在生理、心理、生活和工作中产生应激反应，严重影响民警身心健康。了解民警心理应激的反应表现，有助于采取相应的干预措施和手段，以服务于民警的心理健康。

（一）民警心理应激的症状

处于应激状态时，按照学界对应激的解释，民警通常都会出现一些非特异性的表现，视个人的特质具有不同的症状，主要表现为：

1. 感到自己慢不下来或得不到放松。

2. 对一些很小的刺激也会产生强烈反应，易冲动，爱发脾气。

3. 焦虑或紧张感常持续几天以上。

4. 常有疲乏感、困倦感，懒散，行动迟缓。

5. 睡眠欠佳，常常失眠，并有噩梦。

6. 出现头痛或偏头痛、颈肩部及腰背部肌肉酸痛、痛经等。

7. 消化不良、食量改变（增多或减少）、腹泻、便秘、恶心或呕吐等。

8. 眩晕、心悸、口唇发干、出汗多、手脚湿冷、呼吸不畅或短促等不适。

9. 习惯被打乱，忘性大，冷漠，不合群，易责怪他人，有厌烦感。

10. 忧郁，恐惧，无助感，失望感。

11. 判断力下降，工作效率下降，注意力不易集中。

12. 遇事慌乱，感到有些事常出错，易出事故。

13. 烟、酒消耗量增多。

14. 易患感冒或其他感染性疾病等。

对于如何判断民警处于应激状态，美国达拉斯警察局将警察心理压力下的征兆概括为15种表现，如表5－1：

表5－1　民警常见的15种应激反应征兆

征兆	具体表现举例
1. 行为突然改变	1. 从兴高采烈、乐观突变忧郁悲观
2. 行为逐渐往堕落方向发展	2. 逐渐变得冷漠、迟钝、情绪沮丧而低沉
3. 无规律的工作习惯	3. 迟到、早退、不遵守时间
4. 经常生小病	4. 头痛、着凉、胃痛
5. 思想不集中	5. 说话散漫无稽、不能集中在一个特定话题上
6. 过多的烦恼	6. 为一件事烦恼而不顾及其他
7. 浮夸的行为	7. 专心于宗教、政治等
8. 过量饮酒或用麻醉剂	8. 不注意外表，吹嘘自己的酒量，明显麻醉
9. 疲乏	9. 工作时间瞌睡
10. 与同事关系不和	10. 别人拒绝同他（她）工作
11. 过多的抱怨	11. 对待老百姓苛刻或凌辱他们
12. 对某些东西看不惯	12. 老是挑剔某些人，挖苦和骂人
13. 乱搞性关系	13. 性机能亢进
14. 工作中过多的事故或伤害事件	14. 开车时漫不经心，虐待犯罪嫌疑人
15. 对同事和老百姓耍手腕	15. 利用他人达到自己的目的

（二）民警心理应激的生理反应

处于危机情境状态中的民警，在受到了强烈而持续的精神刺激后，将会发生一系列显著的生理反应：一是肾上腺素大量释放引起的心肌收缩、心动过速、糖原分解及血糖升高、代谢加速及耗氧增加；二是去甲肾上腺素释放使周围血管收缩、皮肤苍白、血压升高、肾血流量减少；三是肾素分泌进一步加剧血压及水盐代谢变化，皮质激素大量分泌，对血压、血糖、水盐代谢、脂蛋白代谢、细胞膜稳定性、胃蛋白酶分泌以及脑电活动均产生显著影响；四是糖皮质激素大量分泌，会抑制免疫功能，降低细胞免疫力，干扰抗体形成。总之，严重的应激可引起机体生理功能的紊乱、失衡，进而产生病理性改变。

1. 应激反应的致病机理

有关研究发现，有机物机体的中枢神经、神经内分泌和免疫三个系统处于相互作用中，他们在应激反应导致疾病的过程中起着重要的中介作用。其具体作用机制为：

(1) 中枢神经系统

中枢神经系统是调节某一特定生理功能的神经元群。当应激源作用于机体并被感知和评价为紧张性刺激时，可能会引起非特异反应性系统兴奋，产生主动积极的生理心理变化。但如果刺激强烈或持续存在，或中枢神经系统失衡，使某一系统反应过度，就可能损害机体的正常功能，出现中枢神经系统症状，如兴奋不安、体温升高、搐搦，甚至陷于昏睡等，导致一系列病理、生理改变，进而引起疾病。

(2) 神经内分泌系统

神经内分泌系统是人体生命活动的重要调节系统。丘脑下部—垂体—内分泌腺系统在调节机体的各种生理活动、情绪和行为方面起着重要的作用。当民警处于高应激状态时，该系统产生的多种激素可导致机体产生一系列特异性的反应。如果这些激素的分泌超过一定限度，便可引起各种非特异性症状甚至疾病。

(3) 免疫系统

该系统具有防御、免疫监督和自身稳定的功能，它能消灭进入人体的病原体和异物，监视并抑制体内的细胞发生突变和异常增生。但如果该功能处于亢进状态，会对自身器官或组织产生伤害形成应激反应，导致机体免疫系统功能的紊乱和降低，进而引起感染、自身免疫性疾病及肿瘤等疾病。

2. 与应激反应有关的疾病

研究证明：应激反应与某些疾病之间存在着某种重要的联系。与应激有关的疾病主要有：

(1) 心血管系统疾病。常见的有：原发性高血压、冠心病、心律失常、心动过速或心动过缓等。

(2) 消化系统疾病。常见的有：消化性溃疡、溃疡性结肠炎、肠道易激惹综合征、神经性呕吐、过敏性结肠炎等。

(3) 呼吸系统疾病。常见的有：支气管哮喘、高通气综合征、神经性咳嗽等。

(4) 内分泌系统疾病。常见的有:糖尿病、肥胖症等。

(5) 皮肤病。常见的有:神经性皮炎、荨麻疹、瘙痒症、湿疹、牛皮癣等。

(6) 神经系统疾病。常见的有:偏头痛、肌肉紧张性头痛(如那些压抑自己情感的人,由此而引起头颈部肌肉紧张、血管扩张,使头部产生疼痛感),书写痉挛等。

(7) 泌尿生殖系统疾病。常见的有:性功能障碍、遗尿、月经失调、经前期综合征、痛经等。

(8) 癌症。有研究证明应激反应在癌症的发展中起着一定的作用。在那些近期遭遇过较大不幸的人中,患癌症的人数明显增多。据统计:在发达国家近 1/3 的疾病是由压力引起的,而作为高压力群体的民警,由压力导致疾病的比例会高于其他社会人群。

据美国统计,美国警察因公殉职与积劳成疾而死亡的人数之比为 1∶100;警察患冠心病的比例比社会普通人群高 50%。

据我国调查表明,我国警察的身体健康状况之差是令人吃惊的,这显然与警察的职业压力有关。据报道我国警察平均寿命比中国老百姓的平均寿命要低很多。

(三) 民警的心理应激的心理反应

从心理学研究的角度来看,个体对应激的心理反应具有积极和消极的两个方面。积极的心理应激反应表现为大脑皮层觉醒水平提高,情绪紧张而亢奋,意识清醒,注意力集中,思维清晰,反应敏捷,行动果断等特征,能够准确地评定应激源的性质,作出符合理智的判断和决定;消极的心理应激反应表现为过度焦虑、紧张,意识不清醒,认识水平降低,情绪波动比较大,思维混乱等,在一定程度上失去了判断和决策能力。心理反应过程中与人们的身心健康密切联系的主要是情绪和行为方面的反应和变化。

当民警处于危机应急状态时,表现最为明显的特征是情绪反应。应激时的情绪反应与平时相比存在着较大的差异,由于危机事件的类型、性质和态势不同,在不同的应激源刺激下有个体差异的民警个体的应激反应呈现出差异性。综合来讲,处在危机情境下的民警表现出以下几类应激反应:

1. 焦虑

焦虑是最普遍出现的一种心理应激表现,是一种预期会出现不良后果的复杂的情绪状态,包括紧张、恐惧。焦虑在应激反应中既有积极的一面,也有消极的一面。一方面,预期危机事件的不良后果之后出现的焦虑,可以迅速转化为积极应对应急事件的手段和措施;另一方面,预期危机事件的不良后果之后产生的焦虑,也会让个体对应对应急事件感到绝望而心灰意冷,导致生理功能失去平衡。

民警的焦虑是指其对环境中一些即将来临的、可能会造成不良后果的事件或者要作出较大努力去进行适应时,所引起的一种紧张不安的心理反应和体验。适度焦虑是一种保护性反应,有助于民警的工作、生活和学习。但过度焦虑则会使民警丧失自信心,降低其认知能力，干扰其思维活动的正常进行，从而严重妨碍机体对外界环境变化的应对能力，过度焦虑的主要表现是忧心忡忡和惶恐不安。正如应对和处置危机事件，处于危机情境中的民警同样会对危机的后果出现不良预判而产生焦虑，但是为了阻止这种不良危机后果的产生，民警个体会基于职业的坚定信念和平息危机事件的决策目标，把焦虑转化成动能。为了实现决策目标，民警个体会充分调动和挖掘个体的潜能，调动个体的主观能动性，推动个体朝着既定的目标努力。

从警察心理学的角度来分析，民警的焦虑主要有两种类型：一种是状态性焦虑。它是与具体的应激源紧密相连的，是民警处于应激状态时产生的短暂的、易变的，带有担心和恐惧色彩的情绪体验。这种焦虑产生快，消失也快，具有一定的情绪性。如当民警面对持枪的歹徒时，就会出现紧张、担心、恐惧等焦虑情绪，这种状态性焦虑会影响民警的情绪稳定性，进而可能会导致行动的失利或造成不必要的伤亡。另一种是人格中的焦虑。该种焦虑以一贯感到紧张、提心吊胆、不安全及自卑为特征，习惯性地夸大日常处境中的潜在危险，存在回避某些活动的倾向。警察职业的高应激性使警察长期处于忧虑、紧张和恐惧等情绪反应中，久而久之，这种焦虑的情绪会固化于人格特征中，一些情绪自控能力弱、情绪稳定性差的人就会认为日常生活、工作的环境四面楚歌、草木皆兵，从而出现退避的行为。

2. 抑郁

研究表明，一些灾难性生活事件（如丧失亲人等）易引起抑郁反应，表现为情绪消沉、悲观失望、自责、自我评价过低、动力缺乏、睡眠与食欲障碍等，感到生活无意义，甚至会萌生自杀的念头。一方面，抑郁破坏了有机体的整个情绪活动，迫使情绪向不良方向发展；另一方面，抑郁使整个人的心理活动蒙上一层阴影，不管抑郁的程度如何，都会对个体带来有害的影响。

有专家分析，生活在客观世界的每个个体都有可能出现心理问题，而民警的心理问题多于其他职业人群的原因在于警察是和平年代中最危险的职业，而民警的心理问题一方面来自高风险、高负荷、高强度、高投诉的职业，另一方面来自长期累积派生的心理问题。由此可见，民警抑郁的产生是应激源与警察自身的素质相互作用的结果。

抑郁不仅使有机体的整个情绪活动遭受到破坏，形成不良情绪，而且使有机体整个心理活动被阴影笼罩，导致个体的思维活动、行为表现异常。一些严重抑郁的民警，在碰到客观刺激时会出现危害个人或他人生命的行为。

3. 习得性无助

习得性无助是指有机体接连不断地受到挫折后，便会感到自己对于世间一切都无能为力，丧失信心，陷入无助的一种心理状态。当一个人发现无论他如何努力，无论他干什么，都以失败而告终时，他就会觉得自己控制不了整个局面，于是，他的精神支柱就会瓦解，斗志也随之丧失，最终就会放弃所有努力，陷入绝望之中。因习得性无助而产生的绝望、抑郁和意志消沉是许多心理和行为问题产生的根源。

习得性无助破坏了有机体的心理活动方式，会使个体丧失勇气和意志，失去自信心，进而导致自我评价水平急剧下降，在行为上表现为消极等待。事实上，公安工作的高风险性导致了处于危机应急状态中民警也会出现习得性无助的情况。当他们经常要面对突如其来的应激源时，在决策时间的压力和快速反应压力下，他们会调动所有的身心潜能来应对和处置危机事件，在他们付出诸多努力仍然不奏效时，就会陷入无法应对、束手无策的局面。如果这种状况累积的次数过多，"习得性无助"感过于强烈，当事人就会变得意志消沉或丧失意志而陷入绝望中。

4. 认知障碍

认知障碍是指个体在记忆、语言、视空间、执行、计算和理解判断等几项认知功能中的一项或多项受损并影响了个体的日常或社会能力的情况。民警在危机应对中可能会出现的认知障碍主要表现为四个方面：一是当民警处于过度应急状态时，他们的思维广度和深度受到了限制变得狭窄、肤浅，会限制他们及时决策控制危机的心理活动和行为活动；二是当民警处于过度应急状态时，他们思维的灵活性和对危机事件的预见性受到限制而变得呆板、固化，导致他们对危机的可能发展态势、结果缺少准确预判，对危机决策方案的效果缺少预判，陷入思维"固着"的状态，导致民警对于应对危机事件所采取的决策出现偏差；三是当民警处于过度应急状态时，他们思维的独立性和批判性受到限制而变得盲从和随性，导致他们陷入危机情境时茫然不知所措，思维变得飘忽不定，人云亦云，只能盲目接受别人的意见和建议；四是当民警处于过度应急状态时，会出现不恰当的认知评价，尤其是其初始决策遭受挫折、失败或者应对处置无力时，会对消极事件作内部的、稳定的和一般的归因，进而降低了个体的自我效能评价。

（四）民警心理应激的行为反应

应激的行为反应是生理和心理反应的外化。美国警察学专家威廉姆·克瑞斯(Willian Kroses)认为：处于过度应激状态下的警察，其行为会发生不同程度的改变。轻者表现为饮酒与吸烟的频率明显增多，过多的抱怨，不遵守纪律，因小事与人发生争执，迁怒别人等；重者表现为酗酒，嗜烟，对工作不满，不负责任，事故频出，违法乱纪，家庭失和，离婚等。另外，很多意外事故的发生，像滥用枪支伤及无辜、自杀和发生交通意外等，都可能与警察压力过重有关。结合心理学的研究和公安危机应对的现实情况，民警在危机应对中出现的心理应激的行为反应主要表现为：

1. 回避与逃避

回避是指事先知道应激源将会出现便立即采取行动，避免与应激源接触；逃避是指已经接触应激源后，采取行动远离应激源。两种方式都是为了避免强烈的应激反应对身心的伤害。当人们处于应激状态或接触到应激源时，都会对自我应对能力进行衡量。有的人会在一些消极的自我暗示下，变得丧失自信心，产生紧张心理，恐惧感增加，从而回避与逃避现实挑战，工作效率降低。这种结果又会形成一种消极的反馈作用，影响到以后的行为，出现恶性循环。

民警的回避与逃避的行为反应是与警察职业的高应激职业特点联系在一起的。比如近年来，随着数字时代的到来，自媒体迅速发展起来，现实社会中，人人都是信息发布和传递的主体，涉警网络舆情成为危害民警心理健康的不可忽视的网络危机事件。很多诋毁警察的虚假的、造谣生事的信息快速传播、复制，使民警的正当权利得不到保证。有些警察由于恶意投诉误受纪律处分，有些甚至被法院误判、错判。恶意投诉的增多，加剧了民警尤其是一线民警抑郁、紧张、焦虑、恐惧的情绪，从而使他们失去了自信，在“多干不如少干，干不如不干”的消极心理暗示下，处处谨小慎微，工作缩手缩脚，出现了怕事、躲事的行为。

2. 敌对与攻击

敌对是指个体因利害冲突而不相容、仇视和相对抗；攻击是指受挫者把攻击直接指向使其受挫的人或事。受挫后，由于引起了内心的愤怒、怨恨，从而表现出怒目而视、反唇相讥、破口大骂、讽刺挖苦、打击他人。有时还会寻找“出气筒”把“气”出到无关的人或物上去。

敌对与攻击是当民警处于心理应激中束手无策或者受到应激源侵害时，由于不能克制紧张、愤怒的情绪而发生的攻击行为。如审讯中嫌疑人挑衅的语言和行为，案件久侦不破招致的怀疑或指责，执法过程中遭遇的刁难、围攻等都会加剧警察的愤怒感，一些情绪控制力弱者便会与他人发生纠纷，继而出现对他人大打出手甚至枪击他人等攻击行为，或者由于被激惹而把愤怒的情绪迁怒于自己亲近的人。民警的攻击行为无论对个人、组织，还是社会、家庭或亲友，危害性都是很大的。

3. 退化和依赖

退化是心理和行为反应达不到自己真实年龄的社会常规模式，表现出滞后于实际年龄的幼稚的心理和行为反应。依赖包括对人的依赖和对物的依赖。对人的依赖表现为需要别人的照顾和帮助完成一些本来自己能够完成的活动；对物的依赖主要指借烟、酒、药物度日，麻痹自己，暂时摆脱烦恼和困境。

在应对和处置危机事件的警务活动中，有些民警由于无法在时间压力和决策风险压力下快速决策、有效应对危机事件而挫折感加剧，当再次遭遇同样的危机情境时则显得无能为力，出现沉湎于赌博、酗酒、药物等行为。

(1) 酗酒。国际心理学专家鲁德德克(R. Ruddock)认为，警察工作的特点是导致酗酒的一个重要原因。由于长期处于压力状态，一些警察便采取酗酒的方法来消除压力带来的烦恼。据美国调查显示，有25%的警察酗酒。长期的心理压力加上酗酒及其导致的酒精依赖，除了有害健康外，还危及家庭关系和工作。

(2) 抽烟。由于民警每天要面对的应激源实在太多，常常超负荷运转，大部分民警采用抽烟的方式摆脱困意，缓解生理压力。在我国，民警吸烟的比例相当高。烟草中的尼古丁会对人们的交感神经产生影响，可使吸烟者自觉喜悦、敏捷、脑力增强、减轻焦虑和抑制食欲[①]。当吸烟成瘾时，体内的尼古丁维持在一定水平，机体适应了这种状况，便会产生极不利于健康的依赖性。大量的研究证明：心理压力与压力引发的负性情绪很可能与烟瘾形成及加重有关[②]，大多数的吸烟者反映当他们感到紧张和焦虑时，他们会吸烟，吸烟使他们感到轻松和自在[③]。因此，处于应激状态中的警察通过吸烟来增加对应激事件的内心控制感，使他们觉得自己能有效地对付压力与焦虑等应激情绪。

(五) 心理应激对公安工作的影响

心理应激对公安工作的影响是多方面的，主要表现为责任感降低、工作效率下降、畏缩或蛮干等。具体表现为：

1. 工作责任心降低

一个对工作有责任心的人，会有高积极性和高工作效益。长期处于高应激状态下的民警，尤其是遭受多次挫折和失败后，有些人会变得灰心丧气，对工作漠不关心，甚至麻木不仁从而逃避责任，避免或减少挫折和失败再次带来的打击。

2. 工作效率下降

公安工作的特殊性使民警积累的工作压力长期得不到缓解，新的危机事件又不断出现。久而久之，他们便会感到身心疲惫，力不从心，逐渐对工作滋生厌恶情绪，影响工作积极性的提高，致使工作效率下降。一般来说，过度压力会影响民警的智力。压力愈大，个体认知效能愈低，思考的灵活性和记忆愈差，处理问题和决策能力下降，错误率和事故增加，最终导致个体工作效率明显降低。另外，还会给民警带来情绪不稳、焦虑、抑郁、敌意，并由于同事间关系不协调，内耗增多，集体的工作效率受到影响。正如第四章的表4-15、表4-16中所显示的70%以上的民警感到心理压力大。

3. 畏缩不前或鲁莽、蛮干

高频率、高强度的危机应激源的刺激，不仅不能使民警很快适应战局，反而会使民警出现过度紧张、恐惧、惊慌失措、贪生怕死等“临场晕”或怯场现象。如有的民警执行

① 徐砺.吸烟与戒烟心理探析[J].宜宾学院学报，2007(4)：94-96.

② 谢嘉.城市居民吸烟行为与心理压力的相关研究[D].杭州：浙江大学，2009.

③ 谢嘉.城市居民吸烟行为与心理压力的相关研究[D].杭州：浙江大学，2009.

任务时手脚发颤，动作失调，武器操作的准确性和速度都受到影响，结果延误或失去战机，重者造成难以弥补的重大伤亡或损失；有的民警在面对应急事件时，把战术方法、策略方案、先后顺序、规定暗号、战术位置等都抛向脑后，出现了头脑不冷静、盲目复仇、失去理智的蛮干行为，有的甚至不顾规定，使用武器乱加扫射。究其原因，主要是压力过度使脑神经的兴奋抑制过程失调，使人脑皮层相关部位的正常活动受到干扰所致。

四、民警心理应激源

（一）工作应激源

工作应激源是指导致民警产生应激的工作原因，是民警心理应激的主要来源，也是民警心理应激研究中最关注的方面。

有人说，警察职业是和平年代伤亡最大的职业。事实上，民警尤其是一线民警在职务活动中面临着各种各样的危险，给警察的人身安全带来很大的威胁，可以用“天天有牺牲，时时在流血”来形容。

当民警面对各种工作危险、应对各种危机事件时，都会进入强烈的应激状态。民警在应对繁杂的日常警务工作的同时，还要承担被指派的各种协助工作，而一些非警务活动不仅增加了警察的工作压力，同时也会使警察成为社会问题和矛盾的焦点。尤其是近年来突发性危机事件增多，常使警察处于高应激状态，久而久之，便会出现非特异性的心理和生理的反应。

目前我国民警的心理问题主要表现为紧张、恐惧、焦虑、心情压抑、郁闷、情绪易激动、暴躁、难以自控、自我效能感降低等。

据报道，改革开放 40 多年来，全国有 1.3 万余名民警因公牺牲，为公安事业献出了宝贵的生命。2013 年至 2017 年，全国民警因公牺牲人数达 2 003 人，因公负伤或致残 2.5万人。2018 年全国公安机关有 303 名民警和 141 名辅警因公牺牲。

（二）社会应激源

社会应激源是民警在社会活动中引起应激反应的各种原因。我们知道，警务活动是一项社会性很强的工作，“对党忠诚、纪律严明、执法公正、服务人民”是新时代对公安工作的要求。警务活动的特性决定了民警必须与各种社会团体、各种社会群体或个体打交道，在执法过程中会遭遇各种意想不到的应激事件，这种职务活动范围的广泛性必然使民警的应激源扩大，应激程度和频度大大提高。社会应激源主要表现为：

1. 来自社会公众的偏见性认知

我们知道，和谐警民关系、赢得广大群众的支持和理解，是当代警务工作的重要内容之一，大多数民警为了国家和人民的利益默默奉献，做了许许多多的工作。但是也存在个别警察不作为、以权谋私、知法犯法，这类现象的存在直接影响到公众对警察的认知和警民关系，导致了社会上的一些人对警察的偏见性认知，社会上出现了“警察都不是好东西”“好人不当警察”的声音，一些不知缘由的民众跟着传播，出现了警民关系的对立。这些偏见性认知，极大地刺痛和伤害了绝大多数警察的自尊心。他们无法、无处辩解，只能将委屈压制在心底无处释放，久而久之，便会出现各种心理问题，影响心理健康。

2. 媒体对于涉警事件的不适传播

“互联网＋”的自媒体时代，警察作为被社会关注的焦点职业群体也被推上了网络舆论的风口浪尖。与民警执法有关的不实信息、片段信息一旦在网络上发布就成为高点击率的信息，各种负面评论、指责纷纷出现，甚至对于网络上个人发布一些虚假的、对民警不利的消息，少数群众不加证实地去进行炒作，造成了他们对民警职务活动的不配合、不理解甚至是曲解。

3. 社会腐败现象

警务活动涉及社会的方方面面，警察在执法活动中会牵涉到人情、亲情等关系，再加上执法环境中出现的以权压法、以钱乱法、以情扰法等不正之风的影响，使警察面临着应有的公心与世俗的关系网、人情网的两难选择，加剧了警察的内心冲突。

4. 破案不力带来的责难

随着社会发展、科技进步，犯罪方式的隐蔽性越来越强，犯罪分子越来越狡猾，反侦查意识越来越强，为公安机关侦查破案带来了难度。尤其是一些杀人、伤害等社会影响大的暴力案件，由于社会关注度高，媒体报道力度大，百姓对破案的期望值高，主管部门的限期侦破给职能部门警察带来巨大的心理压力。若案件一时难以侦破，上级部门追究责任，老百姓难以理解，“警察是吃干饭的”“破不了案当什么警察”等风言风语兴起，各种责难甚至是谩骂席卷而来，使办案警察陷入自责与不解之中，成为警察的心理应激源。

（三）家庭应激源

家庭的和谐稳定，对人构成了重要的心理支持，家庭生活中存在的问题和家庭的变故也会成为心理应激源。警察工作任务繁重，经常加班加点，节假日得不到休息。大多数民警无暇顾及家庭事务，家庭的责任和义务落到了其他家庭成员的身上，照顾年老的父母，稳定夫妻关系，陪伴、教育子女等在常人看来很容易做到的事情，对于警察而言却是奢侈品。

1. 夫妻关系紧张

警察职业绑定了“白加黑、5＋2”的工作，加班、备勤、值班成为民警的家常便饭，维系夫妻间关系的交流、沟通、陪伴无法正常进行。夫妻聚少离多，夫妻两个人照顾老人、孩子和家务劳动的家庭责任落到了配偶身上。如果得不到配偶的理解则会导致生活中的不协调。

由于工作压力大，有些民警在夫妻团聚时也会表现出一定程度的职业“疲劳综合征”，比如把工作的压力带回家里，表现出不稳定情绪，甚至导致夫妻生活不和谐。

家庭作为人们生活大后方，夫妻关系稳定、健康是家庭维系的关键和核心，如果夫妻关系出现问题则会对人的生活、工作各方面产生消极的影响。研究表明：民警的许多心理问题、行为问题的发生都与感情生活和夫妻关系密切相关。

2. 无暇顾及老人、子女

警察的工作性质决定了警察与家人的接触时间要少于其他职业人员。年幼的子女、年迈的父母需要得到亲人的关照、陪伴，年长的子女需要教育、引导，这些对于成天忙于工作的一线民警而言心有余而力不足。一方面，民警期望享有与其他职业人员同样的朝九晚五的生活；另一方面，超负荷的工作使民警无法享有这种生活，他们对家人充满愧疚，为自己的“疏忽”和“失职”而内疚和自责，从而导致民警的心理应激。

3. 经济上的困窘

民警也是普普通通的社会人，同样有着改善生活条件、居住条件的经济需求。我们知道警察尤其是一线警察一年的工作量相当于同级政府公务员一年半的工作量，但是其收入与付出倒挂，警察的收入与其他行业公务员的收入相比持平或者还要少。这样试图用经济补偿弥补对亲人的愧疚、回报亲人的愿望遇阻，从而加剧了民警的内疚与自责，陷入更为严重的心理应激状态。

4. 家庭的变故

配偶、孩子、父母患病，夫妻分居、离异，亲人离世等家庭变故虽然可以发生在每个人身上，但警察由于以上家庭应激源同时存在，这些事件的发生无疑会加重他们的心理应激。

(四) 个体应激源

个体的心理素质、个性特点、身体健康状况不同，决定了同样的应激源给个体带来的应激反应也不同，所以民警个体的身体、心理和人格等方面也存在导致心理应激的因素。

1. 身体不健康

由于身体、心理和行为的相互影响，良好的身体状况可以形成人们满意、自信、积极的生活状态；而不健康的身体则会不同程度地带来烦恼，让人感到力不从心，从而导致人们的紧张、焦虑的情绪，出现一些应激反应。特别是重病人，会对工作、生活前景感到悲观，失去信心，导致强烈的心理应激反应。

2. 知识结构与能力的欠缺

近年来，为了提高公安队伍的素质，全国公安机关推出了各种各样的改革措施。建立考试制度就是其中之一。“逢进必考”“逢晋必考”，警察的录用和晋职晋衔都要通过考试。基层民警上岗也实行了“量化考核、低分培训、末位调整和辞职制度”。这种“量能而用”的制度无疑有助于提高公安工作效率，但是对于终日处于繁忙工作的基层民警来说，又是一次关乎民警个人切身利益的重大挑战。

一些基层民警由于自身文化素质较低，应对现代警务活动的能力欠缺，面对日渐激烈的社会竞争和公安机关的内部竞争时，加剧了原本的紧张和恐惧，下岗和被淘汰的压力增大，精神长期处于紧张状态。

对于年龄偏大的民警来说，他们把大半生都奉献给了公安事业，如果脱下警服，无法再找到适合自己的工作。尤其文化水平较低、职业病缠身的民警，执法水平低、工作业绩不理想的现实状况，加重了他们对前途的担忧，这种担忧使他们产生了不安、自卑、无助、抑郁等情绪。一些人出现了失眠、疲劳、食欲不振等身体应激反应。

3. 心理健康水平低

警务工作的特殊性质使警察经常处于应激体验中。处于应激情境中，个体的心理素质会影响人们的应激反应。当人认为自己有能力应对应激情境时，就会表现出自信、坚定；否则会表现出紧张、担心、焦虑、恐惧等情绪反应。

当人存在某种心理问题或出现心理症状时，必然会不同程度地表现出自我效能感降低，如，恐惧、焦虑、忧郁等消极的情绪状态，会使人产生无能、无望、无助感。个体会把自己内在不稳定的、较低的心理素质外化为外在的应激源的威胁，极大地降低个体的心理应激水平，并产生强烈的内心痛苦。对于这种心理状态的人，应该及时提供心理支持。

4. 不正确的职业认知

警察是一种职业，既然选择了这个职业就要义无反顾地认同这种职业的特殊性，民警与其职业特殊性绑定在一起。警察职业是一种付出型职业，所得无法与付出成比例增长。如果主体缺乏对警察工作的正确认识，只是把警察职业视为养家糊口的职业，没有付出精神，时时感到吃亏、不值的话，他的应激水平就必然低于同事，当处于应激情境中必然出现强烈的不适应。

第五节 民警心理应激应对措施

警察职务活动中经常会面对各种各样的应激源，心理应激是不可避免的。承认这一客观事实并正确地区分思想问题与心理应激反应，应对心理应激十分必要。应对应激的措施和对策的方法很多，但心理应激是多方面因素共同作用的结果，单独依靠某种方法是难以应对应激状况、克服和消除应激反应的，所以最好的方法是多手段、多方法的综合运用。

一、避免或消除可控应激源

所有应激源按可控程度可以分为可控应激源和不可控应激源两种形式。全部避免或者消除应激源是不现实的，也是不可能的，但是，某些可控应激源是个人原因导致的，是个体应该负责的生活上的变化，它可以通过主体作用避免或消除。例如：离婚、负债、降职等负性生活事件，购买房子、职位升迁及工作、生活中的人际关系等积极生活事件。不可控应激源与个人的行为或责任不相关，而与命运、机遇或突发事件有关，或是源于身边的"关联事件"（如配偶病重、亲朋好友的红白喜事等）的发生。而这些应激源与个人行为或心理状态并不直接相关，任何人面临这样的应激源时只能处于被动地位，无法避免或者消除这些应激源。

二、提高心理应激承受能力

公安工作是一项社会性极强的工作，其打击功能、对社会的管理功能以及服务功能的体现，都要求民警具有极高的心理素质。心理应激承受能力是可以通过训练不断提升的。采取科学的方法帮助民警应对应激事件，也是民警心理训练的重要任务。

（一）加强民警自身的修养

1. 加强业务学习，提高应激应对能力

许多基层民警认为平时工作太忙，任务太重，没有时间和精力学习。工作忙，任务重固然是事实，但自觉学习业务知识，提高自身素质，是提高民警应对应激事件能力的基本保障。在现实工作中，有些人忽视了自我学习和自我提高，认为只要把眼前的活干好就行了，以至于置身于一些应激事件中时，感到无能为力，无法及时地作出判断和决策，影响了执法水平和效率。

2. 树立正确的目标和信念

为了避免不必要的应激体验，民警在实际工作、生活中既要确立正确的目标和信念，目标的确定要符合客观实际，顺应客观规律，也要对自己的未来作合理的期望，了解自己的优势和不足。民警要明确承认自己的力量有限，不必一个人去包打天下，懂得何时去求助他人，作现实性的选择。如果目标不切实际，好高骛远，当目标无法实现时，会给民警带来紧张、自卑等应激体验，产生强烈的挫败感。如果这种应激体验反复多次出现，就会完全丧失对自己的信心和对未来的希望，严重影响民警个体主观能动性的发挥，形成更为强烈的应激反应，损害民警的身心健康。

3. 保持健康的心理品质

民警的心理应激是不可避免的。长期或高度的应激会对民警工作、生活、身体、心理等产生负面影响。民警要在工作、生活中，从实际出发解决所面临的应激。具有良好的自我意识，正确认识、悦纳自己，正视现实和适应环境，有效协调和处理人际纠纷，及时发现并消除不良情绪，具有较强的自我调节能力，行为符合年龄特征、合乎社会规范和习俗，有应变、应激及从疾病或危机中恢复的能力是民警心理健康的标准。民警如果具备健康的心理品质，便具有了应对应激情境的能力。

（二）加强民警心理应激承受力训练

心理学中关于心理训练的方法有许多：认知学习法、放松法、自信心法、默念法、生物反馈法等。如认知方面，调整期望值，使自己的期望值与客观条件相符合，从根本上减少因期望值过高而引起的民警应激。民警心理应激承受能力的训练方法与医学阐述的训练方法基本上是一样的，只是训练的对象不同。下面介绍几种常见的训练方法。

1. 放松法

心理应激会引发身体的紧张状态，而身体的放松可以带来心理的轻松和舒适感。放松法通过对有机体肌肉紧张度进行放松训练，使受训者能够控制自己的情绪和应激反应。它的基本原理是肌肉紧张与情绪应激之间具有一定的相关性，肌肉紧张消失，心理紧张也会随之减弱或消失。

以下是三种放松练习的方法：

(1) 六秒平静反应(可以重复，直到感觉轻松)

这是一种简便有效的呼吸技巧，即深呼吸，具体做法：

深吸一口气。

保持两三秒。

缓慢呼气并呼尽。

呼气时，让下巴和双肩下沉。感觉从手臂到双手的放松。

(2) 头、颈、肩快速松弛法

练习包括对某些肌肉的绷紧或拉伸，如果有严重外伤，请在练习前咨询医生是否适合。快速缓解肌肉紧张的方法就是先尽可能绷紧肌肉并保持5—10秒。然后完全松弛。反复数次，注意感受紧张与松弛之间的对比。具体做法：

轻柔地转动脖子或肩膀也可以缓解紧张，转动方式是先向前再向后。还可以轻柔地将头部前后或左右转动，然后反方向重复。可以反复进行该练习，直到感觉更加松弛为止。做这些练习的时候，动作要轻缓，以免拉伤颈部肌肉。

(3) 渐进的肌肉松弛法

渐进的肌肉松弛法由一系列的技巧组成，要求按照一定的顺序对随意肌做绷紧和放松练习，直到所有的肌肉都松弛下来。开始练习前，尽可能让自己舒展，坐下，解开所有紧身衣物。可以在开始的时候使用6秒平静反应让自己放松。

按照要求的顺序完成下列步骤。用10秒绷紧每个肌肉群，然后用至少10秒的时间放松。重复10秒的绷紧，之后又是10—15秒的放松。在放松期间，关注放松的积极感受，可以同时意念放松、呼吸放松、静坐放松等，尽量避免杂念。如果你觉得该肌肉群已经得到足够的松弛，接着进行下一组肌肉的放松练习。你只需要关注当前肌肉群的紧张情况。不要让其他肌肉群，特别是已经经过拉紧和放松练习的肌肉群再度紧张。具体做法：

双手　握紧拳头，然后松开。之后尽可能地向外伸展手指，然后放松。

二头肌和三头肌　紧绷二头肌然后放松。紧绷三头肌然后放松。

肩　向后扩展双肩，然后放松。将双肩前推，然后放松。

颈　沿着颈椎轴朝一个方向转动头部三四次，然后反方向运动。

嘴　最大限度地张开嘴，然后放松。夸张地撅起嘴唇，然后放松。

舌　张开嘴巴，将舌头尽量往外伸，然后放松。接着将舌头尽量伸向喉咙，然后放松。之后，舌尖用力抵上颚，然后放松。最后，舌尖用力抵舌根，然后放松。

眼睛和前额　闭上眼睛想象注视着远处赏心悦目的事物。集中视线以便看清并欣赏远处的事物。持续一分钟。

呼吸　尽量深吸一口气，然后放松。

背　双肩靠在椅子上，尽量将躯干向前推，使整个背部成弓形，然后放松。动作要缓慢。如果有任何痛感，马上放松，且不要再重复该练习。

上腹部　通过提臀使上腹部轻微提起，然后放松。将臀部尽量往椅子里面坐，使上腹部轻微降低，然后放松。

大腿　伸直并将腿抬离地面大约十五厘米，同时尽量不要使腹肌紧张，然后放松。脚跟或脚背用力抵地面，然后放松。

腹部　尽量收腹然后放松。尽量向外扩展腹部然后放松。

小腿和脚　支撑双腿，让脚弯曲使大脚趾指向头部，然后放松。之后朝反方向弯曲，再放松。如果练习期间出现肌肉痉挛，放松并抖动双脚来缓解痉挛。

脚趾　支撑双腿，双脚放松，脚趾用力抵住鞋底，然后放松。之后朝反方向弯曲脚趾直到抵住鞋面，然后放松。

呼吸　缓慢地进行两三分钟深呼吸。每次呼气时都对自己说镇静。

2. 认知学习法

美国心理学家埃利斯(Ellis)于1962年提出了认知学习法。这种方法旨在通过认知学习改变自己的某些观点，达到控制和改变心理应激的目的。它的基本原理是应激的产生完全由认知所决定，改变认知也就改变了心理应激。通常采用6种具体方法来进行训练：

(1) 想象自己是某个情境中的人，站在那个人的角度去思考问题。

(2) 榜样的示范。

(3) 通过集体讨论，互相启发和诱导，思考所存在的问题。

(4) 行为分析。

(5) 现场调查。

(6) 浏览相关的书籍和杂志。

3. 自信心培养法

自信就是一个人对自己能够达到某种目标的乐观充分的估计。自信心培养法的理论基础是：自信的人往往具有坚强的意志，他们对遇到的各种困难往往采取积极的方法去克服，并能主动地调节自己的心理活动，因此提高了自信心也就提高了应激承受能力。如果民警拥有充分的自信，在危机应对中就会变得敏锐、冷静，可以从容地应对。有了自信就意味着已成功了一半。自信心培养法的训练步骤如下：

(1) 应用特定的测量工具了解受训者的自信心水平，通常分高、中、低3个等级。

(2) 据测量结果制订具体的培训方案，对不同的受训者往往采取不同的训练内容。

(3) 实施过程中，一般采用室外培训和实验室中培训两种方式。

4. 默念法

默念法来源于印度的瑜伽。它可以有效地控制人们的紧张情绪，从而使人们更好地适应应激。默念法要求将注意力集中在一个词、一个主意或一个事物上，这时人们往往会在短时间内忘记应激源，从而使神经系统和内分泌系统处于放松状态，恢复体力和精力。默念有多种不同的形式，每种形式基本上都包括四个要素：

（1）安静的环境　外部环境干扰很难使人保持内心的平静。

（2）注意一个对象　这有助于克服其他对象对思维的影响。

（3）消极态度　大脑要保持一种观念。

（4）舒适的体位　坐、卧、跪等。

5. 生物反馈法

心理学实验证明，心理（情绪）反应和生理（内脏）活动之间存在着一定的关联，心理社会因素通过意识影响情绪反应，使不受意识支配的内脏活动发生异常改变，导致疾病的发生。生物反馈法将正常属于无意识的生理活动置于意识控制之下，通过生物反馈训练建立新的行为模式，实现有意识地控制内脏活动和腺体的分泌①。生物反馈法，就是把求治者体内生理机能用现代电子仪器予以描记，并转换为声、光等反馈信号，使其根据反馈信号，学习调节自己体内不遂意的内脏机能及其他躯体机能，达到防治身心疾病的目的。生物反馈法可以使民警了解自身的状况，针对实际情况进行必要的调整。

三、应激管理与训练

（一）应激管理

应激管理是指个体主动采用一定技术应对危机事件以渡过心理难关，从而减轻或消除危机事件可能对自己造成的身心伤害。具体做法为：一是要学会识别自己生活中的应激事件和评价自己的应激体验；二是要掌握认知行为管理技术、时间管理技术、行为松弛技术等；三是要养成良好的饮食习惯、锻炼习惯，建立社会交往的自信心，学会利用社会支持等调节技术。

① 香当. 心理咨询24种常见方法述评[EB/OL]. [2015-06-10]. https://www.xiangdang.net/doc/4798234795778505195.html.

（二）应激预防训练

应激预防训练是一种提高个体应对技能、减少焦虑情绪的手段。当个体处于应激情境时，一旦学会处理程度轻微的应激性事件，对应激情境的认知和应对能力就会得到提高，从而就能承受越来越强的应激性情境。应激预防训练包括三个阶段：一是教育阶段，让个体理解应激反应的本质，阐述认知的基本原理；二是演练阶段，个体应用放松训练法以减轻焦虑，发展有关情境多次重复的适应性自我对话或应付性自我对话；三是应用训练阶段，鼓励个体在应激情境中使用新的应对技巧，在这一阶段应对的情境可以是实际生活中的，也可以是模拟的，包括采用角色扮演的方式。研究表明，这种方法对减轻回避行为，促进情境的应对技巧最有效，也是适应新环境的有效方法。

（三）应激控制训练

应激控制训练是一种主动减少个体焦虑情绪的控制技术。警察职业的特殊性，决定了民警尤其是一线民警会面临诸多应激事件和应激情境，所以对民警的应激训练是必不可少的。该训练包括三个阶段：第一阶段是理解应激反应并将自己的应激体验加以概括；第二阶段是学习应对应激的心理技能，包括学习放松技术，加强深呼吸来促进放松等；第三阶段是要求个体在应激情境中实际运用控制应激的技术。应激控制训练的具体方法为：

1. 应激情境想象

它要求民警想象某种应激情境，并集中注意去感受，使这种感受更加强烈。

2. 强化应激情境的信息

通过语调强化这种应激情境的信息，提高唤醒水平，以形成强烈的情绪反应。

3. 采用控制应激的技术

当唤醒水平较高时，要求用控制应激的技术降低唤醒水平。首先，仅采用放松的技术；其次，仅采用自我陈述句的技术；再次，整合两种技术，对应激情境作出反应，同时加入深呼吸技术，呼气时设想排出紧张；最后，用自我陈述句使注意力集中于任务的同时，缓慢地呼气，使心理调整到放松状态，引起身体的放松。

运用这种训练所诱导的情绪反应比实际情境中体验到的情绪反应水平更高一些。学会控制高水平的唤醒后必定会控制低水平的唤醒，但学会低水平的唤醒并不意味着学会了高水平的唤醒。

四、社会支持

社会心理支持系统是指一个人通过社会关系和社会组织获得他人在心理上的帮助和支持，从而增强自我心理防御功能，消除或减轻心理应激带来的心理紧张状态，保持健康的心理。社会支持包括三个方面的内容，即公安机关、社会和家庭的协调一致。如果这三种因素缺少协调和配合，就会削弱单个因素的作用，影响社会支持作用的发挥。

(一) 公安机关的支持

公安机关支持在整个社会支持中占据重要地位，起着决定性的作用。

1. 公安管理者的支持

公安机关的领导在各种管理活动中应尽可能地帮助民警减少应激的机会，为民警创造一个愉快、和谐的工作环境。具体表现为：一是对下属进行公正、客观的评价，善于听取来自各个方面的意见和要求，遇事先人后己，关键时刻能够挺身而出，上级和下级之间关系良好，等等；二是采取必要的措施，缓解心理应激反应。公安机关的领导应当会同有关的专家共同制订具体的减少应激措施。

资料链接：1984 年秋，澳大利亚民警研究所召开了警察职业应激研讨会，对澳大利亚警察的职业心理应激类型和通过福利措施寻求缓解途径的防治措施进行了讨论。会议指出，澳大利亚警察的职业应激源有四种，即个人工作情况、民警机关内部的行政管理、各种形式的家庭问题和灾难创伤等。缓解心理应激的方法就是为民警提供各种社会福利，解除他们的后顾之忧，帮助民警解决各种生活上遇到的困难，例如：对死亡者给予抚恤，对受伤者尽可能满足其生活及治疗要求等，同时为民警提供心理咨询服务。

大会对福利服务部门的职责提出了要求：一是设立专职的服务部门和官员，由心理学家、医务工作者、牧师及有关人员组成专门的领导机构；二是选择最好的心理环境进行探究性谈话，然后将了解到的情况及时向主管部门报告；三是专业保健，包括定期治疗检查、加强身体锻炼的指导和各种有益的心理测量。

2. 同事关系的支持

同事之间形成互相信任、互相支持和帮助、平等、友好的关系，使民警在工作、生活和学习中无论遇到何种困难，都能相互支持和帮助，在危机时刻能够不顾个人安危帮助同事摆脱困境。这种良好的同事间的支持关系对降低民警的心理应激水平起着重要的作用。

（二）家庭支持

家庭支持是民警个体从配偶、父母、子女等亲人处获得的精神和物质上的支持和帮助。“家是避风的港湾”。任何时候，家庭都是个体最可靠、最值得信赖的支持系统，并且相对于其他系统而言，这个系统的付出更加持久、更加无私。家庭支持是社会支持的一个组成部分，它可以减少民警的后顾之忧，使他们能够用全部的精力去应付工作中出现的问题。它可以提供的支持表现为：一是结构完整、家庭人际关系和谐；二是家庭成员之间建立起依恋、信任等积极稳定的情感；三是家庭成员对公安工作的理解，尤其是一线民警与家人的聚少离多，更需要家庭成员的理解和配合。

（三）社会支持

社会支持是整个社会环境对民警个体提供的心理援助。民警所处的社会环境会对其心理健康和行为模式产生潜移默化的影响，当民警遭遇心理应激时，良好的社会支持会形成强大的保护其心理健康的屏障。社会支持表现在精神和物质两个方面，其中精神方面的支持是最重要的。

1. 精神支持

精神支持包括两个方面的内容：一是上级领导部门对公安工作的重视，它往往会影响到群众对公安工作的认识，具有指向性的带动作用；二是社会舆论的支持，主要是指广播、电影、电视、报纸等新闻媒介对公安工作的理解与支持，并要形成一种占据优势地位的积极的社会舆论导向。

2. 物质支持

包括资金和装备的支持。改善公安机关的物质条件可以减少资金不足和装备落后导致的应激源，从而减轻对民警的心理压力。

五、心理治疗

充分发挥心理服务机构为民警提供心理支持的功能，对于由心理应激引起严重不良反应的民警，应采取心理治疗方法给予必要的治疗。

（一）发挥心理咨询中心的作用

心理咨询中心的任务是为所有的民警提供心理咨询方面的服务。咨询中心由专职人员组成，要求他们具有较全面的心理学知识和公安工作知识，能够根据提出的各种问题作出解答处理。咨询中心应具有固定的场所、必要的设备，同时建立心理档案库。工作人员对于涉及个人隐私的问题应给予保密。当民警受到突发的创伤性刺激，如开枪击毙犯罪嫌疑人、亲身经历重大伤亡、遭遇暴力袭警等事件后，公安机关内部设立的专业心理服务机构要在第一时间对其心理状态作出评估，根据评估出的心理危机等级选择相应的干预方法进行干预。

（二）进行必要的心理治疗

对于遭受严重心理应激的民警，可以根据实际情况选择合适的治疗方法，如行为矫正法、催眠法和气功疗法等。采用心理疗法，方法应十分慎重。自愿要求进行心理治疗的民警在治疗过程中一般不会引起新的心理应激。心理治疗是一种专业治疗师与受助者之间的互动，是一种专业的助人活动。当经历过危机事件的民警出现应激性的病理反应，如急性应激障碍、创伤后的应激障碍、社会适应障碍，已经严重影响到民警的正常活动和工作，但由于个人对自己情况不觉知，或其他原因未主动求助时，为了治疗的效果和不对受助者产生新的刺激，对于那些确实存在问题又没有主动提出治疗要求的民警，治疗时应尽可能不让他们了解治疗的真正目的以及他们自身的真实情况。

第六章

公安危机决策的勇敢自信心理研究

本书第四章第三节民警危机应对方式问卷数据分析中的因子 1、2、3，第四章第四节民警危机决策心理问卷数据分析中的因子 1，第四章第五节民警危机心理应激问卷数据分析中的因子 2 和第四章第六节民警个体危机应对能力问卷数据分析中的因子 3 的题项都是对公安危机决策中的勇敢自信心理及行为进行调查研究的。

在危机决策中，勇气可以让人正视挫折，自信可以让人拥有动力。人生是一个充满挑战、充斥着艰辛与磨难的历程，迎接挑战，战胜困难，战胜对手靠的是自信和勇气，只有正视眼前的困难和挫折，激发个人的潜能，建立起自信心，用勇气挑战自我，就能走出不一样的人生，成就自我。

维护国家政治安全，确保社会大局稳定，促进社会公平正义，保障人民安居乐业是新时代民警担负的重要职能。在一些西方国家，警察被称为“打击犯罪的战士”。我们知道：犯罪是具有重大社会危害性的行为，它必然与血腥、恐怖、残忍等字眼联系在一起；保护国家财产和人民人身安全，必然与危险、灾难、突发事件等字眼联系在一起。经常面对穷凶极恶的犯罪分子、突如其来的危机事件，使民警的职业活动充满了危险和各种挑战。这种挑战不仅来自其职务活动内容，更多的是来自民警自身的心理应对。在面临风险大、危险性高的危机事件时，一般民众可以置身事外，而民警却要在危机情境下调动身心的所有潜能积极应对。在危机情境下，民警的职务活动对其心理品质的要求更高，它要求民警必须具备勇敢自信、急中生智、无所畏惧的精神和心理品格。现代警务活动更具复杂性、艰巨性的特点，急、难、险、重的特点更加突出。面对危急、危险、危难，每个民警应当具有勇敢的精神、清晰的思维、果断的决策、快速的反应。

勇敢自信的心理素质中，自信是前提，只有具有对危机应对和处置的强大自信心，才能勇敢面对危机事件，才能在分析判断危机的基础上勇敢决策。在此，我们必须知道，勇敢自信中的勇敢品质不是匹夫之勇的勇敢，而是建立在自信和智慧基础上的勇敢，是要用个人的或集体的智慧和力量战胜危险的勇敢，是实现有效应对和处置危机事件决策目标的勇敢。这也是新时代民警勇敢精神应该秉承的态度和原则。

第一节　果敢自信心理概述

我们在第四章第四节的民警危机决策心理问卷统计分析的表 4－9 的题项中用“遭遇突发危机事件时，我果断地做出决策”“遭遇突发危机事件时，我对自己的决策能力充满信心”“遭遇突发危机事件时，我对自己的决策过程感到满意”“遭遇突发危机事件时，我对自己的决策结果感到满意”四个题项调查了解公安民警在危机决策的果敢自信心理。我们从表 4－10 描述性统计结果可以看出，在该问卷调查的三个因子中，该因子的均值分(3.68)最低，小于 3/4 位数 3.75，说明被调查民警中有近 30％对自己危机决策的自信心不足。自信成就勇敢和果敢，而勇敢中的果断决策、果敢行事又会强化自信，所以研究公安危机决策的勇敢自信心理，提升民警应对危机的勇敢自信能力是提高民警危机决策能力、提高公安机关战斗力的必要选择。

一、勇敢

在公安危机决策中，对于决策者而言，不仅要有临危不惧的勇敢，也要有果断决策、果断执行的勇气和能力。此章中所讲的勇敢，既有勇往直前之勇敢，也有行事果断干练之勇敢。

(一) 勇敢的定义

勇敢是一种大无畏精神和心理品质。关于勇敢的定义，不同历史时期的不同的学者有不同的表述：

(1) 在希腊文和拉丁文中，勇敢的本意是表示身体的强壮有力和勇敢的精神。该定义中的勇敢意指个体的力量和个体精神层面内容。我们可以理解为强壮有力的身体是个体可以勇敢搏斗的基础，而无畏的勇敢精神是具有强壮体力的勇士的行为保障。

(2) 中国古代典籍中认为勇敢就是指有勇气、有胆量、果断、不畏艰险，不怕困难和牺牲。其含义广，运用也广泛。其概念既有勇敢之意也有果断之说，与我们研究的勇敢心理素质一致。

(3) 我国古代思想家孔子把勇敢界定为“勇者不惧”，意即无所畏惧。该定义可以理解为勇敢者不惧环境的险恶，不惧强大的对手，不惧个人的得失甚至不惧牺牲个人的生命等而勇往直前。

(4) 古希腊思想家亚里士多德把勇敢界定为：“勇敢就是无畏地面对高尚的死亡，或生命的危险。”[①]该定义我们可以理解为勇敢者不畏的死亡并不是无意义的死亡，这种高尚的死亡是为了实现某种高尚目标的死亡，比如为了全人类的解放愿意奉献个人生命，以及在危机应对和处置中，民警为了控制、平息危机，维护国家政治安全，确保社会稳定，为了全体公民的安全感、幸福感而宁愿付出个人生命的高尚牺牲。

(5) 古希腊著名哲学家柏拉图把勇敢界定为：“勇敢就是一种保持。”[②]柏拉图在《理想国》中对国家正义和个人正义的论述，认为正义是《理想国》的主题，提到一个国家和一个人一样，必须要有智慧、勇敢、节制、正义这些品质。柏拉图主张的勇敢是保持住法律通过教育所建立起来的关于可怕事物——即什么样的事物应当害怕——的信念。也就是说个体无论在何种情境下，无论面临何种压力，始终坚持和坚守某种信念就是勇敢。

(6) 英国著名思想家西季威克把勇敢界定为：“这个词一般指毫不畏缩地直面任何危险的倾向。”[③]我们可以把该定义理解为当个体面临任何危险时的不退缩的态度。这种勇敢是个体在长期的与危险活动互动的过程中形成的应对危险的态度和体验，如同我们的民警在与危机环境互动的过程中形成的面对危机的大无畏精神。

(二) 勇敢的规定性

亚里士多德对勇敢的表述是与懦弱与鲁莽相比较而言的，认为勇敢不是不管不顾的勇敢，而是面对险境时在沉着中尽快地进入把握和分析对象的状态从而设法克服恐惧和危险后的勇敢行为。正如在现代警务活动中，当民警面对危险或陷于危机情境时需要的是机智灵敏的勇敢，是一种保全性命与克敌制胜的勇敢，而不是盲目牺牲的鲁莽。从这个角度上来讲，勇敢有以下规定性：

1. “勇敢是恐惧与信心方面的适度”[④]

恐惧是对可怕事物的可怕体会，强烈的恐惧会导致个体生理机能和精神的无力。面对危机的情境，怯懦的人承受着过多的没必要的恐惧，会由于对危机事件程度作出过高估计，以及对自己能力作出过低估计而丧失信心；鲁莽的人则缺乏自我省察或对事物的考察，无视危险盲目自信而导致盲目的勇敢。

结合本课题的研究，我们认为勇敢是在危机情境中对恐惧加以考察和分析的适度体验，对个人应对危机能力的适度评估，是一种知己知彼的行动。

2. 勇敢介于怯懦和鲁莽之间

在危机情境中，怯懦的人由于受到恐惧情绪的过分牵制，应对危机事件的主体地位

---

① 亚里士多德. 亚里士多德全集(第 8 卷) [M]. 北京：中国人民大学出版社，1992:58.
② 柏拉图. 理想国[M]. 北京：商务印书馆，1986:148.
③ 西季威克. 伦理学方法[M]. 北京：中国社会科学出版社，1993:348.
④ 亚里士多德. 尼各马可伦理学[M]. 廖申白，译. 北京：商务印书馆，2003:77.

和主体功能受损，出现了丧失危机应对的主动性、积极性和向危机低头的现象，在危机情境中陷入不作为的状态；而鲁莽的人则受自信心的盲目激励，导致应对危机事件的主体地位和主体功能不断地被盲目强化，个人情绪过分冲动，主动性爆棚，从而不计后果地向危险冲去。

勇敢便是介于怯懦和鲁莽之间的一种对恐惧和信心评价后的行为。

3. 勇敢是一种扬长避短

怯懦的人和鲁莽的人都受情感牵制而不能对现实危机情境作出客观分析、考察，主体性都得不到较好的发挥，表现为：怯懦的人由于恐惧而选择逃避一切危险，鲁莽的人则由于什么都不怕而选择硬碰、硬闯。

勇敢的人则扬二者之长，避二者之短。正如亚里士多德所说："勇敢的人是出于适当的原因，以适当的方式以及在适当的时间，经受得住所该经受的，也怕所该怕的事物的人。"①

勇敢不是某些人或某类人的专利。勇于面对自己在行为中遇到的问题，不惧、不恐、不惊，朝着自己的目标前行，是战胜各种艰难困苦的法宝。

从心理学角度来讲，勇敢是个体意志过程中的果断性和具有积极主动性的个性心理特征，是态度、信心相结合而产生的士气状态。勇敢是一种进取型精神，它可以唤醒人们潜在的能量，一般常见于具有危险性、冒险性的群体行动中，所以它往往是军人和民警等高危险职业从业者在执行目标任务时所必须具有的素质。

（三）树立正确的勇敢观

从社会历史发展的角度看，勇敢作为一种高贵的品质，历来为中西方人们所崇尚。无论在什么时候，勇敢都是维护社会稳定、促进社会发展的重要精神力量。正确认识和看待勇敢，既有利于个人的发展又有利于社会的进步。

1. 勇敢是理智的

我国古代伟大的教育家孔子对有理智的勇敢早有深刻的认识。他一方面培养学生的勇敢品质，教导学生"见义不为，无勇也"②；另一方面，他又教导学生勇敢不仅要符合"礼"（法律、道德规范等）与"义"，还要与理智判断相结合，指出："暴虎冯河，死而无悔者，吾不与也。必也临事而惧，好谋而成者也。"③

可见，勇敢必须要与轻举妄动、冒失莽撞等区别开来。一方面，勇敢必须服从基本的社会规范和准则的约束，不能肆无忌惮、为所欲为；另一方面，即使见义勇为，也必须以理

① 亚里士多德. 尼各马可伦理学[M]. 廖申白，译. 北京：商务印书馆，2003：77.

② 出自《论语·为政》

③ 出自《论语·述而》

性和智慧为前提。在培养人们勇敢精神时必须要加强对客观环境理性分析和审慎判断能力的培养，以“智”来维护社会道义和社会秩序，是勇敢的内涵。

在公安危机决策应对中，决策者的决策方案的形成过程便是面对危机时的理性勇敢应对。当危机爆发时，公安民警在控制、平息危机事件，保障国家安全、社会稳定的坚定信念支持下的积极应对行为就是勇敢品质的体现。

2. 勇敢是正义的

当代美国著名的美德伦理学家麦金太尔也指出：“勇敢有时支持非正义，忠诚使杀人成性的侵略者更肆无忌惮，慷慨有时削弱了行善的能力”“当一种忠诚指向一个方向，另一种忠诚指向另一个方向时，悲剧冲突也有可能发生”①。也就是说勇敢是为了达到一种高尚的目标而不顾个人安危的正义精神。正如亚里士多德对勇敢的界定中提到的，勇敢是一种高尚的牺牲。

可见，勇敢行为如果脱离了社会整体利益、脱离了大多数人民的共同利益而是为了个人或少数人的利益时，将变成个人的狂热、执迷或者暴虐。所以正义的勇敢是对漠不关心集体利益和社会利益的“勇敢”的否定，对脱离集体的盲目狂热和个人英雄主义的“勇敢”的否定，对目无法纪、自私自利、损人利己、肆意妄为的“勇敢”的否定。

3. 勇敢是高尚的

中国传统伦理思想把“仁”作为其思想体系的核心。一方面，孔子认为“仁者，必有勇”②，即“仁者”因为没有被私心所困，在关键时刻能够为别人着想，挺身而出；另一方面，“勇者不必有仁”，即单纯有勇气的人往往是因为脾气暴躁、争强好胜，他们的所作所为不是出自内心的仁爱，也不见得对别人有利。

所以，作为意志品质的勇敢必须是高尚的。只有心怀爱人之心，才能真正达到“内省不疚，夫何忧何惧”③，成为一个具有高尚品质的勇者。

4. 勇敢是有献身精神的

孟子在论述“大勇”时说：“自反而不缩，虽褐宽博，吾不惴焉。自反而缩，虽千万人，吾往矣。”④意即：反躬自问，正义不在我，对方纵是卑贱的人，我不去恐吓他 。反躬自问，正义确实在我，对方纵是千军万马，我也勇往直前。

现代社会分工就像一把双刃剑，一方面促进了社会进步和经济发展，另一方面也带来一些负面的影响，表现为以下几个方面：一是普通人群勇敢保护意识减弱；二是人们对于社会上的一些不道德，甚至是违法的行为变得事不关己，高高挂起；三是当危害自己和

① 麦金太尔. 追寻美德[M]. 南京：译林出版社，2003：253，255.

② 出自《论语 · 宪问》

③ 出自《论语 · 颜渊》

④ 出自《孟子 · 公孙丑上》

他人的行为出现时，不能鼓起勇气捍卫个人利益和他人利益。所以，在各种思潮激荡、融合的现代社会中，具有献身精神的勇敢是树立社会正气、弘扬社会正气不可或缺的意志品质。正如具有勇敢正义精神的公安民警，当他们面对突发性的危机事件时，宁愿牺牲个人利益甚至生命换取国家的安全、人民的安宁。

二、自信

自信是自我效能的组成。第四章第五节民警危机心理应激问卷的调查统计分析表 4-15中的因子 2 即为民警危机心理应激自我效能高评价的题项。该因子以“觉得自己在生活中是个有用的人”“觉得自己对需要决策的事情能够作出正确的决定”两个题项对民警危机心理应激的自我效能进行了调查研究。从表 4-16 的描述性统计分析结果可以看出，因子 2 的均值分为 4.15(该因子的分值区间是[1,5])，大于总体均值分 3.83，说明80%以上的民警在该调查中具有积极肯定的自我评价，这种高自我效能评价是民警在面临危机事件时能够勇于面对危机事件、坚定和坚守危机决策的目标，它是公安机关有效应对危机事件的信念保证。

(一) 自信的定义

自信是日常生活中一个众所周知的概念，也是社会科学中使用广泛的重要概念之一。从字源上看，“自”即自己、己身，“信”即信从、信任；“自信”即自己相信自己。早在春秋时期，我国著名思想家孔子就指出了自信的重要性：“我心信其成，则无坚不摧；心信其不成，则反掌折枝之易亦不能。”而英语中的“confidence”源于拉丁文的“confidentem”，是指“信赖、相信”“感到有把握的状态”，“self-confidence”则是“个体信赖自己或自己处境的一种情绪或自觉”①。

近年来，我国和西方心理学界越来越多地关注对自信的研究。自信作为稳定的人格特质，对人们健康心理和健全人格的形成与发展有着重要的影响。

美国心理学家们对自信有如下界定：

1. 马斯洛对自信的定义

1943 年，人本主义心理学家马斯洛(Maslow)在需要层次理论中最早把自信界定为自尊需要获得满足时产生的一种情感体验，并指出尊重需要缺乏满足就会导致自卑、沮丧。我们可以从以下几个层面理解该定义：其一，自信是一种较高的需要层次，是马斯洛需要层次中的第四层，自信是一种积极情感体验；其二，自信是自尊需要不断获得满足后形成的个性特征；其三，这种自信的个性会在个体的工作、生活中给个体带来积极的行为支持。

---

① 车丽萍. 当代大学生自信特点研究[D]. 重庆：西南师范大学，2002.

2. 古柏对自信的定义

1967 年，教育心理学家古柏(Coopersmith)把自信界定为个体作出的，并经常保持的对自己的评价，说明个体在何种程度上认为自己能干、重要和有价值；表达了一种对自己赞许或不赞许的态度，显现了对自己能力、身份、成就及价值的信心。我们可以从以下几个层面理解该定义：其一，自信是个体经常保持的对自己高自我效能的评价；其二，由于人无完人，个体的自我高效能评价体现在个体工作、生活的某些方面而非所有方面；其三，自信是个体对自我能力、身份、成就、价值等方面持肯定或否定态度的信心；其四，自信不单单是个体对某些能力的肯定，也包括对个体对自己在某些方面能力的否定。

3. 迪克斯特因对自信的定义

心理学家迪克斯特因 (Dickstein)把自信界定为涉及具体活动领域或担当某个角色时产生的一种自我效能感①。我们认为该定义有以下几层含义：其一，自信是个体自我效能感的积极体验；其二，这种体验体现在个体在某些活动中、在某些领域承担某个角色时的自我肯定评价，而非个体在所有方面的自我效能感。

4. 纳撒尼尔·布兰登对自信的定义

1988 年，对自信有过专门研究的心理学家纳撒尼尔·布兰登(Nathaniel Branden)把自信界定为个人对自我能力和价值的感觉，反映了自己应付生活(认识和掌握自身的问题)和享受幸福(尊重和坚持自身的利益和需要)能力的判断，是自我评价的重要因素之一②。我们可以从以下几个层面理解该定义：其一，自信是个体对自我能力的判断；其二，自信是构成自我评价的重要因素；其三，自信是个体对自我生活能力和幸福感的评价。

5. 施罗格对自信的定义

1990 年，纽约大学心理学系教授施罗格(Shrauger)在设计个人评价问卷(PEI)时则把自信当作自尊的一个组成部分，把它界定为一个人对自己的能力或技能的感受，是对自己有效应付各种环境的主观评价③。我们可以从以下几个层面理解该定义：其一，自信是个体的自我感受和评价；其二，自信是个体在与各种客观环境的积极互动中形成的主观评价；其三，自信是个体对有效应对各种环境的能力和技能的主观评价。从第四章第四节关于民警危机决策心理问卷统计分析的表 4－9、4－10 中可以看到，因子 1 的题项就是民警在危机决策中对个体决策勇敢自信心理的积极主观评价。

---

① 车丽萍. 自信的概念、特征及影响因素[J]. 宁波大学学报(教育科学版)，2001(12)：31－34.

② 车丽萍. 自信的概念、心理机制与功能研究[J]. 西南师范大学学报(人文社会科学版)，2003(3)：86－89.

③ 李红. 上海市残疾运动员自信心水平诊断及其影响[D]. 上海：华东师范大学，2005.

6. 史密斯对自信的定义

1990年,美国心理学家史密斯(Smith)从本能论的角度把自信界定为:自信是人类应付冲突的天赋能力,是人类的天性①。如个体刚出生时是自信的,能无所顾忌,能坚定地说"不"拒绝别人,只是这种天性在社会行为过程中遭到扭曲,后来受到他人和周围环境的控制和干扰终止。我们可以从以下几个层面理解该定义:其一,自信来自人类的天性,是与生俱来的;其二,个体天赋的自信能力是用以应对各种冲突的。该定义与前面学者对自信的界定有所不同,它是从人类本能的角度来论述自信的,而我们认为人们的自信是后天与环境互动的过程中形成的个体对自我应对能力的积极评价或感受。

我国心理学家们对自信有如下的界定:

1. 车文博对自信的定义

1985年,中国心理学家、中国心理学会常务理事、心理学教授车文博把自信界定为个体相信自己的能力和精力的一种自我意向②。我们可以从以下几个层面理解该定义:其一,自信是一种自我意向;自信是个体对自我能力和精力的积极肯定;其三,关于自信是个体对自我哪方面能力和精力的自信,该定义中没有特指。

2. 黄希庭对自信的定义

1992年,西南大学资深教授、心理学博士生导师黄希庭从健全人格、心理健康的角度把自信界定为个体过去获得很多成功经验的结晶③。我们可以从以下几个层面理解该定义:其一,该定义对自信的界定是基于个体人格和自身健康的角度;其二,个体的自信来源于以往的多次成功经验,是个体在享受不断成功经历和经验中形成的;其三,自信是个体健全人格和健康心理的体现。

3. 王登峰对自信的定义

北京大学心理系教授、博士生导师王登峰从中国人人格基本结构的角度,基于词汇学假设,应用因素分析手段,把自信界定为:自信是中国人人格结构的一个小因素,在大因素"处世态度"中与淡泊小因素相对应,是一种"自我指向"的特点④。我们可以从以下几个层面理解该定义:其一,自信是构成人格结构的小要素;其二,自信是个体对理想和信念坚持和坚守的一种处世态度,与淡泊名利、与世无争相对应;其三,自信是个体对自我的一种积极肯定的"自我指向"。如在公安危机应对、处置过程中,需要民警个体和团队具有对危机决策目标的坚守和坚持的态度,具有自信地应对危机的人格特质。

① 潘运,王洪礼. 贵州少数民族中学生自信发展特点的研究[J]. 贵州师范大学学报(自然科学版),2008(3):29-36.

② 车文博. 当代西方心理学新词典[M]. 长春:吉林人民出版社,2001.

③ 黄希庭. 心理学导论[M]. 北京:人民教育出版社,1991.

④ 王登峰,崔红. 中国人人格量表的信度和效度[J]. 心理学报,2004(3):347-358.

4. 毕重增对自信的定义

西南大学心理学院硕士生导师毕重增在其研究中把自信界定为以客观理性为基础的主观性自我结构，它表达了个体对自我的确认，包含可能的情感和与之相对应的行为倾向，其核心是个体对自己的判断和能力的确信①。我们可以从以下几个层面理解该定义：其一，自信并非盲目性的，个体是按照客观事物发展的规律和特点来对自我概念进行判断、评价的；其二，自信是个体对自我的肯定性判断和对自我能力的确信；其三，自信包含了对自我肯定的情感，是一种在自信情感支持下的行为倾向。

5. 车丽萍对自信的定义

心理学博士后车丽萍从公众观的角度对自信进行了分析，把自信界定为一个多维度多层次的心理系统，是个体对自己的积极肯定和确认程度，是对自己能力、价值等作出正向认知与评价的一种相对稳定的人格特征②。我们可以从以下几个层面理解该定义：其一，自信是个体对自我的能力和价值的积极肯定的认知和评价；其二，自信是与个体生活、工作相伴的较为稳定的人格特征；其三，自信是包括自我概念、自我意识、自我认知、自我评价的一个多层次多维度的心理系统。

我们结合公安危机决策心理研究对民警自信的要求，把自信界定为：个体在与客观环境互动的过程中，基于对客观环境的理性认识和把握，对自己应对与处置客观危险能力的肯定性判断和评价的稳定性人格特质。

（二）自信的规定性

自信是建立在一定的知识、技能和能力基础之上的，在面临新任务或新问题时，能切合实际地评价和评估个体能力，且始终不对自己的能力和自我价值加以怀疑，能自觉地校正个人缺点、纠正错误，且能不断努力地尝试的人格特征。为了把握自信的内在特点，区别自信与自大等，我们认为自信有以下规定性：

1. 自信是一种适度的、客观的情感表达和体验

自信作为个体的一种内在力量、一种人们行为的动力，是一切行动的动力源。它是与自卑、不自信、自傲区别而言的。在情绪表达和情绪体验中，自卑者认为自己一定不行，不自信者认为自己不一定行，自傲者认为只有自己能行，而自信是则认为自己一定能行。自信与自卑、不自信、自傲之间有着相互的联系，通常认为完全没有自信即为自卑，自信不足即为不自信，自信过头即为自傲。

当个体不自信时，会过多地注意和放大自己的缺点，在遇到困难和问题时，过多地关

① 毕重增．自信人格理论的结构[D]．重庆：西南大学，2006．

② 车丽萍．当代大学生自信特点研究[D]．重庆：西南大学，2002．

注失败和害怕失败，在焦虑情绪的支配下对自己失去了信心；当个体自信过头时，会过多地注意和放大自己某些优势，在遇到困难和问题时，表现为骄傲自满、自以为是，这种自信是超过实际能力的盲目、虚假的自信，这种自傲者对客观世界和自我缺少清醒或正确的认知，而盲目、不切实际的高估自己的能力。

我们说的自信既不是自卑，也不是自傲或自负，它是个体对自我的一种符合客观实际的适度的评价和情感的表达和体验。

2. 自信是一种积极、肯定、正向的自我认知

车丽萍在自信的定义中认为自信是对自己能力、价值等作出正向认知与评价。这种正向的自我认知应该一种积极的、持肯定态度的、客观正确的自我认知。它是与自疑、轻信区别而言的。自疑在自我认知方面表现为个体在自我观察和自我评价方面的不确定，甚至是对自己真实能力和实际工作水平的否定；轻信是宁可相信他人、相信他物而不相信自己，正如“农夫与蛇”的中的农夫。

3. 自信来源于磨炼的经历

人们的自信心的形成是建立在个体不断的成功体验基础上的。个体对自我能力、价值的主观自我正向评价与个体的客观成功体验分不开。一般而言，个体在工作、生活某些方面获得的成就感越多，其自信程度就会越高。但是这种关系并非线性关系，也就是说并非个体获得多高的成就自信度就多高。个体的主观自我评价是客观成就与个体自信之间的中介变量。正如有一则寓言故事：

> 一天，一个小孩捡到一枚老鹰的蛋，他把这枚蛋放在了鸡窝里。后来，小鹰和其他鸡一起被孵出来，并一同成长，整日在土里刨食吃。
>
> 有一次，小鹰看见一只大鸟在天空中飞翔，那双大大的翅膀有力，一扇就能穿入云霄。小鹰羡慕不已。经过打听，它才知道那是一只鹰。它也想像鹰那样到高空中翱翔，但却只能拍打几下翅膀，抖抖羽毛，怎么也飞不起来。慢慢地，它灰心了，它相信自己是飞不起来的。于是，它再也没有锻炼飞翔，就这样慢慢地老死了。

这个被称为“鸡孵效应”。主要讲原本有很好的先天素质，由于不利的环境影响和缺少不断成功的体验，无法建立个体自信。

（三）与自信相关的概念

1. 自我意识与自信

人具有自我意识，才能使个体对自己的思想和行为进行自我控制和调节，使自己形成完整的个性。自我意识（self-consciousness）是对自己身心活动的觉察，即自己对自己

的认识，具体包括认识自己的生理状况（如身高、体重、体态等）、心理特征（如兴趣、能力、气质、性格等）以及自己与他人的关系（如自己与周围人们相处的关系、自己在集体中的位置与作用等）。如本书第四章第六节中关于民警个体危机应对能力的调查研究中有一个题项就是“我认为自己对团队顺利处置危机事件有贡献”。

自我意识是一个人对自己的认识和评价，包括对自己心理倾向、个性心理特征和心理过程的认识与评价。它由自我认知、自我体验和自我调节（自我控制）三个方面组成，是自我意识在认知、情感、意志方面的体现。

从自信的概念及规定性来看，自信便是凭借自我意识，经过客观自我评价和自我认知后的情感表达和体验，它是自我意识的重要组成部分。

2. 自我概念与自信

自我概念（self-concept）是一个有机的认知机构，由态度、情感、信仰和价值观等组成并贯穿于个体的整个经验和行动，它可以把个体表现出来的各种特定习惯、能力、思想、观点等组织起来。

自我概念即一个人对自身存在的体验，是人们关于自己的观念和思想，或者说是自己对自己的认识。自我概念由两个部分组成，即客观的自我概念和主观的自我概念。客观的自我概念是指对于自己的能力、知识和相应的行为方式的现实方面，即关于自我的客观现实的认识；主观的自我概念是指主体本人对于自己的知识、能力和行为方式的主观评价。自我概念是自我意识认知层面的内容，而自信是自己相信自己能力的心理特点，相信自己有能力实现自己选择的目标的心理倾向，它是一种积极的自我概念，即一种积极肯定的对自我的认识，是个体对自我概念中所包含内容的肯定和相信的程度。

对于处在危机这个客观事件和客观环境中的民警的自我概念的认识，我们可以理解为：民警结合自己危机事件的经历、与危机处置的有关知识及个人能力方面作出应对和处置危机的自我评价；而自信则为民警基于自我评价的对自己应对和处置危机事件能力的肯定和确信。

3. 自尊与自信

自尊（self-esteem）即自我尊重，它主要是指对自我价值和自我能力的情感体验，属于自我系统中的情感成分，是对自我的一种评价性和情感性体验。自尊是一种良好的心理状态，它表现为自我尊重和自我爱护的同时还要求他人、集体和社会对自己尊重的期望。它的核心是情感体验。人们平常所说的自尊主要是自我肯定和自我认知。人们在社会生活中会有很多情感体验，但并非所有的情感体验都属于自尊，如恐惧、焦虑、喜好、厌恶等就不是自尊，只有那些与自我价值有关的情感体验如自尊心、成就感、荣誉感才属于自尊。

自信与自尊均属于性格特征中对自己的态度，它是建立在自尊基础之上的，是个体对自身能力、价值等的肯定和相信程度，其核心是认知。自信水平与自尊程度密切相关，自信水平越高，自尊程度也随之提高，但自尊程度强者自信水平却不一定高。

（四）自信应具备的能力

影响我们挑战自我成败的原因很多，而自信是其中一个重要因素。自信心强的人，由于对自己的能力充分信任，所以更容易下决心迎接挑战；而信心不足的人则容易怀疑自己，担心失败，从而表现出犹豫不决。在现实生活中也是一样，自信的人通常都会表现出勇于接受新鲜事物和挑战，勇于承担责任等特点。一个有自信的人，通常具备以下三方面的能力：

1. 参与的积极性及主动性

参与的积极性及主动性表现在勇于接受新事物、新挑战；在有需要时，会承担责任、担当领导者的角色；会期望成为领导者或受到别人的推选。

2. 敢于自信地表达自己的意见

该能力表现为坚决、自信，敢于表达自己的意见，敢于坚持自己的信念，相信自己的能力，做事有恒心，不轻易放弃。

3. 具备很好的自我价值观

该能力表现为抱正面看法多于负面看法，认同自己在以下各方面的特质，如外貌、性格、才能、学习和工作能力、人际关系等。

（五）自我效能与自信

美国斯坦福大学心理学家阿尔伯特·班杜拉（Albert Bandura）在 20 世纪 70 年代首次提出了“自我效能”的概念，目前已经成为教育界的一个关键理念。自我效能是指一个人在特定情境中从事某种行为并取得预期结果的能力，它在很大程度上指个体自己对自我有关能力的感觉，也是人们对自己实现特定领域行为目标所需能力的信心或信念，即“我能行”。它意味着人是否确信自己能够成功地进行带来某一结果的行为。当人确信自己有能力进行某一活动，他就会产生高度的自我效能感，并会付诸实施。

自信与自我效能有着密切的联系。班杜拉等人的实验证明，自我效能水平高者敢于面对困难，富有自信心，相信通过坚持不懈的努力可以克服困难，而自我效能水平低者则在困难面前缺乏自信①。自信是一种综合感觉，它除了对自身能力的肯定外，还包括对自身价值、气质、品德、性格等诸方面的确信与肯定，而自我效能只是自信的重要方面之一，反映的是自己对达到某目标能力的感觉。

---

① 车丽萍. 自信的概念、特征及影响因素[J]. 宁波大学学报（教育科学版），2001(12)：31 - 34.

如我们在本书第四章的研究中，从不同的角度对民警个体或团队的效能进行了调查研究。

第二节　民警勇敢与自信心理品质的培养

成功是每个人成长过程中不可缺少的体验。成功、自信、勇敢是一个良性循环：从成功里可以获得自信和勇敢，从自信中可以获得成功和勇敢，从勇敢里可以获得成功和自信。

勇敢伴随着对私心杂念的克制。身为人民警察，面对歹徒抢劫国家财产、危害人民利益的行为时，敢不敢挺身而出与歹徒搏斗；当人民群众遭受侵害或面临死亡时能不能勇往直前；当发现自己的过失时，能不能勇于承认错误、敢于承担责任；在自己的意见不为多数人接受甚至遭到群起攻击时，敢不敢坚持真理……在个人生命安危、荣誉、得失与国家利益、人民利益冲突时，就需要在勇敢和胆怯之间进行抉择。无私才能无畏，勇敢产生于无私的奋斗中。

勇敢不仅与胆怯相对立，而且同愚勇格格不入。捍卫人民事业，为祖国利益迎难而上，这是勇敢。心血来潮、乱干一气不是勇敢，而是蛮干。

一、民警的勇敢品质及其培养

（一）对民警的勇敢品质的理解

民警的勇敢是一种有目的的价值行为，表现为民警不论处于何种环境、何种情境，碰到何种艰难，遭遇何种危险，都能以大无畏的勇气面对，以坚定、勇敢的态度去行动。“对党忠诚，服务人民，执法公正，纪律严明”是新时代人民警察的使命。民警职业是与其警务职能绑定在一起的，在职务活动中，如果不能履行民警的职能，民警就失去了存在的价值。民警在其职务活动中，会遇到种种困难和危险，如犯罪分子暴力对抗、武力拒捕、暴力袭警、暴力恐怖等都会严重阻碍民警的正常职务活动，更为严重的是这些犯罪行为会威胁到民警的生命安全。警察职业要求民警在其职务活动中碰到这些危机状况时，不能因受到阻碍和威胁而停止其职务活动。面对危机或危险，必须沉着冷静、勇敢对待，既不能退却也不能鲁莽，要用正义和理智的行为排除阻碍和威胁，这就是民警的勇敢行为，这种勇敢的行为内化到民警的意识中，便是民警的勇敢精神。

相反，如果民警在遭遇危机事件时，鲁莽、不顾一切地对抗，结果造成了人员的伤亡，这种行为就不是勇敢,也不是公安工作所需要的勇敢。因此,在界定民警的勇敢时会有这样一个误区:认为面对危险,不怕困难、不怕牺牲,敢于冲上去、敢于斗争就是勇敢。新时代的"理性、人本"的环境,要求民警的勇敢应该是:在危险面前既要冲得上还要打得赢,既要敢于斗争还要善于斗争,要以较小的代价和付出实现目的。民警的勇敢如果不能实现这个目的,则其行为便是无价值的。

(二) 民警勇敢品质的构成要素

民警的勇敢不是天生的,而是长期警务工作中实践和锻炼的结果,是在各种危机环境下不断磨炼的结果。民警勇敢品质由以下要素构成:

1. 信念

信念是情感、认知和意志的有机统一体,是人们在一定的认识基础上确立的对某种思想或事物坚信不疑并身体力行的心理态度和精神状态,是人们按照自己所确信的观点、原则和理论去行动的个体倾向。信念的内在表现是对世界观、人生观、历史观、学术观等方面的信仰,外在表现是坚定不移的行为。

民警的职业特点决定其必须要具有忠于职守和面对险境和危机时的义无反顾、视死如归的职业操守。民警信念的内在表现为对党、对国家、对人民的忠诚和对警察职业的热爱,外在表现是为了实现目的的坚强意志和不动摇的行为。

2. 认知能力

认知能力是指人脑加工、储存和提取信息的能力,即人们对事物的构成、性能与他物的关系、发展的动力、发展方向以及基本规律的把握能力。它是人们成功完成任务的最重要的心理条件。知觉、记忆、注意、思维和想象的能力都被认为是认知能力。

民警职业的高风险、高应激,决定了民警的职务活动常常会面临各种危机事件,处置这些事件必然要具有敢为的精神,但这种敢为并不是要求民警去做有勇无谋的"拼命三郎",而应该是做有勇有谋的智者,勇敢的价值和目标便是有效处置遭遇的各种事件,消除危险、尽可能地减少损失。

当遭遇各种危机事件时,民警必须对面临的危机事件进行了解、认识、分析、判断,从现实情况出发,在保护自己、最大限度地减少伤亡和损害的前提下,选择出击、防御或退却等有效方法,寻找有效解除危机事件的途径和方法,寻求克服危险的最佳时机,在最快的时间里作出反应和决策,克服鲁莽和冲动,以智、勇克敌。

3. 意志

意志是个体自觉地确定目的并根据目的调节支配自身的行动,克服困难,实现预定目标的心理过程。它在个体主动的现实的行动中表现出来,它对个体的心理状态和外在行为起着发动、坚持、制止、改变、控制的调节作用。

坚强的意志是勇敢不可或缺的内容，是勇敢的内在动力。正如德国哲学家叔本华认为“勇敢将是一种坚忍”“它使我们忍耐和自制”①。其中的坚忍、忍耐和自制便是意志的体现。现代警务活动中，民警在勇敢实现目标的行为过程中，虽然会遇到各种障碍、困难、挑战，可能会阻碍其目标行为的实现，此时坚定的信念、坚强的意志是实现目标的必要保证。

4. 应对能力

应对能力是个体调节、适应、解决问题和面对挑战的能力。俗话说“艺高人胆大”，具备相应的应对能力是完成任务、实现目标的前提，具备相应的应对能力，才有从事某项工作的勇气。勇敢是以可能性为前提的，而明知不可为而为之，是冲动和鲁莽。智者的勇敢是以实际应对能力为基础的，是以理性的判断为支持的。对经过尝试证明不可能实现的事，选择放弃，是勇敢者应有的态度和选择，不是懦弱或胆小怕事。

复杂、危险的现代警务工作，对民警的应对能力提出了更高的要求。面对重复、繁杂的警务工作要具备快速适应能力，面对警务活动中的不尽如人意的人和事要具备自我调适的能力，面对工作中出现的新情况、新问题要具备分析和解决问题的能力，面对困难和挫折要具备勇敢挑战的能力。

公安危机决策中的应对能力是控制、平息危机事件，实现决策目标的保证。我们在本书第四章的第六节和第七节专门从民警个体和民警团队的角度对民警危机应对的能力从 5 个因子的角度作了分析。

5. 社会支持

社会支持包括与个体相关的工作团体、社会和家庭的协调一致。如果这三种因素缺少协调、配合，就会削弱单个因素的作用，影响个体功能的发挥。只有三者间的有机联系，个体的功能才能得到有效的发挥。社会支持作为强大后盾，会给个人增添更加无畏的智慧和勇气。

民警作为公安队伍的有机组成部分，其个体的勇敢不仅仅属于个人，更属于公安队伍这个集体。社会支持会给予民警物质和精神上的有力支持，比如：领导的重视、舆论的支持、经费的保障、装备的改善、家人的理解都是构成民警勇敢品质的必要条件。

我们在第四章第三节民警危机应对方式问卷统计分析的研究中把寻求支持作为该问卷的分因子 3 进行了分析。在表 4－3 中以“从他人那里获取感情支持”“从他人那里寻求帮助和建议”的题项对民警危机应对方式进行了调查研究。从表 4－4 民警危机应对方式问卷的描述性统计中可以看出，该因子的取值区间[1，7]，因子 3 在该问卷的三个因子中的均值分最低，只有 4.83，低于总均值分 5.42，表明公安民警在危机情

① 叔本华. 人生哲学[M]. 李成铭，等译. 北京：九州出版社，2003：86.

境中需要得到社会支持者占半数以上，同时也表明社会支持是民警有效应对危机的强大后盾。

(三) 民警勇敢品质的培养

勇敢是指为达到预定目标，在遇到危险和障碍时仍能出色完成任务的品质，是意志力的一种具体表现。这里的勇敢是以在危困的条件下出色完成任务为目的的勇敢，而不是盲目、冲动、无谓牺牲的勇敢。要想抓住机会，赢得成功，就要有不怕失败、勇往直前的勇气。如果勇敢，就有成功的可能；如果退缩，就一定不会成功，只能感受失败的痛苦。身为民警，高风险时刻伴随着，在这种环境下，必须要有冒险精神，勇于负责，完成任务。民警勇敢品质的培养应该从以下几方面着手：

1. 理解勇敢的真正含义

民警作为维护国家政治安全和维护社会稳定的力量，应具备机智勇敢、无所畏惧的精神和品格，这既是对民警勇敢品质的界定，也是社会大众判定民警合格与否的重要标准。从某种意义来讲，民警职业之所以被社会公众所敬仰和崇拜，就是因为民警具有为了国家政治安全和社会稳定英勇无畏、不惜牺牲自己生命的品质。

有统计表明："改革开放以来，全国共有 6 000 多名公安民警英勇牺牲，10 万多公安民警光荣负伤。为了祖国的安宁，为了人民的幸福，民警作出了巨大的牺牲，用汗水、鲜血和生命谱写了一曲曲壮丽凯歌"。我们在肯定他们勇敢无畏的精神及他们为社会稳定作出的巨大贡献，赞美民警英勇献身的同时，面对每天因公牺牲的民警(含辅警)为 1.7～1.8 人的高伤亡率，我们更应该思考的是如何减少不必要的伤亡，审视和重新界定民警勇敢的真正含义。

借鉴中外学者对勇敢的界定，面对新时代复杂的国内外政治形势和社会治安形势，我们认为民警勇敢的真正含义应该是：一是具有面对危险表现出英勇无畏、不怕牺牲的精神；二是具有战胜危险和困难、制服犯罪分子的勇气和信心；三是具有冷静、机智应对、驾驭危险的能力；四是具有克敌制胜、自我保护的智慧。

所以传统认知中勇敢就是不怕死，就是不管不顾地一味以死相拼，这是对民警勇敢的简单化理解和认识，是与民警的职业要求相背离的。要想抓住机会赢得成功，就要有不怕失败、勇往直前的勇气。

2. 正确认知危险情境

认知能力是衡量民警勇敢的必要因素。当民警面临危险情境、处于危险境地时，在作出行为选择前首先要对当前的情境有一个正确的认知，否则其行为便会陷入盲目、冲动，便可能会与我们所说的勇敢背道而驰。真正的勇敢精神是对危险认知深化后的行为或行动。

当人们面对危险的时候，有人会害怕，有人却不会害怕；有时会害怕，有时却不会害怕。其原因在于人们在对危险进行分析、判断后认识到当前所面临的危险的事物有可能不会对自己带来伤害或者自己有足够的能力应对所处的危险，这时处于危险情境中的人就不会害怕。比如在危机情境中，民警在作出危机决策之前，就必须对所处的危险情境进行评估，对敌我力量进行对比，选择能够制服对手、保存自我的最佳方案，以智、勇克敌；又如，民警在处理涉爆案件时，第一反应是要冷静判断，找到拆除爆炸物或者疏散群众、保全性命的方法，而不是要盲目扑向爆炸物作出无谓牺牲。

在公安工作中，高风险是与警察职业绑定在一起的，危险是不可避免的，遭遇危险、遭遇险情时最主要的是要分析危险，深化对危险情境的认识，寻找化险为夷的途径和方法。因此培养民警的勇敢品质，就必须让民警正确认知危险情境，了解各类与公安工作相关的、可能发生的危险情境发生、发展和变化的规律，学习和探索应对各种危险情境的方法和手段。

3. 提高民警的综合素质

公安机关担负着维护国家长治久安、保障人民安居乐业的重大政治、责任和社会责任。高素质是民警从容应对各种警务事件的必要保障。而民警的勇敢也只能是建立在高素质基础上的勇敢，只有具备各种应对危险的能力，掌握更高的技能才能在与警务活动中巧妙应对各种事件，机智克敌。

在民警的综合素质中，过硬的政治素质、良好的心理素质、强健的身体素质、娴熟的专业素质缺一不可。而这些素质不是一朝一夕形成的，它是通过规范、训练、养成、激励等手段形成的。尤其在复杂的现代警务工作中，当民警面对危险时应具备坚定的信念、冷静处事的态度、强壮的体能、灵活机智的头脑、灵活创新的思维是民警综合素质的必要组成部分。所以在现代警务活动中，单靠不怕牺牲的精神支持是不够的，民警的综合素质成为成功应对各种警务活动的必要条件。民警勇敢的品质是通过各种形式的培训、练兵形成的。

4. 掌握处置危机的技能

民警的勇敢是与危机相对而言的，勇敢是危机或危险的产物。民警与危机较量并掌握主动权的先决条件就是必须掌握处置各种危险的能力。所以模拟现实危机情境，对民警进行危机应对能力的训练势在必行。在日常训练中让民警逐步地掌握认识危险、分析危险、化解危险的技能。其训练内容包括：一是认识和分析警务活动中已经出现的或可能出现的危机情况；二是掌握正确处置各种危机的技能，如擒拿格斗、查缉战术、排爆技术、解救人质、反恐技能、谈判技巧、射击技能等。只有不间断地对以上技能进行有目的、有计划的训练，才能培养起新时期民警的勇敢品质。

5. 有针对性地开展民警心理训练

民警职业的特点，决定了民警的职务活动中常常会面临各种危机事件，应对和处置危机事件是民警日常职务活动中必不可少的事情，这就需要民警具备勇于挑战自我、挑战极限的精神，而自信和勇敢是应对和处理好危机事件必备的心理素质。应采取集训和轮训的方式，通过各种行为体验的项目训练有目的地培养民警的勇敢精神。

二、民警的自信及其培养

（一）对民警的自信的理解

自信是一个民警最基本的内在心理品质，也是公安机关乃至民族和国家的精神面貌。中华民族延续千百年来自强不息的民族精神，就是民族自信的生动体现。一个人的自信的强弱，将在很大程度上决定他的前途和发展；一个民族和国家拥有强大的自信，是屹立于世界民族之林的精神动力；公安机关拥有一大批志存高远、自信心强的民警，其战斗力就会大大增强。对民警而言，自信是一种积极的自我暗示，是一种客观的自我评估，是一种强大的内心力量，是一种对自我价值的表达，是一种自我肯定。

日益发展的现代社会，传统安全问题与非传统安全问题并存，使得社会治安问题日益复杂、多样、严峻；犯罪类型、犯罪手段智能化、信息化、网络化，使现代警务工作时时、事事、处处都不断地面临着新的问题、新的挑战。而民警作为警务工作的主体，必须以足够的自信的态度去应对各种挑战，出色地完成各项任务。正如俗话说“自古华山一条路”，退缩意味着彻底失败，后悔只能使我们悲伤。自信自强、鼓足勇气是突破自我、成功挑战、有效应对危机的唯一途径。

民警职业具有高应激性，面对各种挑战，保持自信，积极应对是民警应对危机事件的关键。要相信自己有能力、有办法应对所发生的一切。而此时的自信是一种建立在对自我的正确、客观认知基础上的，它既不是盲目自大，也不是唯唯诺诺。基于此，我们把民警的自信表达为：当民警处于各种危机情境中、面对各种挑战时的一种认为自己有足够的能力，可以采用有效的手段去接受挑战、应对现实事件的信念。自信是民警身临其境时分析主客观条件后对自我心理与民警角色的一种积极、肯定的自我评价结果，也是对自己的主观能动性的恰当肯定，是民警心理健康的标准之一。

（二）影响民警自信的因素

自信是民警在与客观世界的正常互动中逐步形成与聚积起来的。研究和实践表明民警自信的强弱主要受以下因素的影响。

1. 民警职务活动的结果

民警的职务活动是指公安机关的人民警察为了达到维护国家安全，维护社会稳定，保护公民的人身安全、人身自由和合法财产安全，保护公共财产，预防、制止和惩治违法犯罪活动等目的，依法履行职责进行的各种职务活动的总称。其职务活动的结果一般用被服务对象的满意度或执法成效来评价，评价结果也会表现为不同级别的满意程度和执法效果。

现代情绪心理学关于自信与成功的研究表明：一个人的自信心与其成功率成正比，成功越多期望就越高，自信心也越强；反之，失败越多期望就越低，自信心也就越弱。表现在民警自信方面，一般来讲，不同级别的满意程度和成效会对民警的自信心产生影响，高满意程度和高成效的评价往往会鼓舞士气，增强民警个体或团队的自信，从而提高公安队伍的战斗力和公安工作的成效；而较低级别或低级别的评价则会给民警带来挫败感，让民警个体或团队丧失或削弱自信，从而削弱公安队伍的战斗力，降低公安工作的成效。

如本书第四章第六节表 4－24 警龄对个体危机应对能力的影响（$N=485$）的显著性分析结果显示：不同警龄的民警在因子 1 理性应对能力及因子 2 坚强人格方面有着显著性的差异，说明自信心越强的民警理性化程度越高，意志坚定性越强。也就是说成功体验越多，自信心就越强。

2. 人际交往的信任度

实践表明：一个人的自信往往与他人对自己的信任程度有关。一般说来，他人对自己的信任程度高，会加强自信；反之，他人对自己的信任程度低，则会削弱自信。民警的自信还与领导、同事、公众等人际交往对象对民警的信任度有关。而信任作为一种人际交往的态度，是以理解、支持、尊重为前提的，在现代警务活动中能得到人际交往对象对民警个体的信任和理解，无疑有助于民警的成功，而成功又会强化自信。

民警在其职务活动中有了国家和人民作为坚强后盾，有了领导和同事的支持，自信程度就会大大提高，同时也会提升国家和人民的满意度。体现在公安决策及应对团队的战斗力方面即：在由存在差异性的个体组成的团队中，为了有效达成决策目标，构建团队成员之间的信任、尊重、支持尤为重要。此外，各种有效的社会支持也是民警建立自信、提升团队效能感的有力保证。

3. 民警个体的自我评价

美国心理学家詹姆士认为：个体通过对生理自我进行评价会表现出自豪或自卑的自我情感；通过对社会自我进行评价会表现出自尊或自卑的自我体验；通过心理自我进行评价会表现出个体对自己智慧、能力、道德水准的优越感。自豪、自尊和优越感都是个体自信的必要组成部分，但这种自豪、自尊和优越感都必须建立在适当的自我评价基础上，既不能对自我作出过高的评价也不能进行过低的估计。民警个体适当的自我评价不仅有利于个体树立自信，还有利于个体的自我发展、自我完善和自我实现。

关于成功的研究证明：自信是成功的第一要素。成功增强新尝试的信心。成功的数量越多、质量越高，自信就越强。

本书第四章第六节个体应对危机能力的调查分析（表 4 - 21）中的因子 3 即个体应对危机能力的自我效能评价的题项，以“我很好地应对了危机事件”“我认为自己对团队顺利处置危机事件有贡献”两个题项对民警应对危机能力的自我效能进行了调查研究。从表 4 - 21 的描述性统计分析结果可以看出，在民警个体危机应对能力的三个因子的描述性分析结果中，个体自我效能评价的均值分较低，该因子的分值区间是[1，5]，485 名被调查对象该因子的均值分为 3.99，小于总体均值分 4.028，更小于理论预期最高值 5，说明还有多于 20%的民警在危机应对中对个人自信的自我评价较低。

（三）民警自信的培养

1. 自我肯定

人的一生不可能一帆风顺，人们的成长过程中，会有困难和危险相伴，民警尤为如此。自我肯定，就是通过向自己重复暗示一些具有积极意义的话语，代替头脑中已有的消极想法，从而改变日常认知习惯、对待生活的态度和提高自我期望，从而使自己面临困难和危险时能充分感受到无穷的潜能和力量。也就是自己自觉、有目的、有意识地运用积极的语言比如“我可以的”“我能行”等来改变想法，战胜困难和危机。

不断自我鼓励、自我肯定，是拥有自信、勇敢行为的法宝。反之，如果做事畏首畏尾，自信心就会减弱，让人止步不前。在公安危机应对和处置中表现为不同的个体对待同样的危机事件会表现出不同的应对方式。

本书第四章第三节的民警危机应对方式的研究（表 4 - 3）中的因子 1 即为我们对民警积极应对危机的应对方式的调查研究。在因子 1（积极应对）中以“集中精力，采取行动去面对危机”“努力思考化解危机的步骤、方案”“试图从积极的角度看待危机，应对危机”三个题项对被调查者进行调查。从表 4 - 4 的危机应对方式的描述性统计结果可以看出，因子 1（积极应对）的均值分为 5.65，大于总体均值分 5.42，大于 3/4 位数 5.25（该问卷题项的取值范围为[1，7]）。由此说明在危机情境中，绝大部分民警对自己的应对能力持肯定的评价，他们采取“我可以”“我能行”的行为方式去应对危机事件。同时，我们还可以看到在 485 个调查对象中，仍然有一部分民警没有选择积极应对，于是如何培养民警的勇敢自信能力，提升民警的心理水平和心理能力是我们在本章中要解决的问题。

2. 自我突破

每个人都有脆弱和胆怯的一面，只有不断挑战自己、战胜自己，才能战胜一切困难。在人生中，我们会遇到很多近在眼前的机遇，可是我们所处的环境、自身的条件让我们缺乏自信，只有勇于挑战自我、突破自我，勇敢跨出这一步，我们的人生才能前进一大步。

3. 自我超越

自我超越[①]指一个人总是能认清自己真正的愿望，为了实现愿望而集中精力，培养必要的耐心，并能客观地观察现实。自我超越的价值在于学习和创造。一个能够自我超越的人，一生都在追求卓越的境界。如同在危机应对和处置中的决策者，只要坚定控制、平息危机的决策目标，就会在生成决策方案的过程中做出各种积极的行为，在时间有限的条件下激发个人的潜能，跳出各种思维定势和思维固着的状态，挑战自我的紧张、恐惧和有限经验限制，朝着决策目标快速决策、快速行动。

4. 自我调节

自我调节是个体认知发展从不平衡到平衡状态的一种动力机制。广义的自我调节指人们给自己制定行为标准，用自己能够控制的奖赏或惩罚来加强、维护或改变自己行为的过程。狭义的自我调节实际上指自我强化，即当人们达到了自己制定的标准时，用自己能够控制的奖赏来加强和维持自己行为的过程。研究表明：当人们面临恐惧时的正向自我暗示是一种心理强化的自我调节，"我可以""我能行"是一份支撑挑战成功的强大力量。

5. 传递积极希望——皮格马利翁效应

皮格马利翁是古希腊神话里的塞浦路斯国王，他爱上了自己雕塑的一个少女像，并且真诚地期望自己的爱能被接受，这种真挚的爱情和真切的期望感动了爱神阿弗洛狄忒，爱神就给了雕像以生命。心理学家把它称为皮格马利翁效应。积极的期望会促使人们向好的方向发展，而消极的期望则会使人自暴自弃，放弃努力。

在应对和处置公安危机事件时，积极的自我暗示和团队成员的鼓励和支持是一种积极信息的传递，这种传递不仅会对民警产生积极的影响，也会在团队成员间迅速传递，个人的自信也会传递开来，不仅会提高行为民警个体自信，也会提高整个团队成员的自信，提升民警个体和团队的效能感。

6. 带着勇气和信心尝试

勇敢和自信是一种进取精神，它可以唤醒人们的潜在能量，具体表现在具有危险性、冒险性的群体行动中。所以勇敢和自信是"军人""警察"等高危险职业人群在执行任务时必备的素质。

现代警务工作的多向性、复杂性、严峻性使警务工作时时、事事都充满着挑战。面对各种挑战时，树立自信、勇敢面对是对公安民警的职业要求。而勇敢和自信是相辅相成

---

① 它是由奥地利心理学家、精神病学家维克多·弗兰克尔(Viktor Frankl)提出的。自我超越(self-transcendence)意即人类存在的特征是自我超越，而不是自我实现，人的特征是"追求意义"，不是"追求自己"。生命的真谛必须在世界中找寻，而非在人身上心理层次找寻。

的，它在危机情境中表现为民警应对和处置危机的自信心会激发其勇敢行为，而民警的勇敢行为同时也会使其自信心倍增。

分享一个小故事：

从前有一个国王，他想委任一名大臣担任一个重要的职务，就召集了所有官员，领着他们来到一座谁也没有见过的大门前，对他们说："你们看到的这座门是世界上最大最重的。你们之中有谁能把它打开?"大多数的大臣都对着大门摇了摇头，一些大臣只是走近看了看门，但没有尝试着去打开。只有一个大臣走到这座大门前，他先用眼睛和手仔细检查了大门，然后用各种方法尝试着去打开它。最后，他抓住一条链子一拉，门竟然开了——其实大门根本就没有关死，而是留了一条窄缝，任何人只要仔细观察，再去尝试一下，都能把它打开。

于是，国王对那位开了门的大臣说："你将要在朝廷中担任重要的职务，你所面对的不仅仅是你见过或者听过的事物，更有你没见过、没听过的，你要有勇气和信心靠自己的力量去冒险试一试。"

第七章

公安危机决策心理挫折应对研究

本书第四章第三节民警危机应对方式问卷统计分析的因子 2 消极逃避、第四章第五节民警危机心理应激问卷统计分析的因子 3 自我效能感低的题项是关于公安危机决策中心理的挫折感及挫折应对的。

我们知道，挫折是普遍存在的一种社会心理现象，任何人的一生都不可能是一帆风顺的。因为客观事物不仅纷繁复杂，而且在不断地发展变化，人们对它的认识需要有一个不断深化的过程；同时，要达到目标也要有一个积聚力量、创造条件的过程。所以在这些过程中碰到困难、遇到一些障碍和干扰也是很正常的。追求成功更是如此，在事业前进的过程中，也充满了坎坷、风险和失败。某一种目标能否实现，某一种需要和动机能否得到满足，既取决于这种目标、需要和动机是否具备可能实现的客观条件，也取决于人们的主观认识是否与客观事物相吻合。无论是客观条件，还是主观认识水平，都必须有一个逐渐实现和提高的过程。所以，挫折的产生也是不以人们的主观意志为转移的。挫折具有两重性，它既有积极的一面，也有消极的一面。其消极的一面表现在：挫折不仅会使人失望、痛苦，让人变得消极、颓废、一蹶不振，也会引起粗暴的对抗行为，导致矛盾激化，还会使某些意志薄弱者失去对生活的希望、对事业的信心，出现抑郁、自杀或伤害等心理或行为反应。其积极的一面表现在：挫折能激励人发奋努力，可以使人更加奋进，面对挫折不气馁、不妥协、不放弃。同时，挫折还能磨炼受挫折者的意志，强化受挫者的自信，使其越挫越勇，从挫折走向胜利。

人民警察是维护国家政治安全和社会稳定的重要力量，是人民群众生命财产的守护者。民警职业的特殊性，使民警除了要常常面对复杂案情和形形色色的犯罪嫌疑人外，也会时常面对危险、死亡等易受挫折的情境。在这种情况下，大多数民警能在种种挫折中得到磨炼，变得更加成熟和坚强；但还有一些民警在遭遇比较大的负性体验时，对挫折产生不良应激反应，出现不同程度的心理和行为反应，轻则引起心情一时不快，产生失落感，重则产生严重的焦虑、痛苦和失望，并伴有明显的外部行为表现，甚至会走向极端。

第一节　有关挫折的基本理论

在本书第四章第三节民警危机应对方式问卷数据分析(表 4 - 3)的因子 2 中,我们以民警处于危机情境为前提用"感到前所未有紧张和恐惧,大脑一片空白,无从应对""试图想要逃避危机情境""放弃应对危机事件的任何努力"三个题项来对民警危机应对的消极应对方式进行调查研究。因为该题项是反向问题,所以我们采用的计分方式为反向计分,其分值区间为[1,7]。表 4 - 4 民警危机应对方式的描述性统计分析中的均值越高就表示选择在危机应对中的消极逃避的人越少。由描述性统计分析结果可以看出:该因子的均值分为 5.80,大于总体均值分 5.42。说明绝大部分民警对于该题项作出了否定性选择,即绝大部分民警在危机应对中没有采取消极逃避的方式,但是与理论预期最高值 7 相比仍有差距,说明仍然有一部分民警对该题项作出了较为肯定或肯定性选择。于是,认识和了解挫折的基本理论知识,分析挫折产生的原因有助于培养和提高民警的正确认识危机情境、克服危机情境的紧张、恐惧心理,进而提高公安队伍危机决策能力和应对、处置危机能力。

一、挫折的定义及其构成要素

挫折理论是美国学者亚当斯提出的,他认为:挫折是指人类个体在从事有目的的活动过程中,指向目标的行为受到阻碍或干扰,致使其动机不能实现、需要无法满足时所产生的情绪状态。挫折理论主要用来揭示当个体的动机行为受阻、需要得不到满足时的心理状态,以及由此而导致的外在消极行为表现。我们研究挫折应对就是要使个体在遇挫和受阻时,力求采取相应的措施将受挫后的消极心理转化为积极心理,把受挫后消极逃避的行为转化为积极应对的行为。

(一) 挫折的定义

在每个人的社会化过程中,总会遇到各种坎坷或失败。挫折是客观实在的,而对于遇挫主体而言,其主观的情绪和态度体验及行为反应会有不同的表现。有人在遭遇困难、危险情境时表现出紧张、焦虑、失望、恼怒等不良情绪,甚至出现自暴自弃、自杀等不良行为,这种情绪和行为反应就是挫折。

我们从亚当斯对挫折的解释出发,结合公安工作实践中可能遇到的挫折体验,把挫折定义为:个体在有目的的行为活动中,因客观或主观的原因,由于行为目标的实现受到行为主体无法克服或自以为无法克服的阻碍或干扰，导致行为主体的需要或行为动机得不到满足而产生的心理或行为障碍。

（二）挫折的构成要素

在挫折心理学中，挫折被界定为个体有目的的行为受到阻碍而产生的紧张状态与情绪反应。挫折的定义具有以下的含义：

1. 挫折产生的客观条件是挫折情境

一切事物的发生皆有源，挫折的产生也如此。挫折情境就是给人们有动机、有目的的行为活动带来各种阻碍或干扰的客观条件，它的限制使人们的行为动机无法得到满足，产生愤怒、紧张、恐惧、灰心、逃避等消极情绪体验，形成遇到困难退缩、无助等个性。这里的挫折情境既可能是人或物，也可能是各种自然、社会环境和工作环境。

2. 挫折产生的主观条件是个体的挫折认知

挫折情境在挫折产生的过程中只是引起挫折的外部条件，它不能够决定挫折的产生，它只是挫折产生的可能性条件。而挫折认知才是挫折产生的根据和必要条件。挫折认知表现为两个方面，一方面是个体对挫折情境的知觉、认识和评价。当处于挫折情境中的个体对挫折情境的知觉选择出现偏差、对挫折情境的认识偏离时，他对挫折情境的评价就走会向负面，出现负向的判断和评价。另一方面是个体面对挫折情境时的自我应对评价。

3. 挫折反应是挫折体验的结果

个体对挫折情境的负向评价和判断带来的行为结果就是挫折反应。挫折反应是指个体在挫折情境下所产生的烦恼、困惑、焦虑、愤怒等负面情绪交织而成的心理感受，即挫折感。其中挫折认知是核心因素，挫折反应的性质及程度主要取决于挫折认知。

以上挫折的三个含义的关系体现为挫折情境越严重，挫折反应就越强烈；反之，挫折反应就轻微。但是，只有当挫折情境被主体所感知时，才会在个体心理上产生挫折反应。如果出现了挫折情境，而个体没有意识到，或者虽然意识到了但并不认为很严重，那么也不会产生挫折反应，或者只产生轻微的挫折反应。因此，挫折反应的性质、程度主要取决于个体对挫折情境的认知。

二、挫折反应的理论假说

一般而言，挫折指个体在从事有目的的活动过程中，因客观或主观的原因而受到阻碍或干扰，致使其动机不能实现，需要不能满足时的情绪体验。当个体遇挫后的行为反应的理论假说有挫折-倒退假说、挫折-攻击假说、挫折-固执假说等。

(一) 挫折-倒退假说

挫折-倒退假说与挫折-攻击假说相对。它是指个体以退缩式反应来适应挫折境遇，即个体遭受挫折后，丧失追求目标的动机，丧失了积极应对的勇气。他们以较幼稚的依赖行为来应对各种挫折情境。其表现形式为：

1. 冷漠

冷漠是个体对挫折情境持漠不关心的态度。这是比攻击更为复杂的一种反应，其形成的原因很多，如长期遭受挫折、挫折情境带来的无望、以往体验过的攻击无效，或因攻击而招致更多的痛苦等，进而表现出冷漠的态度反应。

2. 幻想

幻想即个体遭受挫折后企图以自己想象的虚构情境来应对挫折，借以脱离现实，如白日梦就是常见的幻想之一。

3. 倒退(或退化)

倒退即个体遭受挫折后表现出与自己年龄不相称的幼稚行为，亦即倒退回到原来较低的心理发展水平，如有人遭受挫折后蒙头大睡、装病不起，有的妇女受挫后啼哭或跑回娘家等均属正常人的幼稚退化行为。

4. 受暗示性

受暗示性即个体遭受挫折后易感性①增强，容易盲目地相信别人，盲从地执行某人的指令等。这个挫折反应如果发生在危机应对中会导致危机决策的失误，不仅使危机事件得不到控制，反而会出现事态扩大、危机蔓延的局面。

(二) 挫折-攻击假说

挫折-攻击假说于 1939 年由美国耶鲁大学心理学家 J. 多拉德和 N. 米勒等 5 人在《挫折与攻击》一书中提出。他们认为挫折与攻击行为之间具有一种内在的因果关系，挫折导致某种形式的攻击行为；攻击行为的产生总是以某种形式的挫折存在为先决条件。该假说将挫折定义为“目标反应的受阻”。至于挫折在多大程度上引起攻击行为，则取决于以下几个因素：

1. 反应受阻引起的驱力水平

按照驱力理论的解释，当个体在需要满足或动机实现的过程中遇挫、受阻后，个体会产生紧张的情绪反应。在驱力的作用下，个体就会采取使需要满足或动机实现的行动。

① 易感性：由遗传基础所决定的个体患病的风险。也可以理解为在相同环境下，不同个体患病的风险。

个体的驱力水平决定了其挫折反应行为。个体的驱力水平越高,需要满足或动机实现的行动的可能性就越大。个体的驱力水平低,在付出各种努力后仍然无法满足需要或实现动机时,就可能会产生攻击行为。

2. 受挫程度

挫折对个体身心带来的伤害程度也会影响到个体的挫折反应行为。当客观挫折情境给个体带来较大程度的挫折体验时,个体挫折感强烈,出现攻击的挫折反应。

3. 挫折的累积效应

我们认为在有目的的活动中,个体的需要和动机遇挫或受阻一次或两次,可能不会造成毁灭性的打击,他可能在驱力的作用下会重拾信心;但是如果个体次次有目的的活动均遇挫或受阻,就可能会给他带来毁灭性的打击,使他对自己的境遇感到愤怒和十分的不满,对给他带来的挫折感的挫折情境不满,进而产生攻击行为。

4. 受到的惩罚程度

个体受挫后的攻击行为会对攻击对象带来不同程度的伤害,个体会因为其攻击行为后果依法受到各种惩罚,包括行政惩罚、治安处罚和刑事惩罚。当攻击行为人认为其不应该受到惩罚而被惩罚,或者惩罚的程度超出其主观预期时,可能会产生二次或多次攻击行为。

(三) 挫折-固执假说

挫折-固执假说是指个体遭受挫折后反复进行某种无效的动作。固执行为具有呆板性、强制性和无效性等特点,既不能停止对实现目标满足需要无帮助的动作,也不能采取更适当的行为反应来取代固执行为。有学者在对个体挫折的研究中提到:当个体受到轻度挫折后,由于原有行为的凝固化,其解决新问题的能力大为降低。具体表现为当人们处于惊慌失措状态时,常表现出固执行为,如看见自家失火,光拍大腿而不知去灭火。患有强迫性神经症(如洁癖)就会出现典型的病态固执行为。对这种固执行为如予以惩罚,不但不会改变,反而会更加严重,惩罚可能成为挫折的原因,从而产生更固执的行为。所以在使用惩罚手段时要特别谨慎,否则会导致相反的效果。

三、归因理论

正确归因就是既不把遭遇挫折的原因全部归于外界,也不全归于自身。只有正确、合理归因,才能从容面对挫折,从挫折中崛起,承担自己该承担的责任,减轻挫败感,正确认识和对待挫折。

(一) 对归因的界定

归因是指人们对自己和他人的行为或态度的原因进行推断的过程。归因对人的心理和行为有着直接的影响，是一种经常发生的社会认知过程。一般来讲人们只有在两种情况下才会归因：一是发生灾变，比如遭遇自然灾害、亲人的突然离去；二是有令人不愉快的事情发生，如人们身体患病或是被别人责备。

(二) 学界的归因理论

在研究归因问题的时候，心理学家提出了一系列的归因理论：

1. 海德的归因理论

1958 年，美国社会心理学家、社会心理学归因理论的创始人海德(Fritz Heider)在他的著作《人际关系心理学》中从通俗心理学的角度提出了归因理论，该理论主要用于解决日常生活中人们如何去寻找事件产生的原因。他认为：人们具有理解世界和控制环境两种需要，这两种需要得到满足的最根本手段就是了解行动的原因及预言如何行动。行为的原因或者在于他人的影响、奖惩、运气、工作难易等环境因素，或者在于人格、动机、情绪、态度、能力、努力等个人因素。把行为的原因归于环境者对其行为结果可以不负什么责任；把行为的原因归于个人者对其行为结果应当负责任。无论归因于环境还是个人，都对自己今后的行为有一定影响，其影响的性质和作用因归因的倾向性不同而异。比如一个连环杀人犯，我们在对他的行为进行归因的时候重点归于他的本性等内在因素。

2. 韦纳的归因理论

1972 年，美国的认知心理学家韦纳(B. Weiner)发展了海德的归因理论，并于 1974 年提出了自己的归因理论。该理论认为人们对行为成败原因的分析可归纳为以下六个因素：

(1) 能力　自己评估个人对该项工作是否胜任。

(2) 努力　个人反省检讨在工作过程中曾否尽力而为。

(3) 工作难度　凭个人经验判定该项工作的困难程度。

(4) 运气　个人自认为此次各种成败是否与运气有关。

(5) 身心状况　工作过程中个人当时身体及心情状况是否影响工作成效。

(6) 其他　个人自觉此次成败因素中，除上述五项外，是否尚有与其他人与事有关的影响因素(如别人帮助或评分不公等)。

以上六项因素是人们对成败归因的解释或分析，韦纳按各因素的性质把它们分别纳入三个维度之内：

第一，因素来源。指当事人自认影响其成败的因素来源于个人条件(内控)，抑或来自外在环境(外控)。在此向度中，能力、努力及身心状况三项属于内控，其他各项则属于外控。

第二，稳定性。指当事人自认影响其成败的因素在性质上是否稳定，是否在类似情境下具有一致性。在此向度中，以上六个因素中能力与工作难度两项是比较稳定的、不随情境改变的，其他各项则均为不稳定因素。

第三，可控性。指当事人自认影响其成败的因素在性质上能否由个人意愿所决定。在此维度中，六个因素中只有努力一项是可以凭个人意愿控制的，其他各项均非个人所能控制。基于以上的因素分析，韦纳提出了归因的三维度模式，如表 7－1 所示：

表 7－1　韦纳的三维度六因素归因模式

三维度 / 关系维度	稳定性		内外在性		可控性	
	稳定	不稳定	内在	外在	可控	不可控
能力	√	—	√	—	—	√
努力	—	√	√	—	√	—
工作难度	√	—	—	√	—	√
运气	—	√	—	√	—	√
身心状况	—	√	√	—	—	√
其他	—	√	—	√	—	√

注：表格中用√ 表示六因素对应三维度的选择

有成就需要的人会把成就归因于自己的努力，把失败归因于努力不够。不甘于失败的人坚信再努力一下便会取得成功。相信自己有能力应付的人，相信只要尽力而为就没有办不成的事。相反，成就需要不高的人认为努力与成就没有多大关系，他们把失败归因于其他因素，特别是能力不足。如若成功则被他们看成是外界因素的结果，如任务难度不大、正好碰上运气等。

作为对成就需要理论的一个补充，归因理论特别强调成就的获得有赖于对过去工作是成功还是失败的不同归因。如果把成功和失败都归因于自己的努力程度，就会增强今后努力行为的坚持性。反之，如果把成功与失败归因于能力太低、任务太重等，就会降低自身努力行为的坚持性。运气或机遇是不稳定的外部因素，过分地归因于这一类因素会使人产生“守株待兔”的坚持行为，也是具有高成就需要的人所不屑的。总之，只有将失败的原因归因于内外部的不稳定因素，即努力的程度不够和运气不好时，才能使行为人进一步坚持原行为。

韦纳认为，教育和培训将激励人在成就方面发生变化并促进人的不断发展。培训的重点是教育人们相信努力与不努力大不一样。

3. 凯利的三维归因理论

美国社会心理学家凯利（Kelly）吸收了海德（Harold Harding）的共变原则，于 1967 年提出了自己的三维归因理论，也叫立方体理论。他认为任何事件的原因最终可以归于行动者、刺激物以及环境背景三个方面。如对“张三打李四”这件事的归因，张三是行动者，李四是刺激物，打架时的环境是背景。凯利指出在归因的时候人们会用到三种信息：一是一致性信息，其信息提示是“其他人也如此吗?”二是一贯性信息，其信息提示是“这个人经常如此吗?”三是独特性信息，其信息提示是“是否此人只对这项刺激以这种方式反应，而不对其他事物作同样的反应?”

凯利认为有了这些信息，人们就可以对事件归因。另外凯利还提出了在归因过程中人们还会使用到折扣原则。折扣原则就是特定原因产生特定结果的作用将会由于其他可能的原因而削弱。这一原则广泛应用于我们对他人行为的归因。

4. 对应推论理论

美国著名的心理学家琼斯和戴维斯 1965 年提出的对应推论理论适用于对他人行为的归因，该理论试图解释在什么条件下可以把事件归于他人的内在特质，即人格、态度、心情等。琼斯等认为，一个人的行为不一定与他的人格、态度等内在品质相对应。比如防卫过度造成对方死亡的人，显然不能说是一个坏人。在推论一个人的行为与他的内在品质相对应的时候，琼斯等人提出了两个条件：一是行为的非期望性和非顺从性，如一个人做了不道德的事，我们就能从其行为推论出他是一个不道德的人；二是行为的自由选择性，如果一个人的选择是在自由状态下而不是在外界强大的压力之下作出的，我们也会认为他的行为代表了他的内心。

以上的归因理论对于挫折应对具有一定的借鉴作用。正确归因是成功应对挫折情境的必要基础。正确归因也就是对挫折原因进行实事求是的分析，要弄清楚问题的真正原因。我们知道造成挫折的原因不外乎外在客观因素和内在主观因素两类。其中，倾向于外归因的人们，习惯认为自己的行为结果是受外部力量如运气、机会、命运、遗传素质、材料难易、社会控制、自然界和力量等无法预料和支配的因素控制的；倾向于内归因的人，则认为自己的行为结果是受自我能力、个人的努力程度等内部力量控制的。两种归因方式各有利弊：外归因的人，面对挫折时常感到无能为力、束手无策，从而不能尽自身的最大努力克服困难；内归因的人，把成败结果统统归结于自身，过多自责，同样影响问题的解决。正确的归因方式应该是以冷静的态度分析遭受挫折的主客观原因，及时找出失败的真正原因，从现实出发，以实际的行动改变挫折情境。

四、挫折产生的原因

造成挫折的原因既有外在的客观因素，也有内在的主观因素。分析挫折产生的原因有助于提出有效的应对挫折的措施。

(一) 客观原因

客观原因也叫外部原因。它引起的挫折是指外在的客观世界(人和物)给个体有目的的行动带来阻碍和限制，使个体的需要不能满足、动机无法实现而引起的挫折。客观原因包括自然因素和社会因素。

1. 自然因素

自然因素给个体带来的挫折体验是指在个体有目的的活动中出现的，个人无法抗拒的、非人为力量所能限制的、不以个人意志为转移的天灾地变等因素严重阻碍了个体的需要满足时，给个体带来的挫折体验。如因各种意外导致的事故或伤残，遭受洪水、地震、塌方等自然灾害破坏而使财产和生命受损，亲人生老病死等所招致的挫折，这些都属于自然因素给个体带来的挫折。

2. 社会因素

社会因素给个体带来的挫折体验是指个体在社会生活、工作中受到社会群体、人际交往、道德规范、国家法律、社会舆论、风俗习惯等因素的制约而使个体的需要满足受阻带来的挫折体验。同自然因素相比，社会因素给人们带来的阻碍、困难更复杂、更普遍、更广泛。

（二）主观原因

主观原因也称为内部原因。它引起的挫折是指由于个体的生理、心理因素给个体有目的的活动中带来的阻碍和限制，个体需要无法得到满足时所产生的挫折感。主观原因包括生理因素和心理因素。

1. 生理因素

产生挫折的生理因素是指个体自身的体力、外貌以及某些生理上的缺陷等因素。这些因素的限制，导致个体需要不能满足或目标不能实现，给个体带来的挫折感。如有些青年民警找对象受了挫折后，就嫌自己长得不够高大。

2. 心理因素

产生挫折的心理因素是有指机体的需求、动机、气质、性格等因素。这些因素的作用或限制，制约了个体需要满足和动机的实现，导致了个体的活动目标无法实现，进而给个体带来了挫折感。与挫折密切相关心理因素有：

（1）个性完善程度

一个思想成熟、性格坚强、行为规范、社会适应能力强的人，做事成功率就高，动机实施也比较顺利，反之则挫折感强。如有的民警由于个性方面的问题，不喜欢与人交往，或不会协调与他人之间的关系，因而造成人际关系障碍，在警务活动中得不到上级领导、同事或职务活动对象的支持，导致某些需要和愿望不能实现，从而产生挫折感。

（2）动机冲突

在现实生活中，一个人经常同时产生两个或多个动机。当这些并存的动机受各种客观条件和主观条件的限制无法同时获得满足时，就会使个体产生难以抉择的心理矛盾和冲突。这种心理矛盾持续得过久、过激烈时，或者是由于一个动机得到满足，而其他动机受阻时都会使个体产生强烈的挫折感。

（3）挫折容忍力

挫折容忍力是个体受到挫折时仍能保持正常行为的能力。它包括体质承受力和意志承受力等。挫折容忍力的强弱与挫折是否产生、挫折感的程度之间有着直接的关系。一般而言，挫折容忍力越强，个体受挫时对正常行为能力的影响越小，个体不容易产生挫折体验，其挫折感不明显或者没有挫折感；相反，挫折容忍力越弱，个体受挫时对正常行为能力的影响就越大，个体很容易产生挫折体验，其挫折感强。影响挫折容忍力的因素主要有以下四个：一是遗传及生理条件。如身体条件好的人比身体条件差的人容忍力要强。二是生活经历和文化修养。生活经历丰富、文化修养高的人，比生活经历不足、文化修养低的人容忍力强。三是对困难或障碍的知觉程度。相同的挫折情境，由于不同的个体有不同的认识感觉，获得的情绪体验也有区别，因此受到的压力和打击也不同。四是性格特征。性格开朗、意志坚强、有自信心的人，比性格孤僻、意志薄弱、自信心差的人对挫折的容忍力要强。

五、引起挫折的动机冲突

在挫折产生的原因中，动机冲突常常是引起挫折的重要原因。而动机冲突的实质是需要之间的冲突。大致有四种动机冲突形式。

（一）双趋冲突

双趋冲突是指个体在两个行动目标都符合需要并且动机强度相同的情况下，个体因迫于情势的限制不能同时满足两个行动目标的需要时在心理上产生了难以取舍的冲突情境，即鱼和熊掌都不想放弃，但又只能择其一的心理冲突。

（二）双避冲突

双避冲突又称负负冲突，是动机冲突的一种。它是指同时有两个可能对个体具有威胁性、不利的事发生，两种都想躲避，但受条件限制，只能避开一种、接受一种，个体在作抉择时出现了内心产生矛盾和痛苦。如前有狼后有虎的两难境地。

（三）趋避冲突

趋避冲突是某一目标对个体既有利又有害，既有吸引力又有排斥力，使个体处于既爱又恨的矛盾状态。

(四) 双重趋避冲突

双重趋避冲突可能是双避冲突与双趋冲突的复合形式，也可能是两种趋避冲突的复合形式。两个目标或情境对个体同时有利和有弊，面对这种情况，当事人往往陷入左右为难的痛苦取舍中，即双重趋避冲突。

第二节　挫折反应与应对

当个体的有目的的活动遇挫或受阻时出现的挫折体验常常表现为情绪和行为上的综合反应。其反应包括非理性反应和理性反应。主要表现为：

一、非理性反应

本书第四章第五节民警危机心理应激问卷数据分析（表 4－15）中的因子 3，调查的就是对遭遇危机事件后民警的挫折感。在因子 3 中，我们以经历危机事件后的心理感受为前提，用“觉得自己不能克服遇到的困难”“对自己失去信心”“感到自己是一个无用的人”三个题项对该因子进行调查（该因子的计分方式采用反向计分，在[1，5]的分值区间中，得分越高越说明民警对该题项的回答持否定态度，得分越低越说明民警对该题项的回答持肯定态度）。从调查结果（表 4－16）的描述性统计分析中可以看到，该因子的均值分为 4.20，较为趋向于最高值 5，表明经历危机事件后绝大部分民警挫折感较弱，危机事件没有给大多数的民警带来高度的挫折感。说明我国公安队伍的大部分民警具有应对挫折的能力和自信，但不可忽视的是还有少部分的民警具有不同程度的挫折感，出现一些非理性的情绪反应。非理性反应是指当个体无法应对挫折情境中出现的挫折体验时，个体产生的强烈的自卑、无助等情绪反应和反常的行为。了解挫折反应的表现和挫折应对的方式，可以帮助受挫民警走出挫折，以理性的情绪和方式应对挫折。一般来讲，个体受挫后的非理性反应表现在以下几个方面：

(一) 攻击

攻击是当个体受到挫折以后产生的强烈侵犯和对抗的情绪反应，是情绪反应中最常见的一种表现形式。攻击有直接攻击和转向攻击两种。

1. 直接攻击

直接攻击指个体遭受挫折后，把愤怒的情绪指向挫折源（人或者物）的攻击方式。这种攻击多以动作、表情、言语、文字等形式表现出来。并不是所有的受挫体都采用直接攻击的方式。一般来说,那些对自己的容貌、才能、权力及其他方面较为自信者,工作生活中一帆风顺者,还有一些年幼无知者、智力水平较低者在遭遇挫折后会出现将自己愤怒的情绪向外发泄而直接攻击挫折源(人或者物)的行为。

2. 转向攻击

转向是指将挫折引起的愤怒和不满的情绪发泄到非挫折源的攻击方式。比如会发泄到与挫折源不相关的自我或其他人或物上。转向攻击通常在以下三种情况中表现出来:一是当遭遇挫折的个体觉察到挫折源(人或者物)而无法直接攻击时便把愤怒的情绪发泄到其他的人或者物上去,即日常生活中的迁怒。例如,某民警在职务活动中受挫后,回到家里便看老婆、孩子不顺眼。二是当遭遇挫折的个体无法觉察到挫折源(人或者物),即挫折源模糊不定时,也会出现转向攻击,把不良的情绪发泄到毫不相干的人或者物上去。这种挫折表现既可能是日常生活中挫折累积的结果,也可能是由自身的生理疾病引起的。三是当遭遇挫折的个体本身意志薄弱、自信缺失或悲观失望时,会把攻击的对象转向自我。如认为自己能力不强、机遇不好、命运不佳、生不逢时等。

(二) 焦虑

焦虑是指个体在自己或自己所关心的人受到心理、生理、社会等方面的威胁时激起的一种不愉快的情绪反应,是一种隐隐约约有害的预感。这种消极情绪由紧张不安、急躁、忧虑、抑郁等交织在一起,能使个体陷入茫然无措的痛苦状态中。焦虑对个体的学习、生活和环境适应具有积极和消极两方面的作用。适度的焦虑水平可以激发个体的潜力,提高个体随机应变的能力,但焦虑过度或持续时间较久则会导致神经状态失调,影响个体的正常生活。

(三) 退化

个体行为的发展原本是有一定规律的,即随着年龄的增长逐渐成熟起来。但当一个人遭受挫折时会表现出与自己的年龄和身份不相称的幼稚行为,这种成熟倒退现象就是退化。例如,有的中老年妇女钱包被偷以后,坐在地上号啕大哭;有的领导因受到挫折而对下级大发脾气,或为一点小事而暴跳如雷。退化的另一种表现是易受暗示性,即人在受到挫折后,对自己丧失信心而盲目相信别人,或盲目执行某人的指示。例如,个体遭受挫折后轻信谣言,无理取闹,盲目忠实于某个人或某个组织。

(四) 固执

固执是指个体在受到挫折后采取刻板的方式盲目重复某种无效的行为,尽管情况已经变化,这种行为并无任何结果,但是刻板式的反应仍在继续进行。一般来讲,从外部特征来看，固执与正常习惯有许多相同点，但是在遭受挫折时，二者的区别就明显地表现出来了。如果个体是由于习惯的行为遭受挫折或惩罚，就会改变习惯行为；如若不是如此，个体的固执行为不但不会改变，而且还会反常地强烈起来。其原因在于个体在社会生活环境中一而再，再而三遇到同样的挫折，又一时难以克服，就可能慢慢失去应对挫折的信心，甚至对自我丧失信心而形成刻板化的反应方式，一再重复同样而无效的行为。另外在工作和生活中，个体由于受到过多过严的惩罚和指责，也可能产生固执行为。

（五）冷漠

冷漠是指当个体遭受挫折后所表现出来的对于挫折情境漠不关心与无动于衷等情绪反应。这是一种十分复杂的行为表现方式。冷漠行为的发生与个体之前的受挫反应经验密切相关。如果个体每次遭遇挫折后采用攻击方式就能够摆脱困境，那他以后就会继续采用攻击的方式；反之若因采用攻击而招致更大的挫折，那他就会采用逃避、冷漠等态度应对挫折。冷漠并非不包含愤怒的情绪成分，只是个体的愤怒被暂时压抑，以间接的方式表现出来而已。这种现象表面显得冷淡退让，内心深处则往往隐藏着很深的痛苦，是一种受压抑的情绪反应，即"外表冷漠，内心狂热"。

有心理学家发现冷漠反应多在以下情况中出现：一是长期遭受挫折；二是情况表明已无希望；三是情境中包含着心理上的恐惧与生理上的痛苦；四是个体心理上产生了攻击与压抑之间的冲突。

（六）逃避

逃避是个体不敢面对自己预感的挫折情境而逃避到比较安全的环境中去的行为。逃避的主要类型有：

1. 逃向另一个现实

逃向另一个现实的表现就是当个体遇挫或受阻后，放弃原本的目标追求而自暴自弃。如有的人在生活中碰了钉子或者追求的目标、理想一时不能实现，便心灰意冷，沉迷于赌博、烟酒甚至毒品之中。

2. 逃向幻想世界

逃向幻想世界是个体企图以自己想象的虚幻情境来应对挫折，借以脱离现实。虽然幻想能使人暂时脱离现实，减轻个体受到挫折后的焦虑和不安，从而有助于提高对挫折的容忍力，但是幻想本身并不能真正解决问题，长此以往则会降低个体适应现实生活的能力。

3. 逃向生理疾病

逃向生理疾病是个体为了躲避困难情境而出现的生理上的应激障碍。如处在危机情境下的个体出现的头晕、身体疼痛等现象。

(七) 自杀

自杀是个体遭受挫折后的一种非常极端反应,也可以看作是受挫后针对自身的一种典型的特殊的攻击行为。当一个人受到突然而沉重的挫折打击,或者长期受到挫折的困扰和折磨,感到万念俱灰、不能自拔时,就可能产生自暴自弃、轻生厌世的想法,使个体生命陷于危机状态。此时若得不到危机干预等外力的帮助,受挫者就可能自杀。

通常,自杀行为是在挫折的打击大大超出受挫折者对挫折承受能力的最大限度的情况下发生的,特别是当受挫折者将受挫的原因归结为自己,并对自己丧失信心,将自己作为迁怒的对象时更易于导致自杀行为。如在受挫后,个体"觉得自己是个没用的人"。所以在经历危机事件后,心理危机干预对于预防各种挫折的行为反应具有极其重要的意义。

二、理性反应

理性反应是指个体在受到挫折后,在理性的控制下以积极进取的态度应对挫折的一种反应。通常情况下,人们在遭受挫折后都会出现担心、紧张、恐惧等情绪性反应。当出现这种不良情绪反应后,有些人始终被负性情绪所控制,始终不能摆脱,而有些人则能够及时调整心态,冷静面对现实,采取积极的态度和方式对待挫折。所以,理性反应是对挫折的积极反应方式,主要表现在以下三个方面:

(一) 在挫折中奋起

当个体遇到挫折后,经过客观冷静的分析后会正确认识挫折:认为自己所追求的目标是现实的和正确的,当前的挫折只是暂时的,是在实现目标的道路上遇到的一些曲折。在这些正确认识的基础上,个体就会设法排除障碍、克服困难,坚持不懈地朝着既定目标迈进,直至最终实现自己的愿望和目标的行动。

人类社会发展的历史证明,许多科学家和发明家,都是在十分艰苦的条件下,有时还冒着被攻击、迫害甚至丧失生命的危险,几经努力,经过多次失败才获得成功的。

(二) 分析受挫原因

由于自身条件或社会因素的限制,个体的需要和目标并不是都能满足和实现,或许在当前的条件下是不可能满足和实现的。因此,人们在实现目标的过程中,几经努力和尝试都失败后,就要冷静下来,认真客观地分析导致失败的真正原因,并根据实际情况对自己的奋斗目标进行适当的调整。如果是因为自己定的目标太高,不符合目前自己的实际情况,或实现目标的条件尚不具备导致的挫折,就需要适当降低目标,或将目标分成几个阶段性目标，并根据实际情况适当变换实现目标的途径和方法，循序渐进，通过不断努力，逐步获得成功。

（三）形成良性的挫折适应

通常情况下，挫折对人的影响都是暂时的。随着具体挫折情境和条件的改变，随着时间的推移或受挫者认识上的变化，受挫者在受到挫折后所感受到的紧张状态会逐渐消失，这是直接表现出的挫折反应。

同时，除了直接表现出的挫折反应外，还存在着对受挫者产生久远影响的间接的挫折反应。而这种间接的挫折反应不仅会对个体正常的工作、生活产生消极影响，甚至会影响到个性的形成与发展。其原因在于：个体连续经历的挫折情境和条件相对稳定并长期持续，使个体的紧张状态和挫折反应反复出现。久而久之这些反应方式就会逐渐固定下来，使受挫者形成一些与挫折反应相关的个性特点。如有些学生在儿童时期长期受到父母过分严厉的管教甚至责难和打骂，就易形成畏缩拘谨、胆小怕事、逆来顺受或者倔强执拗、偏执敌对等不良的个性特点；有些学生与同伴不能友好相处，长期处于紧张的人际关系状态之中，就易养成多疑、多虑、孤僻、狭隘、情绪不稳定等个性特点。

此外，我们知道挫折对个体的影响是双重的。挫折在对个性的形成和发展带来负面影响的同时，还会对个性形成与发展产生积极的影响。如经历了重大挫折，或者长期身处逆境之中的个体，养成了坚强、刚毅和不屈不挠的个性特点和越挫越勇的精神。

总之，挫折对个体的影响除了取决于人们对挫折的适应情况外，社会支持和专业的心理危机干预也可以帮助受挫个体形成良好的挫折反应，以提高个体应对挫折的能力。

三、挫折应对方式

（一）挫折防卫应对方式

挫折防卫是指人在遇到挫折时，有意无意地寻求摆脱由挫折带来的心理压力、减轻精神痛苦、恢复正常情绪和心理平衡的自我调节和自我保护。挫折防卫方式是多种多样的，常见的有升华、补偿、认同、抵消、幽默、文饰（合理化）、压抑、投射、反向、幻想、否定、退化、移位等。

1. 升华

升华是指个体在受到挫折后，将自己不为社会所认同的动机或欲望转变为符合社会要求的动机或欲望，或将自己的情感和精力转移到有益的活动中去，使低层次的需要和行为上升到高层次的需要和行为，从而将不良情绪和不为社会所允许的动机导向比较崇高的方面，以保持情绪稳定和心理平衡。升华不仅可以使原来的动机冲突和受挫后的不良情绪得到化解和宣泄，而且能够促使人获得成功。历史上很多著名的科学家、艺术家和领袖人物都是通过对挫折的升华取得辉煌成就的。

2. 补偿

补偿是指当个体实现目标过程中受到挫折或由于自身的某种缺陷而达不到既定目标时，采取以其他可能达到成功的活动或以自己的特长来代替，以获得新的满足感来弥补原有的需要得不到满足和行为动机无以实现所带来的痛苦。如本书第四章第三节的调查研究中的因子3民警危机应对方式中的寻求支持。

3. 认同

认同是指一个人在受到挫折后，或者效仿他人获得成功的经验和方法，使自己的思想、目标和言行更适应环境的要求；或者把别人具有的、使自己感到羡慕的品质加在自己身上；或者将自己与所崇拜的人视为一体，以提高自己的信心、声望、地位，从而减轻挫折感。

4. 抵消

抵消是指人们以某种象征性的活动或事情来抵消已经发生的不愉快的事情，以此取代心理上的不舒畅。

5. 幽默

幽默是指当一个人受到挫折、处境困难或尴尬时，用幽默的方式来化解困境，维持自己的心理平衡。

6. 文饰(合理化)

文饰作用是人们在日常生活中使用最多的一种挫折防卫机制。文饰，又称为“合理化”或“理由化”，即个体的行动未达到既定的目标，或目标不符合社会的价值标准时，为了减少和免除因挫折而产生的焦虑和痛苦，保持自尊，而寻找种种理由或值得原谅的借口来替自己辩护，这种现象便称为文饰作用。通常，这些理由都不是真实的理由，而且在别人看来，往往不合逻辑，但其自身却能以此安慰自己，从而感到心安理得。就像人们常说的“阿Q精神”。文饰在现实生活中又有多种表现形式：

(1) 酸葡萄心理①

酸葡萄心理引自伊索寓言中的故事，就是说吃不着的葡萄是酸的，得不到的东西就是坏的，达不到的目标就说是不喜欢达到或本来就没想达到。这是个人在追求某一目标失败时，为了冲淡自己内心的不安，常将目标贬低，以此求得心理平衡。

① 当自己所追求的东西因自己能力不够而无法取得时，就加以贬抑和打击，称为酸葡萄心理。

(2) 甜柠檬心理[①]

甜柠檬心理也是引自伊索寓言中的故事，说的是狐狸找不到吃的，只找到了一只酸柠檬，但它却说："这柠檬是甜的，正是我想吃的。"它是个体在原有目标的实现中遇挫时采用不实的评价进行自我安慰的一种心理，借此减轻失去原来目标的内心失望与痛苦，被称为甜柠檬心理。

(3) 援例

援例是指引用某些事实为据，试图使自己不合理的行为合理化，不合法的行为合法化，以摆脱面临的困境，减轻自己因过失而产生的内心焦虑和愧疚感。例如，有的人在面对失败时，看到自己身边的人也失败了，心理就觉得好受多了，好像失败的责任是大家的，与自己无关，这样自己就不会感到太难过了。

7. 压抑

压抑是指人们在受到挫折后，把一时所不能接受的、使人感到困扰或痛苦的思想、欲望或体验压抑到潜意识中，不再想起，不去回忆，主动遗忘，以保持内心的安宁，使自己避免痛苦。

精神分析学派的观点认为，压抑作用是由不愉快的或痛苦的经验所产生的焦虑引起的。凡是与社会相抵触的内心动机，如任其发展下去，就不可避免地会导致挫折并因此而产生焦虑和痛苦。因此，每当这类生理或心理冲动萌发时，个人常常有意无意地将其压抑，以便保持心境的安宁。

8. 投射

投射是指把自己的不当行为、失误或内心存在的不良动机和思想观念、欲望转移到别人身上，说别人也是如此，以此来减轻自己的内疚和焦虑，以逃避心理上的不安。投射有点像人们常说的"以小人之心，度君子之腹"。它与文饰十分相近，都是以某种理由来掩饰个人的过失。所不同的是：文饰是找出理由来为自己的过失辩护，而且多半都清楚自己的缺点和过失；而投射不仅否认自己有不为社会所认可的品质，而且将它加之于他人并予以攻击。

9. 反向

反向是指为了防止自认为不好的动机外露，采取与动机方向相反的行为。这种内在动机与外在行为不一致的现象，就是反向作用。例如成语"此地无银三百两"说的就是这个意思。

10. 幻想

幻想是指当一个人的动机或欲望受到阻碍无法实现时，以想象的方式使自己从现实中脱离出来，在空想中获得内心动机或欲望的满足。

---

① 此方法是指企图说服自己和别人，自己所做成或拥有的已是最佳的抉择。

11. 否定

否定是指对已发生的令人痛苦的事实加以“否定”，认为它根本没有发生过，以减轻或逃避心理上的痛苦。这是一种简单而又原始的心理防卫方式。如有的母亲痛失爱子，但她就是不承认，觉得儿子还活着，所以并不表现出痛苦的状态，让人觉得她似乎精神有问题，其实这是她采取了否认的心理防卫机制。

12. 退化

退化是指一个人在受到挫折后采取倒退到童年或低于现实水平的行为来取得别人的同情和关怀，从而避免紧张和焦虑。

13. 移位

移位是指将在一种情境下是危险的情感或行为不自觉地转移到另一种较为安全的情境下释放出来。如在工作中受到领导的批评，心中恼怒又不敢对领导发作出来，于是回到家就冲着家人发火的行为。

（二）个体应对挫折的方法

1. 善于调节自我抱负水平

自我抱负水平是指个人对未来可能达到的成功标准的心理需求，是人们在从事某种实际活动之前，对自己所要达到的目标规定的标准。如果一个人自己规定的标准高，那么他的自我抱负水平就高；如果自己规定的标准低，那么他的自我抱负水平就低。可见，自我抱负水平是自定的标准，仅仅是个人愿望，它与个人的实际成就不一定相符合。一般而言，自我抱负水平直接影响个人的学习和生活，一个抱负水平较高的人，往往对自己的要求也较高，因而其学习、工作的效果也就较好；一个抱负水平低的人，对自己的要求也就低，缺乏积极性、主动性，因而其学习、工作的效果也就较差。但是，个人的自我抱负水平必须建立在对自己的实际能力正确认知的基础之上，如果一个人的自我抱负水平总是高于自己的实际能力，那就很难达到预期的目标，很容易遭受挫折。

在现实生活中，不少人遭受的挫折都与自我抱负水平的确立不当有关。因此，个体必须学会根据自己的实际能力正确设定生活的目标，调整自我抱负水平，并在执行中及时调整自己的目标。如果在目标实施过程中，发现自己设定的目标不切实际，前进受阻，就要及时调整目标，以便继续前进。对那些远大目标，要把它分解成中期、近期和当前目标。也可以由易到难给自己设定目标，当受到挫折后，及时调整目标，改进方式或方法。这样就可以在成功中体验到愉快和满足，逐步提高自信心，也能在失败、受到挫折后不断总结经验教训，最终战胜挫折，取得最后的成功。

在调节自我抱负水平时要注意：个体在确立自我抱负水平时，应注意把自己的目标与社会的客观环境条件、社会利益等因素综合加以考虑，这样设定的目标才有助于自身，有助于社会的成就。

2. 正确认识自我和正确评价自我

由于有些人没有经历过艰苦生活磨炼，社会阅历不够丰富，对自我的认识与评价不到位，在日常生活或工作中要么高估自我，要么低估自我。高估自我者一般有着极高的成就动机，他们总想出人头地、大展宏图，因而对自己的目标定位过高。但是，由于社会环境复杂多变、社会竞争激烈的现实，个体好高骛远的目标遇挫或受阻时，有些人就会在挫折面前表现出敏感、脆弱、信心不足、迷惘无措等现象。因此，个体必须正确认识自我和评价自我。

正确认识自我和评价自我，就是指个体应根据自己的学习要求、成长要求，恰当地分析自身的长处和短板，对自己的不足要有充分的认识，这样才能扬长避短、取长补短，实现自我价值。例如，新警由于工作经验不足，在遇到复杂性的危机事件时会出现无法应对的情况，很容易给自己带来工作的压力和挫折困扰。因此正确认识自己的不足，向有经验的民警请教、学习是应对挫折的有效方式。

3. 确立合理的自我归因

在生活中，人们对自己行为的成功与失败进行归因是一件很平常的事，然而在这一过程中形成的归因倾向则对人的心理承受力有很大的影响。心理学家研究认为：在归因中，有些人倾向于情境归因，认为外部复杂且难以预料的环境是主宰行为的原因，比如一个学生认为自己成绩不好主要是由于教师教学水平方面的原因或是考卷难度太大。有些人倾向于本性归因，即认为自身的努力、个人能力是影响事情的发展与行为结果的主要原因，例如一个学生认为自己成绩不好是由于学习不够努力。一般来说，进行本性归因的学生对自己的行为与学习有更多的自我责任定向与积极态度，但是从对失败的归因方面来看，由于他们倾向于把原因归于主观因素，就容易自我埋怨、自我责备。如果这种自责、悔恨过多，就会给他们带来挫折感和心理损伤。

因此，个体首先要学会多方面收集相关事件的信息，了解困难的原因所在；其次要学会合理归因，避免归因的片面性，学会实事求是地承担责任，克服过分承担或完全推诿责任的倾向，避免过多自责带来的挫折感；再次要积极采取措施主动改变挫折情境因素，从而有效应对挫折。例如，民警在危机应对和处置时，由于危机事件的信息、决策理性的有限，可能会影响危机决策的成效，于是通过各种途径最大限度地掌握危机信息、克服和调节自我情绪对于有效控制危机、实现决策目标有很大的帮助。

4. 提高挫折驱力水平

心理研究表明：一个人越是能够获得与挫折事件相关的信息，就越能够有效地处理它；越是积极参加到他怕面对的挫折情境中去，就越能够有效地对付这种情境。可见，个体对挫折的反应和承受能力不仅取决于挫折情境本身，更重要的是取决于个体对挫折的认知。既然挫折是社会生活的组成部分，是不可避免的人生经历，个体就应该正确地认识挫折、战胜挫折，并把挫折作为成功的阶梯。

正确地认识挫折，首先应该认识到挫折的两重性：挫折一方面具有消极的作用，如挫折会影响个体实现目标的积极性，降低个体的创造性思维水平，损害个体的身心健康；另一方面也有积极的作用，如挫折能增强个体情绪反应的力量，增强个体的容忍力，提高个体对挫折的认识水平。因此，辩证地看待挫折的两面性，就能够变不利因素为有利因素，化消极因素为积极因素，促使挫折向积极方面转化。其次，个体还应学会对客观事物、挫折情境的正确认识。如有的学生因一次考试不及格就悲观失望，甚至自暴自弃。这种表现是由他的错误认知导致的。人生的道路总是崎岖不平、丰富多彩的，一次失败并不能够代表他的全部，人生成才的道路、成功的机会是很多的，只要自己努力，就会有一个崭新的未来。

5. 构建成熟的心理防卫机制

心理防卫机制是挫折发生后个体内部心理活动中所具备的有意或无意地摆脱挫折造成的心理压力，减少精神痛苦，维护正常情绪，平衡心理的种种自我保护方式。心理防卫机制的意义有积极和消极之分，其积极的意义在于能够使主体在遭受困难与挫折后减轻或免除精神压力，恢复心理平衡，甚至激发主体的主观能动性，激励主体以顽强的毅力克服困难，战胜挫折；其消极的意义在于可能会使主体因压力的缓解而自足，或出现由退缩甚至恐惧而导致的心理疾病。

受挫后的挫折防卫方式有很多，如前面提到的升华、补偿等。升华的心理防卫机制能够使个体在遭遇挫折后，把内心痛苦化为一种动力，转而投入有益的生活学习中，这无疑是人们遭遇挫折后的最佳应对方式；补偿、文饰、幽默等心理防卫机制能使个体获得平衡心理，保持自尊，减轻内心的痛苦和焦虑，因而也不失为受挫后较理想的心理防卫方式。另外，合理的情绪宣泄也是缓解个体受挫后心理紧张和焦虑，保持其身心健康的有效机制。总之，构建成熟的心理防卫机制，不仅有助于个体提高自身的心理健康水平，也有助于个体自信心的培养与意志力的磨炼。

6. 建立和谐的人际关系

心理学研究表明：一个人与他人一起处在挫折压力中时，可以降低消极情绪体验。因此，个体在面对挫折时，除了积极改变自我之外，还应学会交往，与他人建立良好的人际关系，这对自身压力的缓解也是很有帮助的。交往是人们为了交流思想和感情而彼此间相互作用的过程，它使人们在人际关系互动过程中相互了解、相互依赖，形成稳定的心理联系，满足人们的情感需要。同时，由交往形成的人际关系又可以满足人的归属、情谊、认可等社会性需要。因此，学会交往，建立良好的人际关系是提高个体应对挫折能力的有效手段。

加强人际交往，融洽人际关系，首先要掌握交往技能，使自己与别人的交往得以顺利进行。例如首先要掌握基本礼节礼貌，良好口头表达等；其次要养成良好的交往品质，自觉地择友而交，相互理解相互尊重，对朋友真诚、宽容；再次要把握各种机会参与交往，并保持沟通畅通，以免形成误解，产生不愉快。

（三）个体自我调控和心理调适的方法

1. 自我调控方法

人遭受挫折以后，会产生不良的情绪反应。如何将消极情绪宣泄出去，以维持生理和心理的平衡和健康，形成对挫折的积极适应，是转败为胜的重要环节。如何控制因受挫折而产生的强烈的情绪反应，是冷静、客观和理性地抵抗和应对挫折的基础。挫折情绪的自我调控方法有以下几种：

（1）宣泄疏导法

挫折会造成很大的精神压力，使个体产生不良的情绪反应，陷入紧张状态中，进而引起个体心理和生理变化，产生一定的负面情绪。如果体内激增的负面情绪如不及时排解，会危害个体的身心健康。

（2）倾诉法

处于不良情绪体验中的个体，要主动找亲朋好友交谈，将自己的不满情绪向他们倾诉，使消极情绪得以宣泄，心理获得平衡。常言道：一份快乐由两个人分享，就变成了两份快乐；一份痛苦由两个人分担，就变成了半份痛苦。所以有快乐和苦恼都可以找朋友诉说。

（3）活动释放法

活动释放法是借助活动如体育活动、户外活动等，把由挫折紧张情绪积累的负面情绪释放出去。

（4）增强心理自控能力

一个人遭受到挫折时，不仅内心受到刺激，感到痛苦，而且还会受到来自外界的各种打击，如冷嘲热讽、幸灾乐祸、观而不助等。作为当事者要冷静对待，不要悲观，而应采取积极的态度，增强心理调控能力，接受经验教训，确定新的目标，排除干扰，选择正确的策略手段，采取积极的行动，争取实现目标，获得成功。总之，个体的自我心理自控能力越强，抗挫能力就越强。

2. 自我心理调适方法

个体在遭遇挫折后，学习和掌握一些自我心理调适方法可以有效地化解因挫折而产生的焦虑、紧张等不良情绪,从而提高挫折承受力。常用的自我心理调适方法有自我暗示法、放松调节法、想象脱敏法、想象调节法和呼吸调节法等。

(1) 自我暗示法

心理学研究证明暗示作用对人的心理活动和行为具有显著的影响,暗示的语言可以引起或抑制人的心理和行为。自我暗示法就是指通过语言的暗示作用,缓解个体压力和调整个体的不良情绪。如当自己发怒时,提醒自己"不要发怒"等。自我暗示法一般是用不出声的内部语言进行默念,但也可以采取自言自语等其他方式。如在危机情境中,对自己的应对能力和心理状态出现负面评价时,为了完成任务、达成决策目标,这时民警个体就要采取"我可以""我能行""我不可以放弃"的暗示语言激发自己的潜能和斗志。

(2) 放松调节法

放松调节法是指通过对身体各部分主要肌肉的系统放松练习,抑制伴随紧张而产生的血压升高、头痛、手掌出冷汗、腹泻、失眠等生理反应,从而减轻心理上的压力和紧张焦虑的情绪。

放松调节法的要点是首先要学会体会肌肉紧张时的感觉,即收缩肌肉群,注意体会其感觉;然后再放松肌肉群,注意体会相反的感觉。

(3) 想象脱敏法

想象脱敏法是指通过在想象中对现实生活中的挫折情境和使自己感到紧张、焦虑的事件的预演,学会在想象的情境中放松自己,从而达到能在真实的挫折情境和紧张的场合下对付各种不良情绪反应的目的。想象脱敏法的基本做法是首先学会有效的放松,然后把挫折和紧张事件按紧张的等级由低到高排列出来制成等级表,再依据等级表由低到高逐步进行脱敏想象练习。

(4) 想象调节法

想象调节法是指通过想象的方法对付挫折引起的精神压力和不良情绪。想象调节法的具体方法较多,主要有视觉形象想象法、指导性想象法和音乐想象法等。

(5) 呼吸调节法

呼吸调节法是指通过某些特定的呼吸方法来解除精神紧张、压抑、焦虑、急躁和疲劳。呼吸调节法也有很多种,如深呼吸练习、叹气练习、充分自然式呼吸练习等。

第三节　公安民警的挫折反应与应对

一、民警心理挫折的定义及其要素

（一）民警心理挫折的定义

结合本章第一节对于挫折的有关理论知识，我们把民警的心理挫折表述为：民警在警务活动过程中，由于遇到障碍或干扰，致使民警个体或团队的职务活动目的的实现受阻，导致民警个体或团队的职务活动任务无法完成时所产生的消极情绪体验。

（二）民警心理挫折的构成要素

民警心理挫折是一种消极情绪，包括以下三个要素：

1. 产生挫折的情境

民警产生挫折的情境就是在民警有动机、有目的的警务活动中带来各种阻碍或干扰的客观条件，它既包括自然条件也包括社会条件。比如民警在处置群体性事件时，由于群众的不理解或者误解，出现的对民警围攻、谩骂甚至袭击民警等危害民警人身安全，严重制约民警有效处置群体性事件的现实情境。

2. 对挫折情境的认知和评价

民警个体或团队对于挫折情境的认知和评价会影响到民警的挫折体验程度。如果我们把公安危机事件作为挫折情境，经历过挫折体验的民警个人和团队对于个人对挫折应对的认知和评价与民警的受挫程度有着很大的关系。如本书第四章第六节和第七节民警个体危机应对能力问卷数据统计分析和民警团队危机应对能力问卷数据分析中的自我效能和团队效能评价的调查研究结果表明，在经历危机事件后，绝大多数民警对于自我效能和团队效能的评价较高，说明公安队伍民警的抗挫能力较强。

3. 产生的情绪和行为反应

民警作为具有自然人属性的社会个体，在日常生活中和工作中与普通人一样具有同样的情感体验，他们在遭遇挫折时也会出现愤怒、焦虑、攻击、躲避等情绪反应，所以民警也会产生心理挫折。

当民警个体或团队陷于挫折情境时，当事人的下丘脑会过度兴奋，影响脑垂体和内分泌系统的正常工作。体内会分泌大量的肾上腺素以增加抗紧张激素，从而破坏消化系统、血液循环系统的正常运行，不仅会使人体质衰弱，给精神上造成痛苦，还可能导致心理承受能力下降、行为异常等反应。如不及时进行调整，会带来不良的后果。如本书第四章第五节的民警危机心理应激问卷的数据统计分析（表 4 - 16）中的因子 4（心理压力大）中显示该因子的均值分只有 2.93，远小于最高值 5，说明危机事件给民警带来了很大心理压力，使他们遭受心理挫折。

二、分析民警挫折反应的有关理论

民警在遭受挫折后，会在行为方面出现一系列的挫折反应。学术界关于挫折反应的理论为我们分析民警的挫折反应提供了一定的理论支撑。

（一）挫折-攻击说

挫折-攻击是指当个体遭受挫折以后，由不良的愤怒情绪反应转而产生攻击性行为。攻击行为通常指向两个目标：一种是直接攻击，即攻击指向引起挫折的人或事物，如呼喊、叫骂、愤怒的面部表情、动手打人等，它是个体遇到挫折后的主要行为表现形式之一。受挫个体是否表现出直接的攻击行为往往依个人差异性的心理特点、给个体带来挫折事件的意义和价值而定。这种攻击行为在我们的日常生活中经常可见。我们知道民警除了是警务活动的主体外还是社会自然个体，他们的挫折反应也会在某个时候、某种情境下出现这种直接攻击的行为反应。另一种是非直接攻击，即把攻击的方向指向另外一些与引起挫折关系不大或没有关系的人或事物，这个我们可以理解为个体受挫后的不良情绪导致的攻击目标的迁移。挫折之所以会引起个体直接或间接的攻击行为，是因为挫折事件与攻击性行为之间有一个复杂的作用过程。如图 7 - 1 所示：

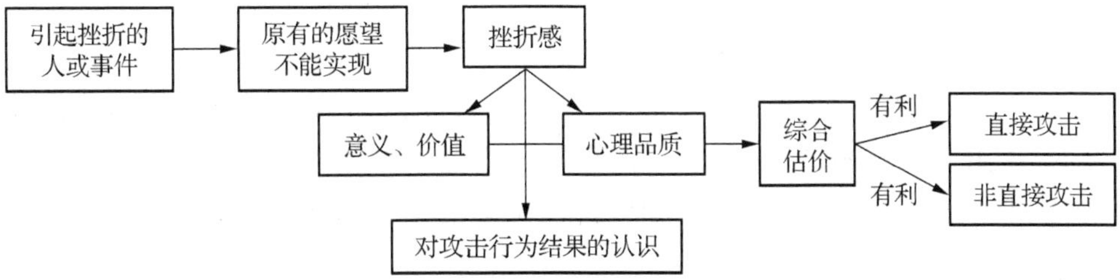

图 7 - 1　挫折与攻击行为模式

从这个模式图可以看出，攻击行为的产生是一个复杂的过程，个体表现出何种攻击行为主要看三种因素，即挫折的意义与价值、个人的心理品质和对攻击结果的认知。在引起挫折的事件与攻击行为产生之间有一个起因-判断、考量-评估（心理加工和分析）-行为的过程，在此我们要指明的是这里的受挫个体一定是具有正常社会功能的行为个体。

当应对和处置危机的民警个体或团队应对和处置危机的决策目标无法实现时，目击危机事态蔓延、危机现场混乱，甚至个人的人身安全受到威胁时会产生危机现场的挫折感，危机事件过后的领导批评、社会负面的评论等又会使个体产生危机后的受挫感，一些心理素质差或者不懂得正确归因的民警可能会采取直接或间接的攻击行为。于是，对于民警的危机干预等心理健康服务就显得尤为重要。

（二）挫折-冷漠说

当个体所承受的压力过大、持续时间过长，无法实施直接或间接的攻击行为，攻击无效，或者因为采取攻击行为而遭受到了更大的心理打击或行为惩罚时，受挫个体就会把原有的紧张、愤怒的情绪压抑住，进而采取冷漠行为。挫折-冷漠的产生也有一个作用过程，如图 7－2 所示：

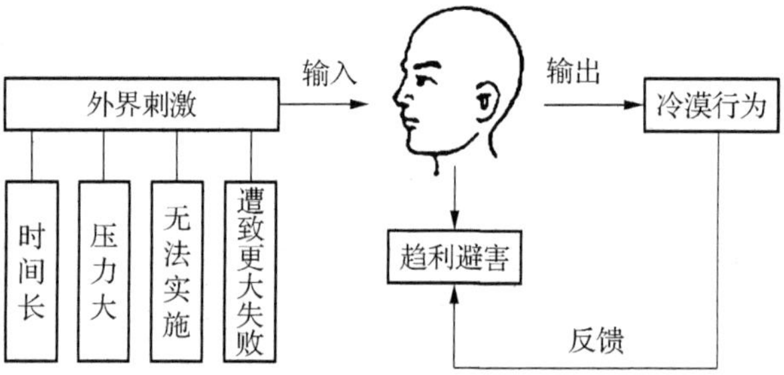

图 7－2　挫折与冷漠模式

这个模式说明：受挫个体依据趋利避害的原则对挫折后的反应进行认知评价：当受挫个体认识到目前其他选择均对自己构成较大威胁，只有采取压抑的方法才有利于自己时，就会采取冷漠行为。当然，是否采取冷漠行为还要看自己的心理活动的特点以及对各种具体环境条件的认知。冷漠行为可以反馈给大脑，证实采取此项措施的正确性。

本书第四章第五节民警危机心理应激问卷数据统计分析中的因子 4（心理压力大）的调查分析结果显示压力过大是民警危机应对的应激表现。我们知道警察职业的危险性、超负荷性、高应激性给民警日常的警务活动带来很大的压力，再加上危机事件应对和处置不力的压力和各种不同类型、不同程度的危机应对经历又会使民警压力重重。所以，要预防民警受挫后的冷漠行为反应，就要加强对民警心理压力的专业疏导和民警个体心理调适能力的培养。

（三）挫折-退行说

当个体遭受挫折以后，表现出与其年龄不相称的幼稚行为，好像又回到儿童时期的行为方式与习惯，经过短时期的退行以后，逐渐恢复到正常状态。例如：某个民警遭受严重挫折以后对自己的行为失去自制力，像小孩一样哭闹、暴跳如雷、装病、反应迟钝，等等。退行的实质是人们在无计可施的情况下表现出的一种暂时的宣泄，个体受挫后退行行为的产生也有一个过程。如图 7－3 所示：

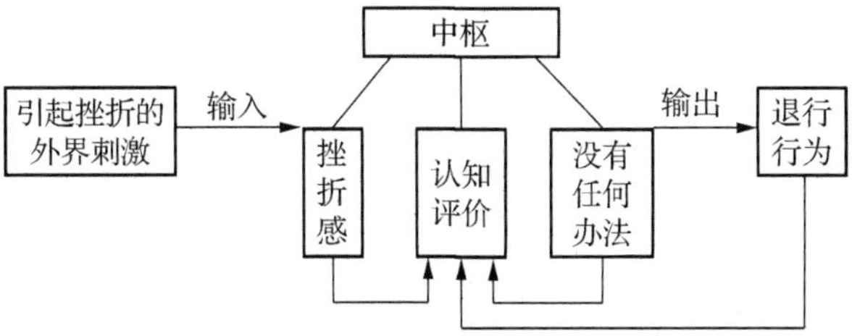

图 7－3　挫折与退行模式

这个模式表明：退行行为的产生是一个分阶段的复杂过程。第一阶段是外部刺激，即能够引起挫折的各种外界刺激通过传导途径输入给中枢神经系统；第二阶段是中枢神经系统的认知评价活动，挫折使人产生了挫折感，对于如何对付已出现的各种挫折，行为主体本身毫无办法，但又希望获得宣泄的机会，这时大脑就会作出退行的决策，并将这一信息输出给效应器；第三阶段，根据中枢的指令，效应器作出退行行为，缓解中枢神经积存的紧张情绪。

受挫后的退行行为作为个体的一种暂时性的缓解挫折反应的行为，可能在某种程度上暂时起到缓解挫折的作用，也可能对个体带来更大的伤害。对个体的伤害表现出个体退行行为后他人或社会对个体的负面评价会使个体陷入抑郁、自我封闭的状态，进而影响到个体的正常思维，使个体丧失正常的社会功能。

三、民警心理挫折产生的原因

民警的心理挫折不仅会给民警的身心健康水平带来严重的伤害，也会阻碍警务活动的顺利进行，进而给公安机关的战斗力和公信力带来负面的影响。分析和研究民警职务活动中的心理挫折产生的原因，是为了更好地为民警提供心理健康服务，保证公安机关的警务活动质量和效率。根据警察职业的特点和课题问卷调查研究的统计结果，从以下几方面分析民警心理挫折产生的原因。

在警务活动中，造成挫败感和产生心理冲突的原因来自多个方面，既有客观因素，也有主观因素。使民警产生心理挫折的原因主要有：

1．警务活动中的负性体验

民警职业的危险性使警察较其他公务员团体更容易遭遇威胁性或灾难性的负性事件，如灾难救援、人质解救、击毙歹徒、抗洪抢险等。有研究表明当个体面对一些突发性的灾难事件时，都会感到恐惧和无助，灾难事件会对个体的心理产生重大的刺激，有的人可能会出现负面的情绪和行为反应。如表现出担心、紧张、恐惧、愤怒等情绪变化，厌食、失眠、呕吐、血压高等生理反应，认知障碍及行为异常等。这种受挫感如果得不到及时的干预就会给个体带来长期的精神痛苦，进而影响人的社会功能。

2. 对挫折情境的不良认知

负性事件是客观存在的，是与民警的职务活动绑定在一起的。但它未必一定会给民警带来负性的心理体验。危机事件能否给民警带来负性心理体验，主要取决于民警自身对该事件的认知、加工。如果民警对危机的负性后果作了夸大的加工，对危机情境的发展和演变进行了不良的想象，就可能会导致负性心理体验的增强。一个人是否会出现强的负性体验，主要看当事人是否意识到或想象到挫折情境会对自己构成强大威胁。因此，在挫折的三个因素中，对挫折情境的认知和评价是最重要的，认知是连接挫折情境和挫折反应的桥梁，认知决定了反应的性质和程度。

四、民警的心理防卫的表现形式

不管什么原因导致的挫折，挫折经历期的个体在认知、情感和行为等方面都会采取特殊的表现形式以解脱挫折感给自己带来的各种负面情绪，减少其内心冲突与不安，心理学上将这个反应称为心理防卫。心理防卫通常表现为积极、消极与妥协三种形式。

（一）积极的心理防卫

积极的心理防卫是用理智的方法对抗遭遇到的负性挫折情境。积极的心理防卫的方式主要有以下几种：

1. 情绪转化

个体将挫折性事件给自己带来的负向情绪转化为积极的情绪，化消极因素为积极因素。这种积极反应取决于个体的心理素质和对挫折的正确归因。

2. 调整目标、改变策略

个体在实现目标的过程中遭遇阻碍，会使当事人重新思考自己的抱负水平、需要结构，进而调整目标、改变策略，重新鼓起勇气实现目标。如在危机应对和处置中遇挫或受阻后，民警个体或团队需要重新审视决策方案的可行性，或者在任务执行过程中不断修正决策方案，面对危机事件采取积极应对和果敢决策、果敢行动的方式。

3. 补偿

补偿是受挫个体因在某一方面遭遇挫折，而暂时放弃眼前任务，代之用另一方面的成功加以补偿。运用补偿方式既可以使受挫者重新建立自信，也可以减轻受挫者的挫折体验，获得一定程度上的心理满足感。我们说人无完人，但每个人都有自己的长处，民警也是如此。如特警训练营训练结束的综合考核中，有民警在某种单项考核中排名最后，该结果会使他产生一定的挫败感，但该民警并没有灰心丧气而是发挥自己的特长并强化训练，最终在另一单项考核中排名第一。这种面对暂时性的挫折没有放弃，而是寻找新的突破口获得成功的做法也是一种积极的心理防卫。

(二) 消极的心理防卫

消极的心理防卫是指受挫个体以非理智的方法对抗遭遇到的负性事件，主要表现为攻击行为。攻击的方式主要有两种：一种是直接攻击。它是指当事人将愤怒的情绪直接发泄到引起负性体验的人或物上。一般来讲，自尊心、好胜心特别强的人或者胆汁质型的人更容易把愤怒情绪向外发泄，直接攻击阻碍个人达到目标的人或物；另一种是间接攻击行为。它是指当事人在受挫后会寻找"替罪羊""出气筒"，将愤怒的情绪发泄到与引起个人负性体验不相干的人或物上。如有些民警遇挫后，会把服务对象或者家人作为发泄对象，其结果不仅影响到警察的公众形象，也影响到了受挫民警的家庭和谐。

(三) 妥协

妥协是指受挫个体采取一种折中的方式来对抗挫折，这种方式既不具有积极意义，也不具有消极意义，只是能够维持心理平衡。如自我安慰就是一种妥协，当个体遭遇负性事件后，会找出种种理由为自己辩解，进行自我安慰，也有人称这种方法为合理化。合理化有合理化的辩解和不合理不正确归因两种形式。合理化的辩解有助于受挫个体自我的精神安慰，不合理不正确归因有助于减轻受挫个体的焦虑和不安。其中不合理归因的妥协只适用于一般或不严重的负性事件，对于一些严重的挫折性事件归因的互相推诿往往会引起人际关系紧张或冲突，这种方法就变成了消极自我防卫而非妥协。

五、民警应对挫折的方法

每一个人都渴望生活愉快、事业成功，民警作为一个具有工作特殊性的社会群体，他们遭遇挫折的概率要比其他社会群体高得多。遭受挫折时，民警个体及团队应该及时调整自己的心态，坦然接受、沉着应对，或者寻求专业人员的帮助，运用科学的方法使自己从困境中顺利地解脱。具体方法有：

(一) 改变思维角度，正确认识挫折

由于个人的认识水平和客观环境条件的限制，现实生活中任何事情都不是一帆风顺的。人们对即将出现的事物应该有充分的心理准备，做好迎接最坏结果的准备。当我们遭遇挫折的时候，要有清醒的认识，从更高、更深、更广、更长远的角度看问题，跳出原来

的思维阈限，换一个角度看问题："塞翁失马，焉知非福"。换个角度、换个思维看待挫折，可能对于挫折情境的情绪体验就会完全不同。如图 7－4 所示的老妪与少女图：

图 7－4　老妪与少女

在图中，从不同的角度，看到的头像不同，既有美丽的少女，也有老态龙钟的老妪。反映了在危机应对和处置时民警要有多向思维的能力。由于危机现场的复杂性和危机事态的不可预知性，民警接到任务到达现场之前就要对处置危机的风险性、危机事件的复杂性、涉危机事件人员的不确定性、危机处置的艰难性等作好心理准备，作好应对和处置不力后的最坏打算，做到胸有成竹、心有定力。在危机处置中受挫时，如果及时转变思维角度，改变思维方向，可能危机问题就迎刃而解。

（二）不放大挫折情境

任何挫折作为一种负性体验，总是会通过人的感觉器官传送到大脑，再通过人的感知、记忆、思维、想象进行加工，而后产生不同的情绪体验。当这种挫折体验传送到大脑后，受挫个体有意识地不去强化记忆、放大想象，也就不会产生挫折反应。"自古雄才多磨难，从来纨绔少伟男。"我们应该调整自己的观念，有意识地通过逆境来锻炼自己，使自己经得起各种风浪。我们还可以对社会、生活形成乐观豁达的认识，这样当发现理想和现实存在很大差距时，不致感到悲观和绝望，遇到挫折时不致对人生和社会失去信心。

在执行危机应对和处置任务时，要对危机事件进行正确和科学的认知，不人为扩大危机情境的风险、危机的势态，即使任务受阻也能进行合理地归因，寻找契机积极应对危机事件。如本书第四章中表 4－5 的因子 1，表 4－9 的因子 1 都是关于民警积极应对、果敢应对危机事件的。

（三）增强自我调适能力

通过幽默、升华和补偿等所谓"化悲痛为力量"的方法，把受挫折的情感和精力转移到有益的活动中去，把消极的情绪导向积极的方面，以保持情绪的稳定和心理的平衡。尤其不要在无伤大局的小事上顽固不化，对待挫折偶然也可以采取屈服的对策。

民警在遭遇挫折后除了要寻求专业人员的帮助外，更要学会自我心理调适。自我心理调适的方法有：

1. 问题应对法

问题应对法的原则是接受不可以改变的现实，努力改变可以改变的现状。表现在危机情境事件中就是危机事件带来的挫折体验是无法改变的，民警个体和团队能做的只是改变危机应对策略，调整自己的心态，坚定自己的意志，为了实现危机决策目标不断努力。

2. 认知应对法

认知应对法的原则是了解问题产生的原因，改变自我认知，不放大挫折。表现在危机情境事件中具体为：要实现危机决策目的，民警个体和团队必须对危机给个体或团队带来挫折体验的原因进行正确归因，转变危机挫折的消极心理为积极心里，对症解决问题，有效应对危机。

3. 情绪应对法

情绪应对法是要学会觉知自己的情绪，学会幽默和合理宣泄。在日常生活和工作中善于掌握自我，善于合理调节自己的情绪，对由危机事件引起的挫折反应要进行适当的自我排解，能以乐观的态度、幽默的情趣、合理及适度的宣泄排解负面的情绪。首先，要及时体察、适当表达，并用科学的方法调节自己的情绪；其次，要学会幽默，采用轻松谈话和交流的方式化解长期积压的负面情绪，缓解压力；最后，合理宣泄也是排解负面情绪的方式，但这种合理的宣泄要遵循"对己有利，对他人无害"的原则，否则自己的宣泄就成了他人的负面情绪源。

（四）调整目标

人们生活中的多数挫折是由于个体所定的目标过高而引起的，这自然就会增加个体遭受挫折的可能性。有时虽然目标合理，但是由于个人主观努力不够，也会遭受暂时的挫折，这时我们可以通过调整目标，循序渐进，给自己增加信心，逐步实现最终的目标。例如：在单位聘任中，有些民警希望被重用但升职目标屡次受挫，如果处理不当，便会使一部分人产生很强的心理挫败感，影响民警的工作热情，甚至会产生自暴自弃的心理。面对这种打击就要理智地客观评价自己，分解和调整自己的目标，通过个人的不断努力最终实现目标。

（五）发挥领导在团队中的核心作用

公安机关的职务活动大多是以团队为单位进行的。在一个任务团队中，团队领导要运用各种影响力带领、引导或鼓励团队成员为实现目标而努力。我们认为一个称职领导至少要具备三个要素：一是领导者必须有追随者；二是领导者要有影响追随者的能力，这种能力包括正式的权力及个人所拥有的影响力；三是领导者实施领导的唯一目标就是要想方设法实现组织目标。

（六）战胜自我

民警在应对和处置危机事件时不可避免地会遇到种种艰难和阻碍，这时如果缺乏战胜困难、平息危机事件的勇气和自信而选择放弃，结果注定是失败，只能导致危机事件蔓延和扩散，危机事态恶化，进而产生深深的挫败感；如果能直面危机事件，根据危机应对的决策目标，怀着"咬定青山不放松"的信念和坚定的意志，就一定能平息危机，减少危机事件带来的危害，其结果就是胜利的喜悦。我们知道，危机事件是不以任何人的意志为转移而客观存在的，面临危机只有战胜自我的懦弱，才能战胜危机。

第四节　民警的意志力与挫折应对

坚定的意志、坚强的人格、坚持的态度、坚守的品质是公安机关民警或团队有效应对危机的强有力保证。讨论和研究个体的意志力是公安机关民警危机决策心理挫折应对研究中不可或缺的内容。我们知道，意志力强的人能够自觉地控制和调节自己的心理和行为，善始善终地将计划执行到底，直至目标实现。意志力强的人对挫折的适应能力、应对能力和承受能力都较强，并能将挫折进一步转化为促进目标实现的积极因素，进一步增强自己的自信心。

一、意志力的基本理论

（一）对意志的理解

人们在实现目标的过程中，总会遇到预想不到的困难和挫折，而要实现目标，就必须有坚强的意志作为后盾。意志便是在实现目标过程中克服各种困难和阻碍的能力。意志是自觉地确定目的，并根据目的调节支配自身的行动，克服困难去实现预定目标的心理过程，是人们主观能动性的表现。

意志坚强的人，在困难和挫折面前，能够在既定目标的指引下自觉调整和支配自己的行动，竭尽全力克服困难战胜挫折，实现目标；而意志薄弱的人，当遇到困难和挫折时就怨天尤人、畏缩不前，最终放弃目标和理想，或者在目标面前心存侥幸、轻率冒险，结果只能被困难和挫折所压倒。

(二)意志过程

意志作为人们意识能动性的集中体现,是人类特有的心理现象。意志在个体主动变革现实的行动中表现出来,对心理状态和外在行为有发动、坚持、制止和改变的控制调节作用。人们有目的行动的意志过程包括两个阶段:

1. 确定行动目标

这一阶段表现为动机的取舍和调整,旨在克服动机带来的冲突,确定行动目标,选择有效的方法和策略,制订切实可行的行动计划。表现在危机应对和处置中的行动计划的制订就是决策者要根据危机的性质、类型、态势、发展变化的趋向进行客观地判断和分析,最终做出有效控制、平息危机事件的决策方案。我们来看心理学家做过的一个小实验:

> 实验目的:
>
> 将一个班的学生分成3组,前去10公里之外的村庄。
>
> 实验过程:
>
> 甲组学生不知村庄有多远,只让他们跟着向导走。刚走完3公里,就有学生叫苦。走了将近一半,学生们情绪极度低落,队伍散乱,溃不成军。
>
> 乙组学生仅知道距离目的地10公里,中途没有路标,他们也只跟向导走,走了多少,还有多少路程,一概不知。结果走了一半多点,有人抱怨不迭,速度也明显慢得多。估计快要走到时,有学生大喊"加油",学生们才振作精神,加快了速度。
>
> 丙组学生不仅知道距离目的地10公里,还知道途中设有路标,上面写有里程。走了多少,还剩多少路程,他们心中有数。结果这一组学生一路上精神饱满,当他们疲劳时,一看路标,知道已经走了8公里。这时,不但没人叫苦、没人抱怨,反而有人带头唱歌鼓劲。

由该实验可见:丙组速度最快,乙组次之,甲组最慢。心理学家解释原因时称,甲组目标不明确;乙组目标虽明确,但缺乏计划;丙组则既目标明确,又计划清晰。

所以,不论个人和团队,要想有所成就,首先应该知道自己要做什么,怎么做。在行动之前明确目标让个体或团队知道要做什么,而根据规则制订的详细计划是通向成功的必经之路。正如美国著名思想家爱默生所说"知道自己要怎样前往何处":即知道目标是否明确,在实现目标的过程中如何最大程度把精力集中在该目标上,如何一步步向目标靠近的人才容易达成目标。

2. 执行决策计划

这一阶段表现为克服内外困难,冲破种种阻力,执行决定,并根据挫折和失败产生的原因不断总结经验教训，调整计划，坚持行动，最终实现计划，达到目标。表现在危机应对和处置中执行决策方案的过程中，就是执行危机应对和处置任务的民警及其团队按照计划阶段的决策方案，克服危机事件本身及任务执行过程中存在的或者新出现的种种阻碍和困难，经历的挫折体验—总结、分析挫折原因—修正决策方案—调整行动计划—坚定战胜危机的信念—实现决策目标的过程。

（三）对意志力的理解

意志力是指个体为达到既定目的而自觉努力的程度或坚强的意志品质。意志品质是一个人在生活中形成的比较稳定的意志特征，是个性的重要组成部分。人的意志力不是与生俱来的，而是在长期的社会实践活动、生活磨炼中逐渐培养、锻炼出来的。

意志力是人格中的重要组成因素，对人的一生有着重大影响。人们要获得成功必须要有意志力作保证。早在 2 300 多年前，孟子就说过："天将降大任于斯人也，必先苦其心志，劳其筋骨，饿其体肤，空乏其身，行拂乱其所为，所以动心忍性，曾益其所不能。"生动地说明了意志力的重要性。要想实现自己的理想、达到自己的目的，需要具有火热的感情、坚强的意志、勇敢顽强的精神，应对前进道路上的一切挫折和困难。

（四）意志的品质特征

意志的个别差异主要体现在意志的品质方面，意志的品质特征表现为：意志的自觉性、意志的果断性、意志的自制性和意志的坚持性。

1. 意志的自觉性

意志的自觉性是个体对自己行动的目的和意义有明确的认识，并能主动地支配和调节自己的行动使之符合自己行动的目的，称为意志的自觉性。有自觉性的人能自觉地管理自己，约束自己的行为，不受外界无关事物吸引，不屈从周围的压力，独立自主地努力坚持实现目标。正如郑板桥诗中所写："咬定青山不放松，立根原在破岩中。千磨万击还坚劲，任尔东西南北风。"意志的自觉性贯穿于意志行动的始终，是产生坚强意志的源泉。

具有意志自觉性的人，在行动中要注意：一方面不轻易接受外界影响，另一方面也不拒绝一切有益的意见。民警在警务活动中是否具有意志的自觉性，主要从以下几方面考量：

（1）目的明确

民警无论执行何种任务，都既要确定终极目标，也要确定过程（或环节）目标。

（2）目的支配行动

为了实现目标，要自觉地把自己的言语、行动置于目的约束之下。

（3）克服困难，实现目标

为了达到目的，自觉地排除困难，甘愿吃苦耐劳，努力完成任务。民警在日常的警务活动中，尤其是在危机应对和处置过程中会碰到各种意想不到的困难和阻碍，“迎难而上”一直以来是公安机关警务活动对民警的要求。

而与自觉性相反的特征是受暗示性和独断性。受暗示性和独断性均是意志脆弱的表现，它们都缺乏自觉性行动的基础，它们在行为活动中由于缺少判断是非、真伪的标准而盲目行动。其中，受暗示性是指个体不加分析和批评地受他人影响，轻率地改变行动方向。具有受暗示性的人，只能在得到提示、命令、建议时才表现出积极性，而且他们很快就会屈从于别人，对别人的思想、行为会不加批评地接受。受暗示强的人容易出现做事不果断甚至是上当受骗。独断性则是坚持己见，一意孤行，固执己见。他们毫无理由地拒绝考虑别人的任何批评和劝告，也不善于吸取经验教训。有独断性的人，表面上似乎是在独立地执行决定、采取行动，但实际上是不考虑自己采取的决定是否合理的缺乏自觉性的表现。

受暗示性和独断性都是由于没有真正领会行动的意义。

2. 意志的果断性

意志的果断性是一种明辨是非、迅速而合理地作出决策，并实现决策目的的品质。具有果断性的人能全面而又深刻地考虑行动的目的及达到目的的方法，懂得所作决策的重要性，清醒地了解可能的结果。具有果断性的人同样经历着复杂的、剧烈的内心斗争，包括对立的动机冲突和激烈的情绪感受，但在动机冲突时，没有多余的疑虑，需要行动时能当机立断，即使冒生命危险也毫不犹豫，敢作敢为。在不需要立即行动或情况发生变化时，又能立即停止执行已作出的决定。

本书第四章第四节民警危机决策心理问卷统计分析(表 4 - 9)中的因子 1(果敢自信)就是研究危机决策意志的果断性的。

3. 意志的自制性

意志的自制性是一种善于控制情绪和支配自己行动的意志品质。自制性强的人，在意志行动中不易受无关诱因的干扰，能控制自己的情绪，在坚持完成意志行动的同时能制止自身对达成目的不利的行动。与自制性相反的意志品质是任性和怯懦。其中，任性的人自我约束力差，不能有效地调节自己的言论和行动，不能控制好自己的情绪，行为常常为情绪所支配；怯懦的人胆小怕事，遇到困难或情况突变时易惊慌失措，畏缩不前。

4. 意志的坚持性

意志的坚持性是一种意志行动中能坚持决定、百折不挠地克服困难和障碍，完成既定目的的意志品质。这是最能体现人的意志的一种品质。坚持性强的人能根据目的要求，在长时间内毫不松懈地保持身心的紧张状态，直至达到目的。在遇到困难时，能激励自己树立起克服困难的信心，始终如一地完成意志行动。所谓“锲而不舍，金石可镂”，就是意志坚持性的体现。凡有成就的人，都有极强的意志的坚持性。正如英国著名的科学家贝弗里奇（Villiam lan Beardmore Beveridge）所说的："几乎所有有成就的科学家，都有一种百折不回的精神。因为大凡要取得有价值的成就，在面临反复挫折的时刻，都需要毅力和勇气。"可见，意志的坚持性是事业成功的重要条件。在危机应对和处置中的意志的坚持性要求民警无论遇到什么阻碍或挫折都不忘记危机决策目的的初心，坚定意志制止、控制和平息危机。

二、意志活动的运行过程

意志总是通过一系列的具体行动表现出来的。意志行动的实现过程是意志心理过程的完整展现，它不仅是行动的外部表现过程，还包括心理对行动的内部组织和调节。因此，意志活动的运行过程包含以下内容：

（一）价值目标的确立

个体在某一时期内通常会有若干价值需要，并会在大脑中形成相应的主观欲望。这些欲望的满足具体表现为某一种价值事物（如食物、金钱、地位或爱情）的获取或价值目标的实现，其生理机制是：某一种价值目标（或价值需要的目标物）在大脑皮层中所对应的兴奋灶[①]得到锁定和激发。

（二）整体规划的设计

行为主体能够针对已经确定的价值目标，作出一个整体规划并对各个阶段、各个环节的工作进行安排。由于任何一个价值目标都必须通过实施一系列的复杂行为来实现，每个阶段、每个环节的工作可以看作是一个复杂行为，这一系列的复杂行为可以看作是一个超复杂行为，因此整体规划的设计过程实际上就是一个超复杂行为的设计过程。具体而言，就是把多个复杂行为按照不同的结构方式进行排列组合，并计算出每一种排列组合的价值率，然后比较并选择出最大价值率的超复杂行为。其生理机制是：某一种价值目标在大脑皮层中相应区域的兴奋灶得到激发后，会使人产生强烈的情感体验，这个兴奋灶将对额叶区的若干复杂行为的兴奋灶产生强烈的吸引力，并使之按照一定的结构方式组合成一个新的兴奋灶群，组合的原则是尽可能使合成的兴奋强度达到极大值，从而使各个复杂行为能够协调一致，并产生具有极大值价值率的超复杂行为。这一过程往往会反复多次，然后，把多个具有极大值价值率的超复杂行为进行比较，最后来确定一个具有最大价值率的超复杂行为作为实现这一价值目标的整体规划。

① 兴奋灶是人体发生条件反射时所产生的兴奋点。

如同公安危机决策并不是对危机应对的单一环节形成方案，而是根据危机形成演变的规律和特点作出的在危机苗头阶段、危机酝酿阶段、危机发酵阶段、危机爆发阶段、危机平息阶段以及平息后的危机分析、总结阶段的整体决策方案。

（三）实施细则的制订

整体规划确定以后，对于每一个阶段、每一个环节的工作就需要进行具体安排，这就是实施细则的制订。构成超复杂行为的每一个具体的复杂行为，通常需要多个简单行为按照一定的结构方式来协调完成，因此实施细则的制订过程实际上就是每一个复杂行为的设计过程，具体而言，就是把多个简单行为按照不同的结构方式进行排列组合，并计算出每一种排列组合的价值率，然后进行比较，选择出具有最大价值率的复杂行为。其生理机制是：按照整体规划的某个阶段、某个环节所对应的某种复杂行为，激发大脑皮层中相应区域的兴奋灶，使人产生强烈的情感体验，这个兴奋灶将对额叶区的若干简单行为的兴奋灶产生强烈的吸引力，并使之按照一定的结构方式组合成一个新的兴奋灶群，组合的原则是尽可能使合成的兴奋强度达到极大值，从而使各个简单行为能够协调一致，并产生具有极大值价值率的复杂行为。这一过程往往会反复多次，然后，把多个具有极大值价值率的复杂行为进行比较，最后确定一个具有最大值价值率的复杂行为，作为实现整体规划在某一个阶段、某一个环节工作的实施细则。

（四）具体行为的落实

实施细则确定以后，需要落实每一个具体行为。构成复杂行为的每一个具体的简单行为，通常需要多个本能动作（无条件反射或一级条件反射）按照一定的结构方式协调完成，因此具体动作的落实过程实际上就是每一个简单行为的设计过程，具体而言，就是把多个本能行为按照不同的结构方式进行排列组合，并计算出每一种排列组合的价值率，然后进行比较，选择出具有最大价值率的简单行为。其生理机制是：按照实施细则，每一个简单行为在大脑皮层中相应区域的兴奋灶得到激发后，会使人产生强烈的情感体验，这个兴奋灶将对额叶区的若干本能行为的兴奋灶产生强烈的吸引力，并使之按照一定的结构方式组合成一个新的兴奋灶群，组合的原则是尽可能使合成的兴奋强度达到极大值，从而使各个本能行为能够协调一致，并产生具有极大值价值率的简单行为。这一过程往往会反复多次，然后，把多个具有极大值价值率的简单行为进行比较，最后确定一个具有最大值价值率的简单行为，作为实现实施细则的具体动作。

（五）意志动力特性的修正

人对每个自身的行为动作（超复杂行为、复杂行为、简单行为和本能行为）都有一个意志。由于意志是人对其行为价值率高低的一种主观估计，因此必然存在着或多或少的误差，需要不断进行修正。以复杂行为的修正为例，意志的修正程序是：人在实施某个复杂行为之前，总会对相关的所有简单行为的价值率进行分析，并在此基础上对整个复杂行为的价值率生成一个预测值。该预测值与人的中值价值率进行比较后，人的大脑中形成实施这个复杂行为的意志。完成这个复杂行为后，人又会将其价值率的实际值与预测值进行对照，如果存在明显的误差，就会对其中一个或多个简单行为价值率的预测值或意志进行修正。修正的优先顺序是：先修正相对不熟悉的、新出现的或相对不明确的简单行为的意志；如果有两个以上不熟悉的简单行为，则先修正低价值层次的简单行为的意志；如果有两个以上不熟悉的低层次的简单行为，则先修正较大规模使用的简单行为的意志。

三、民警培养意志力的途径

顽强的意志力是人们走向成功的关键性个性因素，而意志力不是与生俱来的，更不是一蹴而就的。正如泰戈尔所说："我不祈求痛苦困难有所止境，只希望有一颗征服它的心。"巴尔扎克说："我宁愿一百次跌倒，一百零一次爬起来，只要爬起来，就要有进无退。"海明威说："人不是为失败而生，一个人可以被毁灭，但不能被打败。"风起云涌的历史因为一个个坚强的人而精彩，虚幻缥缈的空间因为一个个不服输的人而连贯。文明的进步、社会的发展、诸多名人的警句为人们战胜挫折和失败找到了方向，培养良好的意志品质，锤炼不服输的性格才是真正的成功。

良好的意志品质不是天生的，而是在后天的教育和实践中逐步形成和发展起来的，是有意识培养的结果。所以，一个人想要获得成就和发展，实现自己的远大理想和奋斗目标，就必须在实践中不断锤炼，磨炼自己的意志力。无数的研究表明，意志是人们成功的重要保证，没有优良的意志品质，任何宏伟的目标都无法得以实现。当代社会竞争更加激烈，人与人之间的竞争不仅是智力的较量，更是一种意志的决斗。因此，谁拥有坚强的意志力，谁就能够在未来的竞争中取得成功。警察高风险、高应激、高负荷的工作性质决定了其挫折感更强。因此，培养和拥有良好的意志品质尤为重要。培养意志力的主要途径有：

（一）要有明确的行动目标

"世上无难事，只要肯登攀"，立志是一个重要的话题。所谓志，是一个人做事的意向和决心，意向不明确，决心不坚定，或虽有志向与决心而不去努力，那是不能达到目的成就事业的。所以，成功的前提在于有志。凡事在行为活动前，明确的目标是行动成功的关键。目标是对所期望成就的事业的真正决心。目标比幻想好得多，因为它可以实现。没有目标，人就不会有行动，也不可能采取任何步骤。如果个人没有目标，就只能在人生的旅途上徘徊，永远到不了想要到的地方。

人的意志活动总是指向一定的目标的。目标的性质决定人的意志力。目标越明确、越具体，越能有的放矢，始终如一，坚持到底。过高或过易的目标不利于培养和锻炼个体与困难作斗争的毅力。在公安危机决策中，只有明确目标才能指引民警个体或团队朝着目标不断努力，朝着目标不断地修正自己的心理和行为。

(二) 要有切实的计划

目标是计划的指南。目标一经确定，就必须拟定切实可行的行动计划。这里包括行动的步骤、方法和手段的选择。在制订计划时要正确分析实现计划的主客观条件、采取各种手段的有效性和合理性。只有理智地分析各种因素，权衡利弊，才能确定既能达到目的又适合个人实际条件的可行计划。意志力坚强与否，能从执行计划的过程中得到如实反映：坚强者果断，持之以恒；薄弱者动摇，半途而废。

在公安危机决策中，有了明确的决策目标，就有了制订决策方案的指南，所有的决策方案(包括备选方案)都是围绕着决策目标的实现而制订的。

(三) 要有迎难而上的精神

一般说来，困难来自以下几个方面：在执行决策方案的行动中，执行者要付出大量的智力和体力，其间有顽强意志力的执行者能够克服自己个性中原有的如懈怠、保守、不良习惯等消极品质，忍受由行动或行动环境带来的种种不愉快甚至是挫折的体验，等等。如果执行者不能克服这些来自主客观的种种困难，不具备坚韧不拔的精神，就无法实现行动目的。表现在公安危机应对方式上会出现积极应对和消极应对两种不同方式。

(四) 要坚持不懈

俗话说："善始容易，善终难。"意志力的锻炼，必须持之以恒、善始善终。大凡有志、有收获者，均是数十年如一日、专心致志、锲而不舍的意志坚韧者。在执行决策方案的过程中，常有与既定目的不符合的、具有诱惑力的人和事的吸引，这时就要控制自己的感情，排除主客观因素的干扰，目不旁顾，使自己行动按照预定方向和轨道坚持到底。那种见异思迁、半途而废的行为，正是意志薄弱的表现。"无志者常立志，有志者立长志"，正是对意志强弱的生动写照。常和社会负面现象打交道的民警往往会遇到许多的诱惑，如权、钱、色、毒等，这更要求民警在面对诱惑时要有坚持不懈的坚强意志力。

第八章

公安危机决策中团队合作研究

本书第四章第七节民警团队危机应对能力问卷统计分析研究结果显示：我们调查的两个因子——团队柔性和团队效能的描述性统计结果（表4-29）显示总均值分为4.705，标准差为1.18。相比理论预期值6（最高分值），有超过75%的民警对于危机决策中的团队应对能力（团队柔性和团队效能）是持肯定态度的，但是还有20%以上的民警对于该选项持否定态度。因此，增强团队的凝聚力和民警的团队归属感对于提高团队危机应对能力具有不可忽视的作用。

关于"团队"概念，1994年斯蒂芬·罗宾斯（Stephen P. Robbins）[①]首次对它作了界定，认为团队意即为了实现某一目标而由相互合作的个体所组成的正式群体。在随后的十年里，各个领域关于"团队合作"的理念风靡全球。无论从事什么职业，身处什么地位，承担什么任务，我们大部分工作都是依靠团队的力量来完成的。无论在何种领域、何种行为活动中，只要是有行动目标的、出于自觉自愿的团队合作，必将会产生一股强大而且持久的力量，帮助和引导团队更为准确、更为快速地达成目标。

我们认为面临突发性的公安危机事件，要求决策者在时间压力和各种不确定因素的限制下快速反应、有效决策以控制和平息危机。单个民警的力量是有限的，而此时依靠团队的力量则更容易实现决策目标。现代社会中，团队精神、团队合作、团队能力日渐受到重视，危机决策中的团队应对能力的提升可以有效提高公安机关的危机应对和处置能力。所以，时刻可能面对突如其来的危机情境的人民警察，要具备比其他职业群体更强的团队合作意识和合作精神，需要在团队合作中不断提升团队的决策能力、执行能力。

① 斯蒂芬·罗宾斯：美国著名的管理学教授，组织行为学的权威。他在亚利桑纳大学获得博士学位，曾就职于壳牌石油公司和雷诺金属公司，有着丰富的实践经验，并先后在布拉斯加大学、协和大学、巴尔的摩大学、南伊利诺伊大学、圣迭戈大学任教。

第一节　团队合作的基本理论

一、团队及团队合作

在充满挑战和竞争的今天，团队和团队合作已成为人们在实际工作中完成任务、达成目标不可或缺的组织和协作形式。每一个社会个体都无法离开社会组织单独存在，每一个社会个体都会隶属于某个团队。团队成员的个性、团队领导成员的管理能力、团队成员间人际沟通能力不同、团队的凝聚程度的差别，导致个体在团队中的感受不同。在有的团队中，人们相处融洽、合作心情舒畅，工作效率高，工作业绩好，团队成员同心同德；在有些团队中，团队成员间钩心斗角、互相猜忌，心情压抑，内忧外患，工作效率低，工作业绩差，团队成员离心离德。

(一) 团队

到目前团队精神不仅成为企业管理中使用频率最高的词，也成为各行各业工作、攻关的核心理念。越来越多的人开始认识到个人力量的渺小和团队凝聚力的强大。没有完美的个人，只有完美的团队。团队是个人智慧和力量的集合。

1. 团队的定义

关于团队，不同的教材和论著中有不同的解释。根据斯蒂芬·罗宾斯对团队最初的界定，再结合公安危机决策的目标，我们把团队定义为：为了共同的目标、完成共同的任务结成的一种领导有方、配合有序、支持有力的由不同角色、不同分工、不同能力的人组成的共同体，该共同体要合理利用每一个团队成员的智慧和能力，通过成员间的协同配合，解决问题，达到共同的目标。

2. 团队构成的五个(5P)要素

(1) 目标(purpose)

团队应该有一个引导团队成员努力方向的既定目标，没有目标的团队就没有存在的价值。

团队的目标必须跟组织的目标一致，并且可以把大目标分成小目标，具体分到各个团队成员身上，共同实现这个目标。同时，目标还应该有效地向大众传播，让团队内外的成员都知道这些目标，有时甚至可以把目标贴在团队的会议室成员办公桌上，以此激励团队的所有成员为这个目标去工作。

正如危机决策的团队，其决策的目标就是有效应对和处置危机事件，最大限度地降低危机带来的危害后果。对团队决策者的要求就是要在有限的时间内快速确定应对和处置危机事件的方案及可能的备选方案，控制、平息危机事件。

(2) 人(people)

人是构成团队最核心的力量。2 个以上(包含 2 个)的人就可以构成团队。目标是由人具体实现的，所以人是团队中非常重要的组成部分。一个团队中需要有人出主意，有人订计划，有人执行，有人协调，有人监督，具有不同分工的人组合起来一起去为了某个目标去工作，通过共同努力完成任务、实现目标的过程就是团队合作的过程。

团队目标是通过团队中的个人来具体实现的。也就是说团队应对和处置危机的任务和目标的最后实现，靠团队中的民警个体。基于个人在学历、年龄、工作经历等方面的差异，每个个体在团队中所发挥的作用不同，大家群策群力才能出色地完成任务。

(3) 团队定位(place)

团队定位包括团队的定位和个体的定位。团队的定位即团队在完成任务、达成目标的过程中的人员组成、团队隶属、对谁负责及如何激励下属等；个体的定位即个体作为团队的必要组成，在团队中扮演的角色、承担的责任等。

(4) 权限(power)

团队当中领导人的权力大小跟团队的发展阶段相关，一般来说，团队越成熟，领导者所拥有的权力相应越小，在团队发展的初期阶段，领导权相对比较集中。

(5) 计划(plan)

计划包含两层含义：其一，任何目标的最终实现，离不开一套具体的行动方案。如在公安危机决策中的决策首选方案和备选方案即为达到决策目标的行动方案。其二，按计划、有步骤的行为是保证团队任务顺利完成的关键。只有行动前有计划并在行动中根据实际需要不断地修正计划，才能使团队一步一步贴近目标，从而最终实现目标。如危机决策方案的执行过程，方案作为决策团队智慧的结晶，它是在团队成员对危机事件的主观判断、经验判断的基础上形成的。方案一旦形成就要付诸执行，然而由于危机是动态变化和发展的，不以人的主观意识为转移，所以在方案执行的过程中不能生搬硬套方案，需要根据危机事件的发展变化，按照危机应对和处置的决策目标不断修正决策方案，才能最终实现决策目标。

3. 团队成员的八种角色

在一个团队当中，每一个团队成员都需要或可能需要承担不同的角色，担负不同的职能。为了顺利完成任务，团队成员有着不同的分工。一个团队中通常需要以下八种角色：

(1) 创新者——首先提出观点

（2）实干者——开始运筹计划

（3）协调者——在想谁干合适

（4）完善者——吹毛求疵

（5）信息者——及时提供信息

（6）推进者——希望立即实施

（7）监督者——开始泼冷水

（8）凝聚者——润滑调适

（二）团队合作

完成任何任务，仅凭单个人的才智和能力是不可能达到目标的。只有全体成员统一目标、相互配合，在方法和行动中协调一致，建立起互相鼓励、互相支持的团队氛围，才能克服种种困难，探索出解决问题的办法，尽最大的努力，获得最后胜利。

危机决策中亦如此，基于危机事件的发生无征兆、发展演变态势不可知、扩散传播速度快、危机信息资料不完整等特点，危机发生时会给现场处置的民警、当地公安机关甚至是上级公安机关带来巨大的冲击和挑战。一方面是危机带来的冲击，另一方面要在有限的时间内和各种不可预知的情况下快速决策以控制和平息危机，如果单靠民警个体的智慧和能力，不仅无法达到危机决策目标，还可能受个体经验、个体心理素质的影响贻误战机，导致危机事件的扩散和蔓延，带来更严重的社会危害后果。

1. 团队合作的定义

团队合作指的是一群有能力、有信念的人在特定的团队中，为了一个共同的目标相互支持合作、奋斗的过程。它不仅可以调动团队成员的所有资源和才智，也会自动地驱除所有不和谐和不公正现象，还会给予那些对团队忠诚和大公无私的奉献者适当的回报。如果团队合作是出于自觉自愿，它必将产生一股强大而且持久的力量。

而危机决策的团队合作是由两个或两个以上的特定成员（公安机关的民警）在危机情境下，根据危机事态确定决策目标、做出决策方案、执行决策方案的合作过程。

2. 团队合作的三个基础

（1）建立信任

要建设一个具有凝聚力并且高效的团队，第一个且最为重要的步骤就是建立信任。这不是任意类型的信任，而是坚实的以人性脆弱为基础的信任。在一个有凝聚力的、高效的团队中，团队成员不仅必须学会自如地、迅速地、心平气和地承认自己的错误、弱点、失败，还要乐于认可别人的长处。

袒露心迹、接纳别人，建立起以人性脆弱为基础的信任，理论上讲并不很困难，但对于不同的个体来讲，做起来并不那么容易。一个领导面对着一群有成就的、骄傲的、有才干的员工时，如果让这个领导解除戒备、甘冒丧失职务权力的风险，对他来讲是一个极其困难的挑战。很多的领导者都养成了在困难面前展现力量和信心的习惯，而要在众人面前展示自己的脆弱却是件难以接受的事情。事实上在很多的情况下，领导者需要建立以人性脆弱为基础的信任，才有足够的自信来承认自己的弱点，以便让别人仿效。以人性脆弱为基础的信任表现为团队成员之间彼此说出“我办砸了”“我错了”“我需要帮助”“我很抱歉”“你在这方面比我强”这样的话。以人性脆弱为基础的信任是团队建立信任不可或缺的。

(2) 良性的冲突

对于冲突的畏惧是团队合作中一个最大的障碍。它是基于两种情况产生的：一是有些团队领导怕失去对团队的控制，或者害怕团队成员的自尊心受到伤害而采取了种种避免团队成员冲突的措施；二是有些团队领导害怕冲突浪费时间而采取缩短会议时间及讨论时间的措施，作出自己认为早晚会被采纳的决策，留出更多时间来做他们认为的“真正”的工作。

团队领导的这些做法其实是把需要解决的重大问题掩盖起来了，是一种对建设性冲突的扼杀。随着时间的推移，这种不愿面对冲突、不愿通过良性冲突解决的棘手问题变得更加棘手，同时领导者也因为问题的不断重复出现而更加恼火。团队中的良性冲突是提高团队合作能力和团队凝聚力的积极因素。

(3) 不懈的行动

要把很难具备完整信息和绝对一致意见的团队建成一个具有凝聚力的团队，领导必须具备在信息不完善、意见不统一的时候作出正确决策的能力。决策能力是一个团队展现有效执行力的关键要素之一，而正确的决策是建立在团队成员讨论甚至是争论的基础上的，只有团队成员敢于直率地说出自己的想法，领导才有信心作出凝聚集体智慧的决策。

能在艰难的条件下作出决策是难能可贵的，而决策后的行为是团队执行力的体现。团队任务的完成是行为活动的结果，执行中的坚持不懈和义无反顾是团队走向最后胜利的关键。

3. 团队合作的行为原则

(1) 平等友善

团队成员之间相处的第一步便是平等。在团队中，团队成员不论职务高低、经验多少、警龄长短、学历高低、年龄大小，都要把自己作为普通的团队成员，全身心地投入新的团队。在团队组建之初，我们都会提到在团队中要做到“三个忘记”：忘记年龄，忘记性别，忘记职务。在团队成员的相处中，最忌讳的就是心存自大或心存自卑。在团队中，成员间只有平等相处，才能建立起相互信任。

(2) 善于交流

由于人们个性的差异,同在一个团队中的成员之间会存在知识、能力、经历方面的差别,这就导致了人们在面对和处理问题时,会有不同的想法。交流是团队磨合的开始,说出自己的想法,倾听对方的想法,用征求意见的态度同对方交流,如"你看这事该怎么办,我想听听你的看法"来与交流对象达成共识。

(3) 谦虚谨慎

法国哲学家罗西法古曾说过:"如果你要得到仇人,就表现得比你的仇人优越;如果你要得到朋友,就要让你的朋友表现得比你优越。"当我们让朋友表现得更优越时,他们会有一种被肯定的感觉;但是当我们表现得比他们还优越时,他们就会产生一种自卑感,甚至对我们产生敌视情绪。所以,对自己轻描淡写并学会谦虚谨慎,才能永远受别人的欢迎。

(4) 化解矛盾

一般来说,团队成员间有点小想法、小摩擦、小隔阂,是很正常的事。但千万不要把这种"小不快"演变成"大对立",甚至敌对关系。对别人的行动和成就真正关心的表现就是表达对他人的尊重与欣赏,这也是化敌为友的纽带。

(5) 接受批评

对于来自团队成员的批评,即使带有强烈的感情色彩,也不要与之争论不休,而要正确对待,从中寻找积极成分。这样,既有助于帮助个体改正错误,同时也避免了语言敌对场面的出现。

(6) 创造能力

只有具有创造力的团队才能收获一加一大于二的效果。发掘个人的潜力、培养个人的创造能力是建设创造性团队的关键。

所以团队中的每一名成员要以坦诚的思想感情、丰富的学识修养、高尚的道德品质、谦恭的处世态度、优雅的举止风度接纳他人,形成强大的团队凝聚力,从而提高团队的作战能力。

在危机应对中,团队成员在团队中的作用和应对能力会受到年龄、警龄、学历、职务等因素的影响。本书第四章第七节中调查对象的不同变量对团队危机应对能力的影响的调查结果显示年龄、警龄、学历、职务因素与团队危机应对的团队效能有关。为了提高团队应对危机的能力,就需要不同年龄、警龄、学历、职务的民警之间加强交流,建立互帮互学、平等友善、沟通协作的团队成员关系。

4. 团队合作目标实现的对策

(1) 要具有积极的目标

维持团队活力的一个重要条件就是成员都具有一个积极的奋斗目标。如果一个团队没有一个富有魅力的目标,就没有前进的方向,也就没有紧密的团结。

(2) 要有逐渐实现目标的思想

要使所有成员具有为实现目标前进的思想，是十分重要的。我们获得成功，是由于理想的引导、前进思想的促使。目标的实现也是前进思想的实现。在执行任务中出现失败，可能的原因一个是目标定得太低，放弃了可能达到的目标；一个是忘记现实可能性的限制，盲目地追求目标。

(3) 要展望未来

为了维持团队的高昂士气，就要正确理解现在的行动和最终目标的关系，这也是很重要的一方面。现在的行动决定着将来的结果，如果预见到将来，就会提高团队的士气。如果团队成员看不到未来的前景，就会产生不安全感，士气就会低落。

(4) 要有均等负担和机会

负担不均等会使士气低落；相反，负担公平会使团队更加和睦团结。团队领导者对某些成员的偏爱，会给团队活动带来消极的影响。负担公平和机会均等是团队内部团结的必要条件。

(5) 要有共同的感情

有共同的思想感情，才能紧密地结合在一起。例如与其他团队的比赛会促使团队的结合更加密切。团队团结得越紧密，在克服困难中就越有耐力。要使团队结合得好，团队成员就要有对团队的感情，有了感情，对困难就会采取积极的态度。

(6) 要满足所有成员的要求

从儿童后期开始，个体要求参加团队活动的愿望就非常强烈。团队在活动过程中应该尽量满足大多数成员的这种愿望，让他们在活动中表现自己、显示自己。在制订计划时给他们发言权，争取吸收他们的建议、采纳他们的提案，使他们得到喜悦、感到满足。这样就能调动每一个团队成员的积极性，维持团队高昂的士气。

二、高效团队的特质

团队是一个具有模式化结构的团体，一个高效的团队应具备以下特征：

(一) 清晰的目标

高效的团队首先要清楚所要达到的目标任务，在实现团队目标的时候，团队成员要把个人的目标融入团队目标中去。在高效的团队中，团队成员要明确自己在团队中的角色、地位、承担的责任和义务，愿意为团队目标的实现作出贡献，并在团队目标实现的过程中明确自己应该做什么、怎么做以及如何与团队成员配合，如何协调与团队成员间的关系等。

(二) 相关的技能

高效的团队是由一群具备各种能力的成员组成的。团队成员均要具备实现团队目标、出色完成任务所必需的能力及良好的个性品质。在现实生活中,有高超技术能力的人不一定具有高超的处理人际关系的技巧,而高效团队的成员则往往兼而有之。

(三) 相互的信任

每个成员对团队内其他成员的品行和能力都确信不疑是高效团队的显著特征。在现实的人际交往中存在着信任缺失,而信任的建立是需要花大量的时间去培养和巩固的,信任和不信任都是相互的。

在一个团队中,团队管理层的行为对形成成员相互信任的团队有很大的影响。如果一个团队崇尚开放、诚实、合作的办事原则,同时鼓励团队成员自主参与,有利于形成信任的环境。

(四) 一致的承诺

高效的团队成员对团队表现出高度的忠诚和承诺,为了使团队获得成功,团队成员愿意尽最大努力。通过对成功团队的研究发现,如果团队成员对自己所属的团队具有认同感,则他们的自我概念中把属于团队的身份也作为自我的一部分。因此,团队成员一致的承诺就是要为团队目标的实现付出个人的努力,调动和发挥自己的最大潜能。

(五) 良好的沟通

良好的沟通是高效团队的保障。团队成员通过畅通渠道进行各种言语和非言语信息的交流,实现成员彼此间良好的沟通。另外,良好的沟通还包括领导层与团队成员之间健康的信息反馈,它是一种有利于领导者指导团队成员行动、消除误解的沟通。

(六) 谈判的技能

谈判就是为了找到某问题的解决办法,团队成员一起相互通报、协商的过程或通过讨论取得某种程度的一致或妥协的行为或过程。对于高效的团队来说,由于成员角色具有灵活多变的特点,这就需要团队成员具备充分的谈判技能,以从容面对和应付不断变化的团队环境。

(七) 英明的领导

高效的团队领导者之所以能让团队成员有信心与他共同度过最艰难的时期,是因为他具有为团队指明前途所在的能力。他们的英明在于他们具有鼓舞团队成员的自信心、帮助团队成员更充分地了解自己潜力的能力。

高效团队的领导者在团队中往往担任的是教练和后盾的角色，他们对团队提供指导和支持，但并不试图去控制它。

公安危机决策的特殊性更需要一个高效的决策团队，在整个决策过程中团队成员都要有清晰的决策目标，清楚自己在团队决策中的地位和角色，具有应对和处置危机的良好心理品质、有效应对危机事件的能力，建立起团队成员间的相互信任，有着无论在危机事件中遭遇什么都不会放弃对警察职责的坚守的一致承诺，有着化解危机的谈判技能和技巧，有着在团队中可以与成员共渡难关的英明领导。本书第四章表 4 - 33 中显示有领导职务的民警对于团队应对危机能力中的团队效能和团队柔性的评价都低于无领导职务的民警，这就需要领导者具备鼓舞团队成员的自信心，充分调动团队成员潜能的能力。

三、团队的角色责任

俗话说："一个人是条虫，一个团队就是一条龙。"现代警务工作日益复杂、多变，加强团队合作、建立群体共识，是提高公安工作效率的必要途径。特别是在执行特殊任务时，凭一己之力是无法完成任务的，必须依靠团队成员间的相互配合、合作。融入团队、共同努力、精诚合作是团队强大的必要条件。团队的融合和凝聚，除了要依靠卓越的领导者外，每个成员都是团队不断融合过程中不可或缺的一分子。爱默生说："责任具有至高无上的价值，它是一种伟大的品格，在所有价值中它处于最高的位置。"科尔顿说："人生中只有一种追求，一种至高无上的追求——就是对责任的追求。"责任，是一种高尚的道德品质，是一种崇高的精神境界；责任，是一种催人奋进的力量，是一种敢于担当的使命。责任就是对自己所负使命的忠诚和信念，责任就是对自己工作的出色完成，责任就是对成绩的坚守，责任就是人生的升华。

警察是具有更高责任要求的职业，警察的工作是维护国家安全和稳定、保护人民生命和财产的安全，在以坚定的信念和强烈的责任感和使命感去对待每一项工作时，会感受到责任带来的巨大力量，这种力量在团队中积聚，将会成为一种无往而不胜的团队力量。"责任"是人民警察最基本的职业精神。只有能够承担责任、善于承担责任、勇于承担责任的人，才是可以信赖的人。正如本书第四章第六节的表 4 - 21(民警个体危机应对能力问卷的信度分析)中因子 2 的题项中提到的："无论在危机事件中遭遇什么，我都不会放弃对警察职责的坚守""我认为及时和正确处置危机事件与国家、人民的利益息息相关""当我接受处置危机事件的任务时，我承诺一定要全力以赴""处置危机事件时，我能够牺牲自身的利益以保证任务的完成"……这就是民警的责任。

（一）团队领导者的责任

领导者是团队的核心，是从全局角度把握整个团队方向的人。作为团队领导者，学会熟练地与别人一起完成更多的工作是提升自身价值所能做的最重要的事。在团队中，领导者要做到：

1. 要有明确而不呆板的分工

明确的分工可以让每一位成员清楚地知道自己在团队任务中所承担的内容及完成任务的标准，从而避免由于分工不明确而造成的团队部分成员的闲置。如果领导者不太清楚如何合理分工，可以尝试把团队任务分解并分给不同的人负责。这里强调不能呆板就是当分工确定后，如果某一任务的负责人员遇到了某种困难而无法按期完成，团队领导者不要死守原来的分工，而要适当调整分工或者让其他成员帮助完成。

2. 要促进团队成员间的交流

团队成员的日常交流有助于拉近人际距离，使成员在工作中更容易进行合作。团队成员间默契，更容易提高工作效率，而团队成员间的交流、沟通是团队成员磨合的必要方式和手段。团队领导者可以通过安排任务、组织成员讨论、商量、征求意见等方式促进团队成员间的交流。

3. 要多使用“我们”

团队是一个成员间不分你我的大家庭。团队领导者在说话的时候应多使用“我们”这个代词，不要使用“我”“你”“他”或者直呼姓名，同时也要鼓励团队成员也这样做。因为这样可以帮助团队成员形成一种集体意识，让他们从团队的角度去想问题，而不是从自己的角度出发。

4. 要让每个成员体会到自我价值

团队是一个人与人之间密不可分的大家庭。让团队中的每一个人都感到自己是团队中不可或缺的角色，才能充分调动团队成员的积极性和主动性。团队成员一旦觉得失去自我价值，往往会沮丧、失落、失去激情，导致工作效率和个人创造力的显著下降。如本书第四章第六节民警个体危机应对能力问卷中的一个题项“我认为自己对团队顺利处置危机事件有贡献”的调查结果显示，在 485 名被测民警中有 434 人选择了对该题项的肯定回答，占 89.5%。说明绝大多数的公安民警在公安队伍这个大家庭中能够认识到自己的责任和价值，在公安危机应对和处置中深感自己是团队不可缺少的角色，明确自己的责任。

(二) 团队成员的责任

团队中的每个成员都不可或缺，团队合作意识的生成和强化是团队凝聚的必要条件。无论多么强大的个人都只是团队中的一分子。团队是发挥个人才智最好的场所，也是个人得到认可和肯定的场所。个人的能力依靠团队才能得以发挥，没有团队支撑的个人是微不足道的。团队成员的责任表现为：

1. 要做好自己分内的事情

团队合作中，个人应承担的责任与团队任务目标息息相关，团队成员根据团队内部的分工把自己分内的事情做好是团队任务完成的保障。每个成员把分配给自己的任务按时、按质做好，不给团队带来负担，是每个团队成员的职责所在。

2. 要信任自己的队友

团队是成员间相互信任的群体。作为团队成员，只有相信自己的队友，才能放开手脚做好自己的事情。相互信任才能维系团队，只有在信任的氛围中才可能有高效的工作。因为团队任务是相互关联的，如果大家相互猜忌、互不信任，团队成员就不能全心投入工作中去，团队任务就无法完成，也不利于成员的团结和工作能力的发挥。

3. 学会为他人着想

团队融合的过程就是团队成员磨合的过程。在团队成长的过程中，成员间的摩擦和矛盾是不可避免的。遇到现实冲突时，团队成员学会站在他人的角度考虑问题，为他人着想，才会有利于团队的成长。一个为他人着想的人在团队当中会很受欢迎，同时也更有亲和力，而亲和力对于团队合作来说是很重要的。

4. 愿意多为团队付出

团队是一个人人为我、我为人人的集体，助人即自助。每一个团队成员在为团队付出的同时，不仅能推动团队工作的进展，也会使个人能力得到提升。

四、奉献是团队合作的高级形式

1. 奉献的定义

奉献是人们在责任感的驱使下，自觉地付出或自我牺牲的行为，是履行责任的有效行为。为了实现某一事业和理想，人们不顾个人得失，抛弃自己的一切利益，甚至牺牲生命。不同的时期，奉献有不同的内容和表现形式，但就其核心而言，奉献处理的是个人与社会的关系问题。一方面，从个人角度来讲，通过奉献行为，个人价值得以实现；另一方面，就社会而言，个人的奉献行为满足了一定的社会需要，并得到社会的承认。

2. 团队合作需要奉献精神

奉献可以分为三个层次：第一层次是个体遵纪守法，爱岗敬业，干好自己的本职工作，胜任自己所担负的社会角色，不做有损于他人、团队、社会和国家的事，这是最基本的奉献；第二层次是在个人与他人、团队、社会和国家的关系中，勇于和乐于付出，而不求社会、他人和国家的回报；第三层次是为了正义和真理，为了国家、人民的利益而献出自己的一切，必要时甚至不惜牺牲自己的生命。如民警个体危机应对能力问卷中的一个题项

“处置危机事件时，我能够牺牲自身的利益以保证任务完成”的调查结果显示，在 485 名被测民警中有 432 人选择了对该题项的肯定回答，占 89.1%。说明绝大多数的公安民警都有为实现危机决策目的不惜牺牲个人利益的奉献精神。这个奉献精神就是第三层次（高层次）的奉献。

对一个团队中的奉献有以下几种理解：一是当奉献者只占少数时，奉献就是一种高尚的行为。二是当奉献者占多数时，奉献就是一种“人人为我，我为人人”的合作或交换行为了。比如，如果团队中某个成员为团队作出了重大奉献，团队中的其他成员看到或感觉到以后，就会受到这种精神的感染，受到启发而像这个成员一样奉献于团队。三是如果团队成员都主动放弃个人眼前的利益来保障和增进团队的长远利益，然后再从团队进步中取得回报，则可以看作是一种最高程度的合作形式。这种合作形式效率最高，团队成员从中得到的利益也最多。

我们不得不承认，在现实社会中，人们以个体的身份与社会互动时，会表现出自私的一面，但把个体置于有着奉献精神的团队中时，原本有着自私属性的个体会被团队中的奉献精神所感染，从而自觉不自觉地把自己置身于团队之中，也能在团队合作中对团队及团队成员有所奉献，这就是团队合作的魅力所在。如果把奉献当作一种“毫不利己，专门利人”的精神来倡导，它的效果是对少数人有效，对多数人无效，短期内有效，长期内无效；如果把奉献解释为一种高级合作（交换）形式，就能被更多的人所接受。

第二节　团队的创建与发展

从团队创建和发展的历程来看，团队经历了成立、震荡、规范化、发展和调整五个发展阶段。

一、成立阶段

（一）团队成立

在团队的成立或者初创阶段要完成团队方案的规划和其他准备工作。

1. 团队定位

要考虑团队的定位问题，形成团队的内部结构框架，这就需要明确以下问题：

（1）是否需要组建这支团队。

（2）要创建一个什么样的团队。

（3）团队的主要任务是什么。

（4）团队中应该包括一些什么样的成员。

（5）如何进行团队的角色分配。

（6）团队的规模控制在多大。

对以上问题，创建者必须拿出一个明确的规划来。

2. 建立外部联系

建立起团队与外界的初步联系，这包括：

（1）建立起团队与组织的联系。

（2）确立团队的权限。

（3）建立与团队运作相适应的制度体系，如人事制度、考评制度、奖惩制度等。

（4）建立团队与组织外部的联系与协调的关系，如建立与服务对象的联系、团队间合作者的联系，努力与社会制度和文化取得协调等。

当这一阶段结束时，团队的每个成员都应该清楚本团队能够达到的愿景。

（二）成立阶段的团队领导工作

团队的成立必须得到上层领导的支持。在团队初创时，需要在整个组织内部挑选成员，这就涉及组织内部的协调和沟通问题，一定要明确本团队直接由谁负责，谁是团队的最终裁定者，并争取得到他的支持。

团队创建人需要花大量的时间和精力来带动自己的团队，因此责任重大。首先，创建人必须明确团队的目标，监督工作的进程并协调与外部的关系；其次，要促进团队成员之间的信任与合作，鼓舞团队成员的士气，培养团队精神。

（三）成立阶段的心理压力

当团队最初形成时，团队成员往往会经历一种“意向性”阶段。在最初的团队形成过程中，团队成员之间相互并不熟悉，这就会给成员间的彼此交往带来一些紧张或压力感。在团队组建之初，成员间大都表现出一种礼节性或礼貌性的交往。但随着时间的变化和彼此之间交往的深入，团队成员之间都意识到彼此之间相互依存的关系和团队的意义所在。比如在危机应对和处置工作中，需要跨区域公安机关联动和合作、各职能部门协同作战时组成的危机应对团队，在初建时就会面临这样的问题。

二、震荡阶段

团队成员在熟悉之后开始逐渐表现出自己的感受，同时也会表现出不满或拒绝，从而使团队陷入冲突之中。如果冲突不能够及时解决或冲突进一步扩散或升级，就可能造成整个团队的不和谐。

(一) 团队在震荡阶段的表现

(1) 团队成员的期望与现实产生脱节而出现不满情绪。

(2) 有挫折感和焦虑感而对团队完成目标失去信心。

(3) 团队中人际关系紧张而加剧冲突。

(4) 当出现问题时,由于对领导权的不满出现个别成员挑战领导权威的现象。

(二) 震荡阶段应采取的措施

领导者要安抚人心,这是该阶段最重要的措施。首先,领导者要认识并能够处理冲突,平衡关系;其次,领导者可以鼓励团队成员对有争议的问题发表自己的看法,在团队间进行积极有效的沟通;再次,要建立团队的工作规范,领导者要以身作则;最后,领导者要适时调整角色,适度对团队授权,鼓励团队成员参与决策,提高成员的自主性和积极性。

三、规范化阶段

经过一段时间的震荡,团队开始逐渐走向稳定和成熟。在这个阶段,团队成员产生了强烈的团队认同感和归属感,团队表现出一定的凝聚力。团队成员的人际关系由分散、矛盾逐步走向凝聚、合作,彼此之间表现出理解、关心和友爱,并再次把注意力转移到工作任务和团队目标上,关心彼此的合作和团队的发展,并开始建立工作规范和流程,团队的工作特色逐渐形成,团队规范化阶段的特征和相应的发展变化如表 8-1 所示:

表 8-1　团队规范化阶段的特征与变化

特征	变化
整体性	“我们感”或团队感增加,成员之间交往的友情发展,团队认同发展
稳定性	积极参加团队活动,团队活动的投入性和参与性增强
满意度	对团队生活感到愉快,自尊感和安全感增强,焦虑感和紧张感降低
动力性	团队影响力增强,团队成员对团队目标、团队决策和团队规范的接受程度提高,团队一致性行为增加

这一阶段是团队文化建设最有利的时期。团队领导者可进一步培养成员互助合作、敬业奉献的精神,增强对团队的归属感和凝聚力,促进团队共同价值观的形成,并鼓励团队成员为共同承诺的团队目标尽责。

这一阶段团队面临的最大问题是团队成员害怕遇到更多冲突而不愿正面提出自己

的建议。这时就应通过提高团队成员的责任心和建立成员之间的信任感来营造自由平等的氛围。

四、发展阶段

（一）团队在发展阶段的表现

（1）团队成员具有一定的决策权，可以自由分享组织的信息。

（2）团队成员信心强，具备多种技巧，能合力解决各种问题。

（3）团队内部采用民主的、全通道的方式进行平等沟通，化解冲突，分配资源。

（4）团队成员有着成就事业的高峰体验，有完成任务的使命感和荣誉感。

（二）发展阶段的团队领导工作

（1）思考和推动变革，更新业务流程与工作方法。

（2）提出更具挑战性的团队目标，鼓励和推动成员不断成长。

（3）监控工作的进展，通过承诺达到更佳效果。

（4）肯定团队的整体成就，承认团队成员的个人贡献。

五、调整阶段

随着团队任务的完成，很多团队都会进入调整阶段。对团队而言，可能有以下几种结果：

（一）团队解散

为完成某项特定任务而组建的任务型团队会伴随着任务的完成而解散。在这一阶段，团队成员的反应差异很大，有的很乐观，沉浸于团队的成就中；有的则很伤感，惋惜在团队中建立的合作关系不能再继续。

（二）团队休整

还有一些团队在完成阶段性工作任务之后，会开始休整并进入下一个环节的任务准备阶段，其间可能会有新成员的加入或原成员的流出。

（三）团队整顿

对于在上一阶段表现较差的团队，进入休整期后需要根据上一阶段的表现进行整顿。其重要内容就是寻找差距，进行整改，以新的面貌投入下一环节的工作。

第三节 团队的凝聚力

团队凝聚力是无形的精神力量，是将一个团队的成员紧密地联系在一起的看不见的纽带。团队的凝聚力来自团队成员自觉的内心动力，来自团队成员共识的价值观，是团队精神的最高体现。一般情况下，高凝聚力的团队将会带来高绩效，团队凝聚力越强的团队，在合作中的团队效能感就越强。

本书第四章第七节民警团队危机应对能力问卷数据统计分析(表 4－28)中的因子1 以危机决策的团队应对能力为调查目的，用“我们的团队在以往的处置危机事件工作中相当成功”“我们的团队有能力获得解决问题或应对危机事件的情报资源”“即使在作出应对危机事件决策时陷入困境，我们的团队也具有很快走出困境的能力”“我们的团队能够有效地处置危机事件”四个题项来调查危机决策中应对的团队效能感。由表 4－29 的描述性统计结果可以看出，在 485 名被测民警中该因子的均值分为4.914，与该选项的最大值 6 之间有一定的差距，说明有一定数量的民警对于危机决策应对中的团队效能持否定的态度，也可以说有些民警认为在应对危机事件过程中，团队凝聚与合作能力不强。于是，研究危机决策中的团队凝聚力是提升团队合作能力和团队效能的必要。

一、团队凝聚力的定义

所谓凝聚力，是领导凝聚团队和团队向上凝聚的力量。团队凝聚力是指团队对成员的吸引力，成员对团队的向心力，以及团队成员之间的相互吸引。团队凝聚力不仅是维持团队存在的必要条件，也对团队潜能的发挥有很重要的作用。一个团队如果失去了凝聚力，就不可能完成组织赋予的任务，团队本身也就失去了存在的条件。

二、团队吸引成员的条件

美国社会心理学家费期汀格(Festinger)认为：凝聚力是使团体成员停留在团体内的合力，也就是一种人际吸引力，对成员的吸引力就是团队凝聚力的中心特性，其表现为：

(一) 具备团队本身对成员的吸引力

团队本身对成员的吸引力表现为团队的目标方向、组织形态、团队精神、社会位置等适合成员，对成员的吸引力就大，团队凝聚程度就越高，反之吸引力就会降低，甚至会使成员厌倦、反感，从而脱离团队。

（二）具备满足所有成员多种需要的吸引力

团队满足所有成员多种需要的吸引力是指团队具有的对于成员个体的各种物质和心理需要的满足程度，它是增强团队吸引力的最重要条件。

（三）具备团队内部成员间的吸引力

一个团队中，如果团队成员间的利益一致，关系和谐，互相关心、爱护和帮助，吸引力就大；反之，吸引力就小，甚至会使成员反感。

三、团队凝聚力的表现

（一）外部表现

团队凝聚力在外部表现为团队成员的团队荣誉感。团队荣誉感主要来源于工作目标，团队因工作目标而产生、为工作目标而存在。因此，必须设置较高的目标承诺，以较高的工作目标引领团队前进的方向，使团队成员对工作目标形成统一而强烈的共识，激发团队成员对所在团队的荣誉感。同时，引导团队成员达到个人目标与工作目标的统一，增强团队成员对团队的向心力，使团队走向高效。

（二）内部表现

团队凝聚力在内部表现为团队成员之间的融合度和团队的士气。人皆具有社会属性，良好的人际关系是高效团队的润滑剂。因此，必须采取有效措施增强团队成员之间的融合度和亲和力，形成高昂的团队士气。团队是开放的，在不同阶段都会有新成员加入，团队凝聚力高会让团队成员在短期内树立起团队意识，形成对团队的认同感和归属感，缩短新成员与团队的磨合期，在正常运营期间，促使团队的工作绩效大幅提高。

四、影响团队凝聚力的主要因素

（一）团队的组成

1. 团队的规模

团队的规模越大，团队的凝聚力就越低。由于团队规模增大，团队成员间互动的机会和可能性就减小，从而难以形成凝聚力；反之，团队规模越小(一般认为 5～12 人比较合适)，团队成员间互动的机会增大，团队成员就越容易融为一体，从而形成更强的凝聚力。

2. 团队成员的相似性

所谓成员的相似性，是指根据个人档案记录归纳总结的比较明显的个体特征，也包括那些难以观察的对人的行为模式更具决定性影响的深层次因素，如个性、态度、价值观及其他心理因素等，还包括个体内在特性动态集合所产生的总体特征。

3. 团队成员间的吸引性

如果某成员在团队中的其他成员身上发现了自己喜欢的某种品质特征，如名声和社会地位、愉悦、支持性以及其他令人喜欢的个性特点等，该成员就会对对方表示赞美、钦佩。成员间的这种相互吸引，会使得他们愿意在一起共同完成某项任务。

(二) 团队的任务

1. 团队任务目标一致性

目标一致是形成凝聚力的前提条件。首先，如果团队目标与个体目标是一致的，那么个体就会被团队所吸引；其次，团队建立共同目标的过程往往是确立竞争对手的过程。有研究表明，“共同敌人”的出现会加强团队内部的认同，促使团队成员合作。

2. 目标任务实现过程中的相互依赖性

实现团队目标需要每个团队成员共同努力且密切配合。在团队合作的过程中，如果成员间相互依赖程度高，团队成员在行为、情绪和心理上就会与其他成员融为一体，形成合力。团队实现目标的过程也是凝聚力形成的过程。

3. 团队任务对成员的吸引力

如果完成团队任务的活动内容、行为方式、频率与成员的需要合拍，对团队成员吸引力就大，团队凝聚力就强。

4. 团队任务的难易程度

选择具有一定挑战性并经过团队成员的共同努力可以完成的任务，会为整个团队带来共同面对压力的体验、完成任务后的喜悦及对个人和团队的肯定。在完成任务过程中，团队成员必须要保持齐心协力，共同面对任务执行过程中的挫折乃至失败，不断挑战直到完成任务。完成任务的过程就是团队凝聚力升华的过程。相反，如果团队目标任务过难、过于苛刻，团队成员无论如何努力都无法完成，则会给团队带来极大的挫败感，使团队成员丧失信心，导致团队分崩离析。

（三）团队内部管理方式

1. 民主的领导方式

勒温(Kurt Lewin)等人的经典实验比较了在“民主”“专制”和“放任”这三种领导方式下各实验小组的凝聚力和团队气氛，发现民主型领导方式组比其他组成员之间更友爱，成员相互之间情感更积极、思想更活跃、凝聚力更强。

2. 正确的激励方式

不同的激励因素和激励水平，对成员产生的吸引力也不同。促进团队凝聚力的激励因素主要指能够强化归属感的各种情感因素。每个团队成员都有自己的心理需求，每个人的心理需求各不相同，团队是否能够持续为其成员提供成员所期望的激励，会对团队凝聚力产生重要影响，团队领导者在团队任务完成的过程中要运用正确的激励方式，提供成员所期望的激励。

3. 加强成员间的沟通

成员之间的沟通有助于团队成员对团队任务的理解和团队成员之间及时了解对方的进展情况，从而对自己的工作进行适当调整，以更好地完成团队任务。

4. 具有一定的行为规范

团队有无一定的规范，也会影响到团队凝聚力的形成与发展。有效、适宜的团队行为规范，会起到约束成员的行为的作用，使成员的行为最大限度地指向团队任务。而在高凝聚力的团队中一般较易产生公认规范。

5. 良好的外部环境

团队的外部环境也会影响到团队的凝聚力，一个团队总是在与外界环境不断地发生着交互作用。积极的外部环境必然会对团队凝聚力的增强起到正面的促进作用；相反，消极的外部环境则会对团队凝聚力产生负面影响。如团队间的合理竞争会增强团队凝聚力，当团队之间开展竞争时，各团队内部就会产生压力和威胁，迫使所有的成员自觉地团结起来，减少内部分歧，忠于自己的团队，维护团队的利益，一致对外，以避免自己的团队受挫、受损。这样，团队成员间的关系就变得密切起来，大家同舟共济，共赴使命，团队的凝聚力也就得以提高与加强。

五、增强团队凝聚力的途径

（一）有明确一致的目标

领导者与团队成员为了团队共同的利益建立共同的目标，把团队目标与个人目标有效地融为一体。实现个人目标与团队目标的高度一致，对于提高工作效率、在团队成员间形成强大的凝聚力具有重要的作用。团队目标的确立要遵循如下原则：

(1) 目标具体化、可测量化。

(2) 清楚地确定时间限制。它包括完成任务的时间限制和对完成分目标任务的时间进行的合理规定。

(3) 控制目标难度。团队设立的目标和任务一定是客观的、合理的，一定是团队成员经过努力能够实现和达到的，否则不仅不会凝聚团队，反而会打击团队的士气。

(二) 良好的团队内部环境

1. 正确的领导方式

要增强团队凝聚力，团队领导应较多地采取民主型的领导方式，在团队决策上应共同商议，力求最大限度反映民意，切忌独断专行，这样才能使成员之间更友爱、情感更积极、思想更活跃、团队凝聚力更强。

2. 成员间的良好沟通

在团队内部应有足够的沟通时间、适宜的沟通空间或渠道、良好的沟通氛围，因为团队成员间的沟通与交流是提高人际凝聚力和任务凝聚力必不可少的条件。团队成员的正确沟通应该是：第一，在沟通时间上，要根据任务的需要酌情安排在某个或某段时间汇报、讨论任务进展的情况，交流任务执行过程中成员的新想法、新发现、新问题等，以便能及时调整计划，解决任务执行中遇到的问题；第二，在沟通渠道和空间上，要根据任务开展的地点选择合适的场所和合适的方式进行交流，如面对面交流，电话、网络等的沟通等，目的就是方便成员间进行快捷、有效的沟通，保证团队内部信息的畅通和知识、信息的共享；第三，要创造轻松、愉悦的沟通氛围，让每个成员都敢于表达、愿意表达、能够表达自己的想法。在沟通中，成员之间应相互信任、相互尊重彼此的想法、把交流的中心集中在任务上，对事不对人，避免伤及他人感情。尤其是团队中的领导或权威人物对成员的发言进行评价时要慎重，避免伤害发言者或欲发言者的积极性，比如不要急于评定其想法的优劣，有必要的话也可考虑延迟评价。

3. 对成员行为的规范约束

团队规范是团队成员认可并普遍接受的规章制度和行为模式，它可以具体化为团队成员对某种特定行为的认同或反对，区分出某种行为是有益的或是有害的，以此来规范团队成员的行为，达到鼓励有益的行为，纠正有害的行为，帮助成员了解什么是被期望的行为的目的，从而提高团队的自我管理、自我控制的能力，提升团队的凝聚力。

第四节　打造团队合作中的团队精神

以狼群精神解读团队合作的重要性。狼群中的狼知道自己是谁，他们为了活着而相互依赖。如果不得不攻击比自己强大的猎物，狼必群而攻之。狼知道如何用最小的代价换取最大的回报。也正是因为它们的这个特点，成功一定会到来。因此，狼群的团队精神成为他们存亡的决定性因素。分享一位猎人目睹的狼群捕食的场面：

就在几分钟前，狼群好像还在漫无目的地尾随着猎物，突然，这群看似懒洋洋的狼开始组成一个目标明确的队伍行动，四匹狼突然开始联合攻击一群犀牛，把它们往一个缓坡上赶。犀牛上到坡顶时，面对它们的是两匹纹丝不动的狼。这两匹狼挡住犀牛的去路，一动不动地站在那儿，犀牛惊慌失措（狼知道它们会那样），四处逃窜，于是也就失掉了群体为它们提供的保护。当犀牛群在慌乱中狂奔的时候，六匹狼都向一头年老、有些虚弱、再也得不到群体保护的犀牛包抄过去。一匹狼咬住这只犀牛的下颚，另一只咬住它的前额，把它掀翻在地，另外四匹狼生生地把它的四条腿撕下来，战斗很快就结束了。和牛群相比，狼群显得很小，但它们有战略、有配合，并将其灵巧熟练地实施，最终取得了胜利。

一、建立团队合作中的信任

信任是建立一个完美、团结、强大的团队的前提。“用人不疑，疑人不用”说的就是信任。而在现实工作中，上下级之间、同事之间可能存在着彼此不信任的现象。彼此不信任或相互之间存在猜忌，自然也就无法有效地合作，也就无法熔炼一个完美的团队。

不能相互信任的团队成员不得不把大量的时间浪费在管理个人行为和促进相互交流上。他们不愿交流，也不愿意主动向别人提供帮助。缺乏信任的团队通常士气都非常低，效率低下的重复劳动非常多。当我们面对各种突发性危机事件、处于危机情境时，往往需要与队友建立生死与共的合作关系。只有我们对团队、对队友绝对的信任时，才能毫无顾忌地并肩战斗、果敢行动。

所谓信任，是指社会组织、社会成员对彼此常态、诚实、合作行为的期待。尼克拉斯·卢曼[①]将信任定义为："信任简化了人与人之间的合作关系。"也就是说有了信任，人与人之间的合作关系才可以变得简单。

信任与合作是密不可分的。信任必然导致合作，而合作中也必然包含着信任。在没有合作需求的人们之间，也无所谓信任的问题。在团队合作中，人际互动是合作的前提，而人际信任是人际互动、人际交往、增进友谊、加深了解的基础。没有团队成员间的信任，合作就无从谈起。如果团队成员间没有信任关系，团队自然就不可能给个体带来安全感，没有安全感的团队成员就会产生戒备心理，也就没有了良好人际互动。所以团队合作必须建立在人际信任的基础上。

(一) 领导在建立信任中应具备的素质

"信任是一切的根本。"领导学之父华伦·班尼斯(Warren Bennis)在《领导，不需要头衔》一书中强调：信任不仅能帮忙领导人收服人心，也能使追随者安心工作。在一个团队中，领导人建立、维系信任应具备以下几个要素：

1. 坚定

无论在团队任务执行过程中遇到任何反常的事情，领导人要始终如一，无论遇到什么困难都要率先坚持，即使在执行中途必须要作出改变，也要把改变的理由与队员沟通清楚。

2. 一致

领导者要言行一致，绝不能说一套做一套。

3. 可靠

在团队任务执行中，领导者要随时关注团队的动态，在重要的关头，要随时做好准备帮助成员。

4. 诚信

领导者一定要兑现他们事先作出的承诺和约定。

5. 担当

无论出现什么问题，只要大家是一个集体、一个团队，当需要有人负责任的时候领导者要第一时间站出来承担责任。领导者既要有够硬的肩膀帮成员撑腰，又要有抵抗上级领导不当指令的勇气，这样，才能阻挡各种干扰，让成员专心做事。

---

① 尼克拉斯·卢曼(1927年12月8日—1998年11月6日)是德国当代最为重要的社会学家之一，他的主要贡献是发展了社会系统论。卢曼也是一个"宏大理论"的推崇者，主张把社会上纷繁复杂的现象全部纳入一种理论框架去解释。

(二) 建立团队信任的措施

1. 坦率地解决问题

当团队成员不知道如何处理不愉快的对话，认为维护工作关系与他们无关的时候，团队信任就显得尤为重要。一个优秀的团队，能够凸显出每个人的个性。信任是建立在团队成员具备相当的勇气，敞开胸怀去与“给他们带来麻烦”的人进行坦率沟通的基础上的，而不是不愿与对方沟通，直接找领导诉苦。

2. 分享相关的信息

当团队中的某个成员在讨论问题的时候保留自己的观点和想法，而后又批评别人说“我认为这主意从头就是错的”的时候，其他团队成员就会感到措手不及，从而伤害成员间彼此的信任。不赞同别人的意见就要及时说出来，要乐于与团队成员分享个人的想法，分享自己获得的信息。

3. 做到信息透明

任务计划会随着环境的变化，随着任务执行中遇到的新情况和新问题发生变化，出现不妥或不适宜的情况。当现实情况与计划不符时，领导者要尽力做到信息透明并告知团队成员以调整计划，降低成员对团队的不信任感。

4. 说出自己的真实想法

在团队中，成员间的坦诚是建立团队信任的关键因素。没有原则地说“是”，只会失去其他团队成员的信任。大胆地说出自己的真实想法，才能建立起团队真正的、彻底的信任。

合作是团队的最重要特征，而信任则是团队合作的前提和基础。如果团队成员之间不能建立起坚实的相互信任的关系，就无法步调一致、互相配合，共同完成团队的任务，实现团队的目标。信任就像团队的血液，滋养着团队，为团队带来勃勃生机。团队如果失去了相互信任，就像流干了血液的躯体一样，失去了生机。

二、推选具有高素质的团队领导

众所周知，一个成功的团队首先要有一个具有全面素质和能力的领导者。在人际平等的团队中，领导者进行领导不是靠行政命令，而是靠领导人自身所具备的能力、魅力和自然形成的威信，所以团队的领导者更需要具备全面的能力和更高的素质。高素质的团队领导应符合以下素质要求：

(一) 具有高度的团队责任感

团队就像一个大家庭，被共同的目标捆绑起来，成员只有团结起来共同努力，才能实现团队的目标。在团队中,个人英雄主义不仅不能帮助个人成就事业,甚至会影响团队的合作和战斗力。在团队合作中,团队领导人高度的责任感会影响到整个团队的成员。一个优秀的团队领导人对团队和团队成员高度负责,能带动和复制出整个团队成员的责任感,使团队健康、有序地发展。

(二) 具有强烈的使命感

比尔·盖茨(Bill Gates)创业时就立下誓言,要让全世界每一个办公桌上都有一台电脑,每一台电脑都使用他的软件。这种使命感促使比尔·盖茨和他的团队成员孜孜不倦地努力,终于实现了这个梦想。团队领导人只有带领团队成员克服困难、合作互助,才能实现团队的目标。

一个没有使命感的团队领导人是不会打造出有持久战斗力的团队的,同样也很难让团队保持持久的动力;而一个有使命感、有动力的团队,在完成任务、实现目标的时候才会竭尽全力。

(三) 具有自我人格魅力

团队领导人的人格品质直接关系到团队的命运。一个具有人格魅力的团队领导人能带领出很多具有人格魅力的团队成员。

"做正直的人,做正确的事"是团队对团队领导人在人格方面最高的要求。做正直的人,意味着团队领导人要以身作则,在遇到问题、遇到困难时候要挺身而出,处理问题要公平公正;做正确的事,意味着团队领导人不能带领团队成员做违法乱纪的事,要严以律己、宽以待人。

(四) 具有凝聚团队的能力

团队凝聚力是团队合作的前提,具有强大凝聚力的团队是一个充满生机和活力的团队。团队领导作为团队的核心成员,必须具有能把不同年龄、不同性别,甚至不同肤色、不同种族的人聚集在一起的能力,使团队成员为了共同的目标去努力工作。

(五) 具有激励的能力

激励是调动团队成员积极性的手段之一。只要是由人组合成的团队,当遇到困难和挫折的时候就一定会有些团队成员出现意志消沉的现象。在这种情况下,团队的领导人应当承担起激励团队士气、帮助团队成员渡过难关的责任。团队领导人的激励工作如果做得恰到好处,就会帮助团队成员走出困境,激发和调动他们的个人潜能,以更好状态、更积极的态度投入工作。

(六) 具有协调的能力

团队是具有不同特征的个体组成的隶属于某个组织的群体，有着复杂人际关系。作为团队的领导，必须具有协调上级组织与团队、团队与个人、个人与个人关系的能力，解决在行为过程中的各种矛盾，以更好地凝聚团队力量。

团队领导人的协调能力直接关系到团队的凝聚力。如果团队的领导人具有极强的协调能力，能够做到大事化小、小事化了，团队的运作就不会受到影响。当团队成员间或团队间发生冲突，团队领导人在协调矛盾时不能存在任何私心。如果团队领导人不能公正、客观地协调事件，势必伤害整个团队成员的团结，影响团队的凝聚力。

(七) 具有表率的作用

要成为一个好的团队领导者，首先要管好自己，为团队成员树立一个良好的榜样。言教再多也不如身教有效，行为有时比语言更重要。领导的力量，很多时候不是由语言而是由行为动作体现出来的，聪明的领导者都深知这个道理。团队领导的言行举止是团队成员效仿的对象。

(八) 具有学习的能力

团队领导人只有不断提高自身的素质和修养，才能打造出学习型的团队。从自身做起，养成终身学习的习惯，才能成为团队成员的榜样，才能在残酷的竞争中带领团队成员在成功的道路上不断迈进。

具备以上基本素质和能力的团队领导，才能肩负起打造合作型团队的责任，才能在合作中取胜。

三、团队领导要胜任岗位行为

团队合作中，领导者的工作包括布置任务、监督检查、制订目标、与队员进行沟通等。这些具体工作可以分为两种类型:指挥性行为和支持性行为。

(一) 指挥性行为

指挥性行为就是领导者明确告诉团队成员工作的过程及步骤，包括工作任务是什么、什么时候开展工作、如何开展等，包括“5W1H”(what、when、where、who、why、how，即什么事、何时、何地、谁、为什么以及如何做)。它是一种单向的沟通方式，也就是领导说下属听，自上而下。除了告诉团队成员这些工作步骤之外，一个指挥性的领导者还会严格地监督团队工作的进展，指挥性行为强的领导者在作决策的时候是决定者，是解决问题的人。

指挥性行为有以下特征：

1. 强调结构

指挥性行为本身就是一个结构化工作，指挥性较强的领导者会按照严密步骤给成员布置工作任务。

2. 强调组织

指挥性较强的领导者在布置完工作后，会组织相关资源来完成工作。如人、财、物、时间、信息等，都是领导者的组织对象。

3. 强调教的过程

指挥性强的领导者在布置工作任务时，会告诉成员如何开展，这是一个“教”的过程，即向下属传授工作技能的过程。因此，指挥性行为偏强的领导者对于成员工作能力的提升很有帮助。

4. 强调监督

指挥性强的领导者在成员工作过程中会进行严密监督，时刻关注工作进展，确保工作能够按照他所指示的方向完成。

（二）支持性行为

与指挥性较强的领导者不同，倾向于采取支持性行为的领导者从来不会告诉成员现成的答案，而是把问题抛给成员，听取成员意见，鼓励成员自动自发地达成目标。这样的领导者会赞扬成员，提升成员的自信心，并在扩展成员思维的同时鼓励成员去冒险。支持性行为有以下特征：

1. 发问

支持性行为较强的领导者喜欢向团队成员发问，了解其对工作的看法。

2. 倾听

在向团队成员发问之后，支持性行为较强的领导者会认真倾听其意见。

3. 鼓励

支持性强的领导者善于鼓励团队成员，听到了成员好的意见和想法，一定会对其表示认可和赞扬。

比如，支持性行为强和指挥性行为强的领导者开会时的模式完全不同。

指挥性行为很强的领导者，开会时通常是这种方式：“今天我们把大家召集在一起开会，主要有以下几个工作。A 工作××去完成，B 工作××去完成，C 工作××去完成……好，大家有什么不同的意见？如果没有大家可以分头去做。”在开会前指挥性强的领导会把所有的事情都想好，然后开会分解，指示具体的人来完成这个计划。

支持性行为强的领导者在开会时，通常把大家组合在一起，提出自己的问题："最近我们发现团队的士气越来越低，大家认为最主要的原因在哪里？我们应该采取什么样的方式来激励团队成员？……"

四、提升团队合作中的执行力

危机应对和处置中的决策方案是团队成员智慧的结晶，方案只是语言或书面形式的东西，而决策目标的实现更多的是靠行动和执行来完成的。同心同德、果敢自信的执行才有可能解决问题、化解危机。

（一）领会团队合作中的执行力

团队执行力就是将战略与决策转化为实施结果的能力。许多成功的企业家也对此作出过自己的定义。通用公司前任总裁韦尔奇(Jack Welch)先生认为所谓团队执行力就是"企业奖惩制度的严格实施"。而中国著名企业家柳传志先生认为，团队执行力就是"用合适的人，干合适的事"。综上所述，团队执行力就是"当上级下达指令或要求后，迅速作出反应，并将其贯彻或者执行下去的能力。"

执行是一套系统化的流程，它包括对方法和目标的严密讨论、质疑、坚持不懈地跟进，以及责任的具体落实。它还包括对团队所面临的环境作出假设、对组织的能力进行评估、将相关人员结合、对这些人员及其所在的部门进行协调、对执行所面临的环境作出假设，还要随着环境变化而不断变革，从而提高团队的执行能力。

执行的核心在于三个流程：人员流程、战略流程和运营流程。所有的团队都在以某种特有的方式利用这三个流程，但在大多数情况下都无法将这些流程紧密地结合起来。人们只是在制订计划，他们根本没有承诺要将这些计划付诸实施。这种模式最终只能导致失败。而实际上，为了实现目标，团队所制订的每一项任务都应当有人负责落实——整个团队应该进行公开的讨论，而且讨论的结果应当为那些具体负责的人所认可，只有这样，才能真正地落实一项决策。

正如在危机应对和处置中，团队应对危机的决策方案(包括备选方案)形成后，关键是要付诸实施，即方案执行的过程。在执行过程中，要对方案中的方法的有效性进行讨论，按照方案的步骤有效跟进，对危机情境作出合理的假设，对危机动态进行预判，对团队成员的应对能力进行科学评估，并且在决策方案的执行过程中不断随着危机情境的变化修正方案。

（二）建立团队合作执行的共同目标

一个团队没有清晰的目标，执行就会变得盲目或近视，从而失去方向性。一个团队有了共同的目标，通过有效的途径去使团队成员为了共同的目标承担责任，执行就像是行进中的船只在黑夜里望到了灯塔，有了指引的方向。要提高团队执行力，团队不仅要有执行的总目标，还要有分解的近期目标和远期目标。让团队成员知道自己在不同的时间应该做什么和怎么做，才能激发出团队强劲而可持续的执行力。

（三）要转变团队成员不良的团队合作态度

态度决定成败。一个团队在能力一定的情况下，改变不良态度对于提升执行力是至关重要的。在一个团队中，影响执行力的不良态度有：一是自私心理和"绝不吃亏"的态度；二是自我心理和"绝对清高"的态度；三是自大心理和"绝不认错"的态度；四是自满心理和"差不多就行"的态度；五是自毁心理和"绝不遵守"的态度。团队中的这五种态度是对团队合作执行力的一种严重破坏。

（四）提升团队成员的士气

提升士气有助于提升团队的执行力。团队的士气就是团队合作的氛围，团队成员的士气对于团队执行力有着重要的影响。如果一个团队的士气低落，那么它的执行力也不会强。一个没有活力、死气沉沉的团队会有氛围压抑、队员心神不宁、人际隔阂明显、人员频繁跳槽、上下级严重对立等表现，在这样的一个团队中，战斗力和执行力几乎为零。

（五）执行要善始善终

执行是个过程，既要管中间，更要抓两头。如果说执行过程主要靠严格的制度和流程，那么开头和结尾则要善于讲求灵活的艺术。首先，开好头对团队的执行非常重要。"开好头，起好步，打好执行第一仗"是很多领导者都会提到的基本要求。有一句话叫"万事开头难"，表达了这样两个含义：一是开好头难。由于是第一次做，或者是全局的开端，难在没有经验，难在事关大局。二是开坏了头也难。因为无论是决策错还是执行错，都须为此付出额外的成本来扭转局面。一个执行过程的终结，其实就是下一个执行过程的开始。总结得好，执行力才提升得快。

（六）注重执行中的沟通和激励

在执行的过程中，调动团队成员执行的热情和情绪，使目标任务向终点进一步跟进。在执行中，制度和流程的作用是不变的，而沟通和激励的作用却是可变的。团队成员之间的沟通和相互的激励是任务执行过程中的催化剂，沟通可以实现认同，激励可以激活团队的活力。激励的基本过程可概括为：需要与刺激结合引发动机，动机导致行为，行为指向目标。其基本模式结构如图 8－1：

图 8-1　执行中激励的基本模式结构

（七）建立健全执行中的内部管理制度

严格的管理制度是提升团队执行力的重要保障，是团队的行动准则，也是团队全体成员共同遵守的法则。随着团队合作的不断推进、任务执行环境的变化，团队的管理也愈发重要。如果团队内部管理制度不健全，成员的行为方式正确与否、工作任务完成多少就缺少了衡量的指标和尺度，久而久之，就会形成团队的内耗，降低团队的执行力。在团队执行过程中，要避免进入这样的误区：如有的团队过于追求团队的亲和力和人情味，认为"团队之内皆兄弟"，在一定程度上能够激发团队成员的积极性，但对制度的不严格遵守，或者说没有严明的团队纪律，从长期来看，会使团队纪律涣散、各自为政，从而降低团队的执行力。

五、加强冲突中的团队合作

有研究表明：团队常常能从冲突中学会如何有效地合作。研究还指出，冲突可以分为不同的类型，某一类型的冲突可能在组织学习的某一特定阶段能够发挥有效作用，但是在另一个阶段中却会造成极大的破坏。

（一）领会和理解冲突中的团队合作

冲突是指两个或两个以上相互对立的需要同时存在而又处于矛盾中的心理状态，包括内部需要与外部限制的冲突、外部需要之间的冲突和内部需要之间的冲突等。冲突具有以下特征：其一，冲突的直接目的是打败对方，是直接以对方为攻击目标的一种互动行为；其二，冲突双方必须有直接的交锋；其三，冲突各方所追求的目标既可能相同又可能不同，这与竞争必须是争夺共同目标的情况不一样；其四，冲突在形式上比竞争激烈得多，它往往突破了规则、规章甚至法律的限制，带有明显的破坏性。

此外，团队合作中的冲突表现形式为：

1. 接近-接近冲突

接近-接近冲突是指两个目标具有同等的诱惑力，都是诱发接近趋向的目标时所发生的冲突。例如：在危机决策中的风险规避和风险寻求两个目标。

2. 回避-回避冲突

回避-回避冲突是指一个人必须在两个否定目标中选择其一，即同时面对的两个目标都只能诱发回避趋向时所发生的冲突。例如：前有悬崖，后有追兵；必须吃下讨厌的菜，否则挨打。

3. 接近-回避冲突

接近-回避冲突是指个体面临的目标既诱发了接近趋向，又诱发了回避趋向，即必须选择的那件事有利又有弊。如在危机决策中想要控制危机，又怕事与愿违。

4. 双重接近-回避冲突

双重接近-回避冲突是指个体面临在两个都带来接近-回避冲突的目标中选择其一时产生的冲突。

(二) 利用冲突进行团队合作

1. 营造合作氛围

营造合作氛围的主要目的就是使团队产生凝聚力。当团队成员摸索出了多种处理人际关系冲突的方法，并学会了接受各自不同的工作习惯时，凝聚力就开始形成了。在这一阶段的开始，人人都保持一种有距离的礼貌，直到大家逐渐能够更加坦诚地将自己的信念、价值观和感受说出来，这种状态才画上句号。当团队成员都能接纳这些信念、价值观和感受时，他们相互之间也就建立起了信任。危机决策团队的合作也需要营造合作的氛围，当团队开始组建时，团队成员即使对自己所面临的危机事件有应对的思路和想法，但可能会由于团队的陌生感而不愿与成员分享，进而可能会贻误危机应对的战机。营造合作的氛围应当做好如下工作：

(1) 逐步提高自己对团队人际关系冲突的接受能力和处理能力。

(2) 学会与同事面对面沟通，积极讨论各种问题，认真聆听他人的反对意见，而不会激进地把它当成人身攻击。

(3) 遵守“不在背后说三道四”的团队准则，也不与团队以外的人说起在团队中发生的讨论。

这一阶段结束的标志是:通过发现和解决因人际关系差异引起的冲突，团队成员之间建立起了信任。

2. 形成集体认识

培养集体认识阶段的第一步是制定明确的团队合作目标。也就是说，整个团队都能够理解和清晰地表达团队的目标。开始的时候，大家可能会在制定目标上产生分歧，但随着团队成员对“整合”一词的意义的深入理解，他们也就能制定出明确的目标来。

这一阶段的冲突重点不再是人际关系问题，而是涉及结果、其他选择、看法、目标和方向等问题。这一阶段结束的标志是整个团队对集体的目标达成了共识。此时，团队对于要达成什么样的目标已经有了结论。

团队中存在为所有成员所接受和认可的倡导者，是团队形成集体认识的一个关键。

倡导者扮演的是一个能够为大家提供帮助的推动者的角色，他通过将冲突从人际关系层面引向针对任务而展开的积极讨论上，使整个团队投入如何实现共同的目标和价值观的思考当中，并积极参与各个工作流程。倡导者能够把团队引向组织学习的方向，因为他们能够纵观全局。

如果团队中所有的人，包括倡导者自己都对团队有着强烈的认同感，那么团队成员就更加愿意接受倡导者。

在这个阶段，需要尽可能消除第一阶段中的人际关系冲突，但是因任务引起的冲突却会继续下去，主要表现为针对不同选择而展开的讨论与权衡上。在这一阶段，推崇倡导者的观点而压制其他成员的意见不会被视为对团队一致性的破坏，反而会被看作是团队工作效率提高的表现。能够成功到达这一步的团队都会非常重视任务的完成情况。

3. 打造集体竞争力

团队开始掌握一套集体技能，而且有能力采取行动的关键问题在于集中达成共同目标所使用的过程和方法上。真正的合作型团队会严格按照一套系统化的流程来做，这套流程包括细致观察、确立标杆、整理文件和实验验证。在此过程中，团队成员可能会因对工作方法持不同的意见而发生冲突，但也正是这些不同的观点使团队效率得到了提高。在团队中，大家认为犯错是进行实验必然要付出的代价。当出现错误时，团队中的每个人都会对此负责，而不是互相指责。真正的合作型团队会从错误中学习，在错误中前进。

这个阶段结束的标志是：整个团队都紧密地联系在一起，工作流程顺畅，人人都掌握了完成工作所需的专业知识与技巧。团队成员对于如何与同事合作和相处达成了共同的认识，能够在工作中展示集体竞争力。

4. 持续改进

这个阶段代表着团队合作进入了成熟阶段。成员间的互动具体表现为欣赏彼此的优点，了解彼此的弱点。团队成员会相互传授完成任务所需的技巧和方法。这时完成任务所需的知识和技能不再为某个人所单独拥有，而是在整个团队中广为传播。由此保证了团队不会因为失去某位成员而变得不堪一击。

在这个阶段，团队合作面临的任务就是应对新问题。新问题的出现可能会导致团队的倒退。如果团队成员能够继续团结合作，就可以实现自我修正。团队成员也因此掌握了共同解决新问题的方法。

可见，冲突可以成为强化团队合作的催化剂。在团队合作进程的关键环节中出现的适当的冲突，有助于推动团队进入下一阶段。但是，如果这一冲突引起的负面情绪过大，或者它根本不应该在当前这个阶段出现，那么团队就可能回到以前那个整合不彻底的阶段。当团队成员开始对集体产生归属感，并认为这是一个值得自己继续支持的集体时，亦即当团队成员建立信任感时，冲突才会对变革产生正面的推动作用。

正如本书第四章第七节民警团队危机应对能力问卷调查结果分析，调查对象对于该问卷的两个因子“团队柔性”和“团队效能”的评价均不高，而且在调查对象的不同变量（年龄、警龄、学历、职务等）对团队危机应对能力的影响的评价中，团队柔性、团队效能的显著性分析结果表明年龄、警龄、学历、职务不同的民警，在民警危机团队应对能力的团队效能方面存在显著性差异，而在民警危机团队应对能力中出现了不同年龄、学历的民警危机团队应对能力团队柔性的方面存在着显著性的差异。该问卷的显著性分析结果中出现显著性差的因子和概率比其他几个问卷要大。从该问卷调查的结果中可以看出团队成员的冲突表现较为明显，了解团队成员之间产生心理冲突的原因，强化团队的凝聚力和合作能力可以大大提升公安机关的危机应对和处置能力。